中国物流与采购联合会指定
"十一五"现代物流精品规划系列教材

国际货物与通关

（第二版）

白世贞　主编

中国物资出版社

图书在版编目（CIP）数据

国际货物与通关/白世贞主编 . —2 版 . —北京：中国物资
出版社，2007.9（2013.2 重印）

ISBN 978 - 7 - 5047 - 2694 - 0

Ⅰ. 国…　Ⅱ. 白…　Ⅲ. 国际贸易　Ⅳ. F74

中国版本图书馆 CIP 数据核字（2007）第 098747 号

责任编辑　张　茜
责任印制　何崇杭
责任校对　孙会香

中国物资出版社出版发行

网址：http://www.clph.cn

社址：北京市西城区月坛北街 25 号

电话：(010) 68589540　邮政编码：100834

全国新华书店经销

中国农业出版社印刷厂印刷

开本：710mm×1000mm　1/16　印张：21.75　字数：356 千字

2007 年 9 月第 2 版　2013 年 2 月第 2 次印刷

书号：ISBN 978 - 7 - 5047 - 2694 - 0/F · 1112

印数：5001—7000 册

定价：32.00 元

（图书出现印装质量问题，本社负责调换）

"十一五"现代物流精品规划系列教材编审委员会

序　言

　　《中华人民共和国国民经济和社会发展第十一个五年规划纲要》指出"推广现代物流管理技术，促进企业内部物流社会化，实现企业物流采购，积极发展产品销售和再生资源回收的系列化定性。培育专业人物流企业，积极发展第三方物流，建立标准化体系，加强物流技术开发利用、推进物流信息化。加强物流基础设施整合，建设大型物流枢纽，发展区域物流中心。"实现'十一五'规划确定的宏伟目标，人才是关键。抓住机遇，迎接挑战，走人才强国之路，是增强我国综合国力和国际竞争力、实现中华民族伟大复兴的战略选择。

　　面对世界经济一体化的进程加快，许多大型跨国集团的进入，我国各级政府部门和许多市场意识敏锐的企业已把物流作为提高竞争能力和提升企业核心竞争力的重要手段，把现代物流理念、先进的物流技术和现代经营与管理模式引入国家、地区经济建设和企业经营与管理之中。但是，我国的物流教育仍十分滞后，造成现代物流综合性人才、企业尤其是流通企业改造传统物流与加强物流管理、城市规划与物流系统运筹、第三方物流企业的运作技术操作等现代物流人才严重匮乏，阻碍了经济的发展和经济效益的提高。据各地人才预测，物流人才是全国 12 种紧缺人才之一，物流工程规划人员、物流管理人员、物流科研人员、物流师资全面紧缺。到 2010 年全国大专（高职、高专）以上物流人才的需求量为 30 万～40 万人，国际物流、物流管理、仓储与配送、物流运输、企业物流、物流营销、物流信息处理等技能型操作人才每年需要近 10 万人。不仅如此。根据我国加入 WTO 的承诺，物流和分销服务业是全面开放的行业之一，国内市场将会出现高层次、高起点的激烈竞争的局面，这势必会使本身就匮乏的人才竞争加剧。如果我们不从现在做起，加快我国物流管理与技术人才的培养，终将成为我国物流产业发展的瓶颈，物流产业化和成为 21 世纪新的经济增长点就成了一句空话。因此，加速推动现代物流产业的人才培养工程，实施多层次、多样化的物流教育，是 21 世纪物流产业化发展中保证物流产业形成合理的人才结构，提高我国物流管理水平和经济效益的决定因素。为此，中国物与条购联合会为了适应物流人才的培养先后已组织大批著名物流专家、教授组织编写出版了四套现代物流系列教材，引起了物流学术界和企业界的普遍关注，取得了较大的社会效益和经济效益。为了进一步满足物流高等教育、高等职业技术教育和各层次人员培训教育的需求，我们根据教育部关于高等院校教育培养规格要求，结合中国物资出版社出版发行的已取得较大经济和社会效益的部份物流管理教材组织大批物流专家、教授重新进行了更新和修订，整合成新一套"十一五"现代物流精品规划系列教材，使之满足各地培养高质量物流人才教学需求。经审定本套现代物流精品规划系列教材和相关课程教学丛书，既可作为普通高等院校、高职高专院校的物流及其相关课程的选用教材和教学参考资料，亦可作为各层次成人教育和企业培训教学参考用书，也适合作为广大物流从业人员的自学读物。同时，对参加物流职业资格认证考试的人员具有较高的参考价值。

　　"十一五"规划物流精品规划系列教材，在整合和更新修订过程中得到了许多院校和研究机构的专家、教授以及物流企业领导的大力支持，在此一并致谢。由于编写时间仓促加上编者水平有限，书中有不足之处在所难免，恳请广大读者提出宝贵意见，以日臻完善。

"十一五"现代物流精品规划系列教材编审委员会

国际货物与通关

再版说明

  自《国际货物与通关》第一版教材付梓以来多次印刷，受到广大读者朋友，特别是物流院校学者、专家的肯定并给予大量有价值的建议。全国有相当多的物流及相关专业开设以本教材命名的课程，哈尔滨商业大学物流学院等以本教材为主要载体进行《国际货物与通关》校级精品课程建设。同时另有数以千计的物流管理爱好者选择本书作为自修教材。

  时至今日，中国入世五年有余。随着物流业对外开放以及海关保税物流园区等新理论新实践的试行，原教材部分内容特别是海关通关知识方面已经不能满足国际货物与通关理论和实践发展的需要，本着与时俱进、强化素质教育的原则，本教材得以再版。

  与第一版教材相比，第二版教材在第六章减少了海关的历史，增加了报关制度的最新理论；在第七章更新了部分内容，按照海关现行最新规范更新了进出口货物报关单填制要求；在第八章重点介绍了 2006 年 1 月 1 日海关保税物流园区的实施及通关规范；在第九章删掉了进出境运输工具的通关，增加了过境、转运和通运货物以及进口溢误卸等货物的通关规范；在第十章更新了完税价格内容；对原书部分勘误进行了校正。

  最后说明，本版教材同时也作为 2007 年黑龙江省高等教育教育改革试点项目、黑龙江省新世纪教改工程立项课题《物流管理专业国际货物与通关课程加强学生素质教育方法和途径的研究与实践》的教研课题成果。

编　者

目　录

第一章　国际贸易导论 ………………………………………………… (1)

第一节　概　述 ……………………………………………………… (1)

第二节　与贸易术语有关的国际惯例 …………………………… (3)

第三节　国际贸易术语 …………………………………………… (8)

第四节　国际贸易方式 …………………………………………… (24)

第二章　国际货物买卖合同条款 ……………………………………… (47)

第一节　合同的标的 ……………………………………………… (47)

第二节　商品的价格 ……………………………………………… (59)

第三节　货物的交付 ……………………………………………… (65)

第四节　货款的结算 ……………………………………………… (88)

第三章　争议的预防和处理 …………………………………………… (99)

第一节　商品检验 ………………………………………………… (99)

第二节　索　赔 …………………………………………………… (103)

第三节　不可抗力 ………………………………………………… (106)

第四节　仲　裁 …………………………………………………… (109)

第四章　国际贸易合同的磋商与订立 ……………………………… (115)

第一节　合同的磋商 ……………………………………………… (115)

第二节　合同的订立 ……………………………………………… (123)

第三节　电子商务 ………………………………………………… (125)

目录

第五章　国际贸易合同的履行 ……………………………………… (127)

    第一节　备　货 …………………………………………………… (127)

    第二节　催证、审证和改证 ……………………………………… (129)

    第三节　租船、订舱和装运 ……………………………………… (135)

    第四节　制单结汇 ………………………………………………… (138)

第六章　报 关 制 度 ………………………………………………… (140)

    第一节　报　关 …………………………………………………… (140)

    第二节　报关单位 ………………………………………………… (145)

    第三节　报关活动相关人 ………………………………………… (157)

    第四节　报关员 …………………………………………………… (158)

第七章　进出口货物的通关制度 …………………………………… (171)

    第一节　海关通关制度 …………………………………………… (171)

    第二节　进出口货物的申报 ……………………………………… (176)

    第三节　进出口货物的查验 ……………………………………… (197)

    第四节　进出口货物的征税和放行 ……………………………… (201)

第八章　保税进出口货物的通关 …………………………………… (206)

    第一节　保税加工货物 …………………………………………… (206)

    第二节　保税物流货物 …………………………………………… (232)

第九章　其他进出口货物的通关 …………………………………… (263)

    第一节　特定减免税货物 ………………………………………… (263)

    第二节　暂准进出境货物 ………………………………………… (268)

    第三节　转关运输 ………………………………………………… (277)

    第四节　过境、转运和通运货物 ………………………………… (282)

    第五节　无代价抵偿货物 ………………………………………… (285)

第十章　进出口税费 ………………………………………………… (289)

    第一节　进出口税费概述 ………………………………………… (289)

第二节　进出口货物完税价格的确定 …………………………（299）

第三节　进口货物原产地的确定与税率适用 …………………（311）

第四节　税费减免、退补 ………………………………………（326）

参 考 文 献 ……………………………………………………（334）

目
录

第一章　国际贸易导论

第一节　概　述

一、国际贸易的产生和发展

国际贸易是在一定的历史条件下产生和发展起来的。国际贸易的产生必须有可供交换的剩余产品以及在各自独立的社会实体之间进行商品交换，因此，社会生产力的发展和社会分工的扩大，是国际贸易产生和发展的基础。

当今，世界各国的经济都得到了极大的发展，生产力得到了极大的提高，各国都在努力开辟和扩大国外市场以发展本国经济，因此，国际贸易在每个国家的经济中都占有越来越重要的地位，在各国的经济发展中，外贸依存度越来越高。我国自入世以来，经济水平有了极大提高，进出口额迅速增加，外贸依存度显著提升。

外贸依存度是一国进出口总额占其 GDP 的比值。例如，2005 年我国进出口总额达到 14221 亿美元，超过日本成为世界第三大贸易国，而 GDP 总值达到 18.23 亿元人民币。因此，我国 2005 年的外贸依存度达到 62% 左右。

二、国际贸易的作用

目前，世界各国的经济关系已从单纯的进出口买卖关系发展成为多种形式的经济关系，从商品的进出口演变到了劳务的输出输入，商品贸易、技术贸易、服务贸易多头并进，由满足物质享受的商品到满足精神享受的旅游，商品结构、贸易方式都发生了很大变化，国际贸易在国际经济关系中有着十分重要的地位。世界上没有一个发达国家是闭关自守的，它们都在经济上与其他国家相互依靠，美国是这样，日本是这样，欧州国家是这样，其他发达国家也都是这样。这些国家在经济上都在影响别国和受别国影响，而这种影响和被影响的相互依存现象则正是通过国际商贸这个传递渠道来得以实现的。

此外，国际贸易还成为各国进行政治斗争的重要内容，国际贸易政策已成为各国对外政策的组成部分。新中国成立初期，以美国为首的西方国家对我国实行封锁禁运，中断贸易关系，就是通过国际贸易进行的。建立经济贸易集团来扩大势力范围，是现在世界范围内众多的区域性的经济集团产生的原因。与此同时，对外贸易也可以用来制裁违背联合国宪章的行为，制裁侵犯人权、实行种族歧视的国家。

总之，通过对外贸易，可以扩大国家间的相互作用，促进相互的经济合作，同时改善国际环境，为本国的经济发展创造良好的外部条件。

三、国际贸易分类

国际贸易可以从商品的移动方向、国境或关境、商品形式和货物的运输方式等几个方面进行分类，同时还可以从清偿方式与贸易参加国等方面进行分类，具体分类可用表 1—1 表示。

表 1—1 　　　　　　　　　　　　国际贸易的分类

	出口贸易
（一）从货物移动方向上分	进口贸易
	过境贸易
（二）以国境或关境来划分	总贸易
	专门贸易
（三）从商品形式上分	有形商品贸易
	无形商品贸易
	海路贸易
（四）从货物运输方式上分	空运贸易
	陆路贸易

（五）从贸易参加国上分	直接贸易
	间接贸易
	转口贸易
（六）从清偿方式上分	自由结汇方式贸易
	易货方式贸易
（七）按贸易伙伴经济水平分	平行贸易
	垂直贸易
（八）按贸易方式分	一般贸易
	加工贸易
	补偿贸易
	设备投资
	援助捐赠
	易货贸易

第一章　国际贸易导论

第二节　与贸易术语有关的国际惯例

在国际贸易业务实践中，由于各国法律制度、贸易惯例和习惯做法不同，所以，国际上对各种贸易术语的解释与运用互有差异，从而容易引起纠纷。为了避免各国在对贸易术语解释上出现分歧或引起争议，有些国际组织和商业团体便分别就某些贸易术语做出统一的解释与规定。这些解释和规定为较多国家的法律界和工商界所熟悉、承认和接受，并成为有关贸易术语的国际贸易惯例。

目前，在国际上有较大影响的有关贸易术语的惯例有三种，下面分别做出说明。

一、《1932 年华沙—牛津规则》

《1932 年华沙—牛津规则》（Warsaw—Oxford Rules 1932）是国际法协

会专门为解释 CIF 合同而制定的。19 世纪中叶，CIF 贸易术语开始在国际贸易中被广泛采用，然而对使用这一术语时买卖双方各自承担的具体义务，并没有统一的规定和解释。为此，国际法协会于 1928 年在波兰首都华沙开会，制定了关于 CIF 买卖合同的统一规则，称之为《1928 年华沙规则》，共包括 22 条。其后，在 1930 年的纽约会议、1931 年的巴黎会议和 1932 年的牛津会议上，将此规则修订为 21 条并更名为《1932 年华沙—牛津规则》，沿用至今。这一规则对于 CIF 合同的性质、买卖双方所承担的风险、责任和费用的划分以及所有权转移的方式等问题都作了比较详细的解释。《1932 年华沙—牛津规则》在总则中说明，这一规则供交易双方自愿采用，凡明示采用《1932 年华沙—牛津规则》者，合同当事人的权利和义务均应援引本规则的规定办理。经双方当事人明示协议，可以对本规则的任何一条进行变更、修改或增添。如本规则与合同发生矛盾，应以合同为准。凡合同中没有规定的事项，应按本规则的规定办理。

二、《1941 年美国对外贸易术语定义修订本》

1919 年，代表美国商会、美国进口商协会和全国对外贸易协会等九个商业团体的联合委员会制定了《美国出口报价及其缩写条例》，解释了有关对外贸易术语定义。1941 年，在美国第 27 届全国对外贸易会议上作了修订，并改称为《1941 年美国对外贸易术语定义修订本》。该修正本在同年为美国商会、美国进口商协会和全国对外贸易协会所采用，并由全国对外贸易协会予以发行。

该修订本以美国贸易中习惯的 FOB 契约条件为基础，对六种贸易术语作了解释：

(1) 产地交货（Ex Point of Origin），如工厂、矿山、农场、仓库交货等，按此术语，卖方必须在限定期限内在约定地点将货物置于买方控制之下。

(2) 在运输工具上交货（FOB），此术语又分为六种类型："指定起运地交货"（FOB···name inland carrier named inland point of departure）；"在内陆指定的起运地的指定内陆运输工具上交货，运费预付至指定的出口地点"（FOB···named inland carrier at named inland point of departure，freight pre-paid to ···named point of exportation）；"指定内陆起运工具上交货，并扣除

至指定地点的运费"（FOB…named inland carrier at named inland point of departure，freight allowed to…named point）；"在指定出口地点的指定内陆运输工具上交货"（FOB…named inland carrier at named inland point exportation）；"指定装运港船上交货"（FOB…vessel…named port of shipment）；"进口国指定内陆地点交货"（FOB…named inland point in country of importation）。

（3）船边交货（Free along side，FAS），即指定装运港船边交货。卖方负责将货物交到装运港买方所指定的海港轮船边船上吊钩所及之处；或交到买方指定的码头。

（4）成本加运费（指定目的地）（C&F…named point of destination），即卖方报价包括将货物运到指定目的地的运输费用在内。

（5）成本加保险费、运费（指定目的地）（CIF…named point of destination），即卖方报价包括货物的成本、海运保险费用和将货物运至目的地的运输费用。

（6）目的港码头交货（Ex Dock…named port of importation），即卖方报价包括货物成本和将货物运到指定进口港码头所需的全部附加费用，并缴纳进口税。

《1941年美国对外贸易术语定义修正本》在美洲地区采用较为广泛，有较大影响。由于它对贸易术语的解释在个别方面与其他惯例解释有所不同，因此，在对美洲贸易时应特别注意。近年来在美洲，国际商会的解释通则逐渐取代美国定义修正本的趋向越来越明显。

三、《2000年国际贸易术语解释通则》

《2000年国际贸易术语解释通则》（INCOTERMS 2000，简称《2000通则》）是由国际商会制定的。国际商会是一个以促进国际贸易为目的的国际民间团体，成立于1919年，总部设在法国巴黎。早在1936年，国际商会就制定了一个惯例作为贸易条件的解释规则，当时定名为《国际贸易术语》（International Commercial Terms，INCOTERMS 1936），副标题为《国际贸易术语解释通则》（International Rules for the Interpretation of Trade Terms）。

《国际贸易术语》自 1936 年制定以来，为了适应国际贸易的发展，先后于 1953 年、1967 年、1976 年、1980 年和 1990 年进行过五次修订，考虑到最近出现的无关税区的广泛发展，交易中使用电子信息的增多以及运输方式的变化，国际商会经过了两年的修订过程，于 1999 年 7 月正式出版了它的第六次修订本，即《INCOTERMS 2000》。《INCOTERMS 2000》已于 2000 年 1 月 1 日起生效。

国际商会推出《2000 通则》时，在其引言中指出，在进行国际贸易时除了订立买卖合同外，还要涉及运输合同、保险合同、融资合同等。这些合同互相关联，相互影响，但《2000 通则》只限于对货物买卖合同中交易双方权利义务的规定，而且该货物是有形的，不包括电脑软件之类的东西。作为买卖合同中的卖方，其基本义务可概括为交货、交单和转移货物的所有权，但《2000 通则》也仅仅涉及前两项内容，它不涉及所有权和其他产权的转移问题，也不涉及违约及其后果等问题。

与《1990 通则》对《1980 通则》的修改相比，《2000 通则》对《1990 通则》的改动不大，带有实质性内容的变动只涉及三种术语，即 FCA、FAS 和 DEQ。但在规定各种术语下买卖双方承担的义务时，《2000 通则》在文字上还是作了一些修改，使其含义更加明确。

国际商会在对《2000 通则》的介绍中，将各种常用的专业词语，如"发货人"（Shipper）、"交货"（Delivery）、"通常的"（Usual）等，作了明确的解释。

在内容和结构方面，《2000 通则》保留了《1990 通则》包含的十三种术语，并仍将这十三种术语按不同类别分为 E、F、C、D 四个组。E 组只包括 EXW 一种贸易术语，这是在商品产地交货的贸易术语，F 组包含有 FCA、FAS 和 FOB 三种术语，按这些术语成交，卖方须将货物交给买方指定的承运人，从交货地至目的地的运费由买方负担。C 组包括 CFR、CIF、CPT、CIP 四种术语。采用这些术语时，卖方要订立运输合同，但不承担从装运地起运后所发生的货物损坏或灭失的风险及额外费用。D 组中包括五种术语，它们是 DAF、DEQ、DES、DDU 和 DDP。按照这些术语达成交易，卖方必须承担将货物运往指定的进口国交货地点的一切风险、责任和费用。具体内容见表 1—2。

表 1—2　　　　　　　　　　《2000 通则》贸易术语解释表

	贸易术语	风险转移界限	出口清关责任及费用承担者	进口清关责任及费用承担者	适用的运输方式
E组	EXW 工厂交货	卖方所在地货交买方处置时	买方	买方	任何方式
F组	FCA 货交承运人	货交承运人监管时	卖方	买方	任何方式
F组	FAS 船边交货	装运港船边	卖方	买方	水上运输
F组	FOB 装运港船上交货	装运港船舷	卖方	买方	水上运输
C组	CFR 成本加运费	装运港船舷	卖方	买方	水上运输
C组	CIF 成本、保险费加运费	装运港船舷	卖方	买方	水上运输
C组	CPT 运费付至	货交承运人监管时	卖方	买方	任何方式
C组	CIP 运费、保险费付至	货交承运人监管时	卖方	买方	任何方式
D组	DAF 边境交货	货交买方处置时	卖方	买方	任何方式
D组	DES 目的港船上交货	货交买方处置时	卖方	买方	水上运输
D组	DEQ 目的港码头交货	货交买方处置时	卖方	买方	水上运输
D组	DDU 未完税交货	指定目的地货交买方处置时	卖方	买方	任何方式
D组	DDP 完税后交货	指定目的地货交买方处置时	卖方	卖方	任何方式

第三节　国际贸易术语

一、常用的几种贸易术语

目前 FOB、CIF、CFR 是国际贸易中，也是在我国对外贸易中被广泛使用的三种传统的贸易术语。同时，随着运输技术的发展，在这三种传统术语基础上发展起来的 FCA、CPT 和 CIP 三种术语也是国际贸易中适用面很广的主要术语。现将这六种常用术语的主要内容及应注意的问题分述如下。

（一）FOB

FOB Free On Board（…named port of shipment），装运港船上交货（……指定目的港）。

"装运港船上交货"，又称"船上交货"，使用这一贸易术语，要注明装运港名称。这一术语是指卖方负责在合同规定的日期或期间内，在指定的装运港把货物装到买方指定的船上，并负担货物装上船为止的一切费用和风险。本术语仅适用于海洋运输或内河运输。

根据《2000 通则》的解释，FOB 合同买卖双方的基本义务如下：

1. 卖方义务

（1）在合同规定的装运港和日期或期间内，将货物装上买方指定的船只并通知买方；

（2）负责承担货物在装运港越过船舷为止的一切费用和风险；

（3）负责办理出口手续，提供出口许可证，支付出口关税和费用；

（4）负责提供商业发票、清洁的已装船单据以及合同规定的其他单据。

2. 买方义务

（1）负责租船或订舱，支付运费，并将船名、装船地点和装船时间通知卖方；

（2）负担货物在装运港越过船舷时起的一切费用和风险；

（3）按照合同规定支付货款，并收取符合合同规定的货物和单据；

（4）取得进口许可证或其他官方证件，办理进口报关手续，及必要时经另一国的过境海关手续，并支付上述有关费用。

《2000通则》中还规定，如果买方指定的船只未能按时到港或接运货物，或者买方未能就派船问题给予卖方适当的通知，那么，只要货物已被特定化为本合同项下的货物，自规定的交货期届满之后，买方就要承担货物灭失或损坏的风险。

3. 使用 FOB 术语应注意的问题

(1) "船舷为界"的确切含义。以装运港船舷作为划分风险的界限是 FOB、CFR 和 CIF 同其他贸易术语的重要区别之一。"船舷为界"表明货物在装上船之前的风险，包括在装船时货物跌落码头或海中所造成的损失，均由卖方承担。货物装上船之后，包括在起航前和在运输过程中所发生的损坏或灭失，则由买方承担。以"船舷为界"划分风险是历史上形成的一项行之有效的规则，由于其界限分明，易于理解和接受，故沿用至今。严格地讲，船舷为界只是说明风险划分的界限，它并不表示买卖双方的责任和费用划分的界限。这是因为装船作业是一个连续过程，在卖方承担装船责任的情况下，他必须完成这一全过程。关于费用划分问题，《2000通则》中有关 FOB 的卖方义务第 6 条中规定："卖方必须支付与货物有关的一切费用，直至货物在指定装运港已越过船舷时为止。"这实际上是指，在一般情况下，卖方要承担装船的主要费用，而不包括货物装上船后的理舱费和平舱费。但在实际业务中，买卖双方完全可以出于不同的考虑，对于装船费用负担问题做出各种不同的规定。

(2) 关于船货衔接问题。按照 FOB 术语成交的合同属于装运合同，这类合同中卖方的一项基本义务是按照规定的时间和地点完成装运。然而由于 FOB 条件下是由买方负责安排运输工具，所以，这就存在一个船货衔接的问题。如果处理不当，自然会影响到合同的顺利执行。根据有关法律和惯例，如果买方未能按时派船，这包括未经对方同意提前将船派到和延迟派到装运港，卖方都有权拒绝交货，而且由此产生的各种损失，如空舱费（Dead Freight）、滞期费（Demurrage）及卖方增加的仓储费等，均由买方负担。如果买方指派的船只按时到达装运港，而卖方却未能备妥货物，那么，由此产生的上述费用则由卖方承担。有时双方按 FOB 价格成交，而后来买方又委托卖方办理租船订舱，卖方也可酌情接受。但这属于代办性质，其风险和费用仍由买方承担，就是说运费和手续费由买方支付，而且如果卖方租不到船，其不承担责任，买方无权撤销合同或索赔。总之，按 FOB 术语成交，对于装运期和装运港要慎重规定，签约之后，有关备货和派船事宜，也要加强联系，密切配合，保证船货衔接。

（3）个别国家对 FOB 的不同解释。以上有关 FOB 的解释都是按照国际商会的《2000 通则》做出的，然而，不同的国家和不同的惯例对 FOB 的解释并不完全统一。它们之间的差异在有关交货的地点、风险划分界限以及卖方承担的责任义务等方面的规定上都可体现出来。如在北美国家采用的《1941 年美国对外贸易术语定义修订本》中，将 FOB 概括为六种，其中前三种是在出口国内陆指定地点的内陆运输工具上交货，第四种是在出口地点的内陆运输工具上交货，第五种是在装运港船上交货，第六种是在进口国指定内陆地点交货。上述第四种和第五种在使用时应加以注意。因为这两种术语在交货地点上有可能相同，如都是在旧金山交货，如果买方要求在装运港口的船上交货，则应在 FOB 和港名之间加上 "Vessel" 字样，变成 "FOB Vessel San Francisco"。否则，卖方有可能按第四种情况在旧金山市的内陆运输工具上交货。即使都是在装运港船上交货，关于风险划分界限的规定也不完全一样。按照《1941 年美国对外贸易术语定义修订本》的解释，买卖双方划分风险的界限不是在船舷，而是在船上。其卖方义务之三规定："承担货物一切灭失及货物损坏责任，直至在规定日期或期限内，已将货物装载于轮船上为止。"另外，关于办理出口手续问题上也存在分歧。按照《2000 通则》的解释，FOB 条件下卖方义务之三是 "自负风险及费用，取得出口许可证或其他官方批准证件，并办理货物出口所必需的一切海关手续。"但是，按照《1941 年美国对外贸易术语定义修订本》的解释，卖方只是 "在买方请求并由其负担费用的情况下，协助买方取得由原产地或装运地国家签发的，为货物出口或在目的地进口所需的各种证件"。所以，在从事我国同美国、加拿大等国家的进出口业务中，采用 FOB 成交时，应对有关问题在合同中具体订明，以免因解释上的分歧而引起争议。

（二）CFR

CFR Cost and Freight（…named port of destination），成本加运费（……指定目的港）。

"成本加运费（……指定目的港）"，是指在装运港货物越过船舷卖方即完成交货，卖方必须支付将货物运至指定的目的港所需的运费和费用。但交货后货物灭失或损坏的风险，以及由于各种事件造成的任何额外费用即由卖方转移到买方。因此，就卖方的责任而言，CFR 的基本含义是在 FOB 的基础上增加了办理租船订舱和支付装运港至目的港的运费和费用，同时 CFR 术语要求卖方办理出口清关手续。该术语仅适用于海运或内河运输。如当事各方无意越过船舷交货，则应使用 CPT 术语。

根据《2000 通则》的解释，CFR 合同买卖双方的基本义务如下：

1. 卖方义务

（1）必须在装运港，在约定的日期或期限内，将符合合同的货物交至开往指定目的港的船上，并及时通知买方；

（2）必须自担风险和费用取得任何出口许可证或其他官方许可证件，并在需要办理海关手续时，办理货物出口所需的一切海关手续；

（3）负责租船或订舱，并支付至目的港的运费和费用，包括货物的装船费用；

（4）负担货物在装运港越过船舷为止的一切费用和风险；

（5）负责提供商业发票和货物运往约定目的港的通常运输单据。如买卖双方约定为用电子方式通信，则所有单据可以由具有同等作用的电子数据交换（EDI）信息代替。

2. 买方义务

（1）必须自担风险和费用取得任何进口许可证或其他官方许可证件，并在需要办理海关手续时，办理货物进口及从他国过境的一切海关手续；

（2）负担货物在装运港越过船舷后的一切费用和风险；

（3）接受卖方提供的与合同相符的有关交货凭证，按照合同规定受领货物并支付价款。

3. 使用 CFR 术语应注意的问题

（1）关于装船通知的问题。按 CFR 术语成交，由卖方安排运输，由买方办理货运保险。如卖方不及时发出装船通知，则买方就无法及时办理货运保险，甚至有可能出现漏保货运险的情况。因此，卖方装船后务必及时向买方发出装船通知；否则，卖方应承担货物在运输途中的风险损失。

（2）关于费用划分与风险划分的分界点问题。按 CFR 条件成交，风险转移的界限是在装运港货物越过船舷时为分界点，所以属于装运港交货的贸易术语，卖方只保证按时装运，并不保证货物按时抵达目的港，也不承担把货物送到目的港的义务。在费用划分方面，卖方只支付承运人从装运港至目的港的正常运费，途中发生意外事故而产生的额外费用应由买方负担。

（3）卸货费用负担问题。按照 CFR 条件成交，卖方负责将合同规定的货物运往合同规定的目的港，并支付正常的运费。至于货到目的港后的卸货费用由谁负担也是一个需要考虑并加以明确的问题。如果使用班轮运输，由于装卸费用已计入班轮运费之中，故在卸货费由谁负担上不会引起争议。而大宗商品一般采用租船运输，而在租船运输情况下，由于世界各港中的惯例不同，对于卸货费用也有不同的规定。为了解决这个问题，就产生 CFR 贸易术语的各种变形。

①CFR Liner Terms——CFR 班轮条件，是指卸货费用按照班轮的做法来办。就是说，买方不负担卸货费，而由卖方负担。

②CFR Landed——CFR 卸到岸上，是指由卖方承担货物卸到码头上的各项有关费用，包括驳船费和码头捐税（这一条我国不采用）。

③CFR Ex Tackle——CFR 吊钩下交货，是指卖方负责将货物从船舱卸到轮船吊钩可及之处（码头上或驳船上）的费用。在轮船不能靠岸的情况下，驳船费及货物从驳船卸到岸上的费用，概由买方负担。

④CPR Ex Ship's Hold——CFR 舱底交货，是指货物运达目的港后，自船舱底起一切卸货费用由买方承担。

CFR 的变形只是为了说明卸货费用的负担问题，并不改变 CFR 的交货地点和风险划分的界限。

（三）CIF

CIF Cost Insurance and Freight（…named port of destination），即成本加保险费、运费（……指定目的港）。

CIF、CFR 和 FOB 同为装运港交货的贸易术语，也是国际贸易中常用的三种贸易术语，它们均适用于水上运输方式。采用 CIF 术语成交时，卖方的基本义务是，负责按通常条件租船订舱，支付到目的港的运费，并在规定的装运港和规定的期限内将货物装上船，装船后及时通知买方。卖方还要负责办理从装运港到目的港的货运保险，支付保险费。在业务上，有人误称 CIF 为"到岸价"，这容易引起误解而导致工作中不应有的损失。其实，按 CIF 条件成交时，卖方仍是在装运港完成交货，卖方承担的风险，也是在装运港货物越过船舷以前的风险，越过船舷以后的风险仍由买方承担；货物装船后产生的除运费、保险费以外的费用，也要由买方承担。CIF 条件下的卖方，只要提交了约定的单据，就算完成了交货义务，并不保证把货物按时送到对方港口。

根据《2000 通则》的解释，CIF 合同买卖双方的基本义务如下：

1. 卖方义务

（1）签订从指定装运港承运货物的合同；在合同规定的时间和港口，将合同要求的货物装上船并支付至目的港的运费；装船后须及时通知买方；

（2）承担货物在装运港越过船舷之前的一切费用和风险；

（3）按照买卖合同的约定，自付费用办理水上运输保险；

（4）自担风险和费用，取得出口许可证或其他官方许可证件，并办理货物出口所需的一切海关手续；

（5）提交商业发票和在目的港提货所用的通常的运输单据或具有同等作用的电子信息，并且自费向买方提供保险单据。

2. 买方义务

（1）接受卖方提供的有关单据，受领货物，并按合同规定支付货款；

（2）承担货物在装运港越过船舷之后的一切费用和风险；

（3）自担风险和费用，取得进口许可证或其他官方许可证件，并办理货物进口所需的一切海关手续。

3. 使用 CIF 术语应注意的问题

（1）租船订舱问题。采用 CIF 术语成交，卖方的基本义务之一是租船订舱，办理从装运港至目的港的运输事项。根据《2000 通则》规定，卖方必须按照通常条件及惯驶航线，用通常类型可供运输合同货物之用的海轮，装运货物至指定目的港。《华沙—牛津规则》第 8 条也规定："如买卖合同未规定装运船只的种类，或者合同内使用'船只'这样笼统名词，除依照特定行业惯例外，卖方有权使用通常在此航线上装运类似货物的船只来装运。"因此，除非买卖双方另有约定，对于买方事后提出的关于限制装运船舶的国籍、船型、船龄、船级以及指定装载某班轮公会的船只等要求，卖方都有权拒绝接受。但是，在实际出口业务中，如国外买方提出上述要求，在能够办到又不增加额外费用的情况下，我方也可考虑接受。

CIF 合同的卖方也必须给予买方关于货物已装上船的充分的通知。尽管卖方于货物装船前已办妥货物运输保险，买方仍有通过装运通知了解货运情况的需要，及早做好到货前准备工作，以及必要时对装运货物增加投保险别或保险金额。

（2）保险险别问题。在 CIF 术语下，卖方必须自费办理货物运输保险，但应投保何种险别，不同惯例所作规定不同。根据《2000 通则》规定，卖方只需要投保保险公司责任范围最小的一种险别，而最低投保金额应为合同规定的价款加成 10%，同时须以合同货币投保。《华沙—牛津规则》规定，卖方应"按照特定行业惯例或在规定航线上应投保的一切风险"办理投保手续。投保金额应依照特定行业惯例来定，如无此惯例，则按 CIF 发票金额再加成 10%。美国定义修订本规定，双方应明确是投保水渍险或平安险以及属于特定行业应保的其他险别；由卖方代为投保战争险，费用由买方负担，但经卖方同意，也可由买方自行投保。为了明确责任，在我国外贸业务中应与国外客户明确投保险别的名称和投保金额。

（3）卸货费用负担问题。按照 CIF 条件成交，卖方负担的费用只是在FOB 基础上增加运费和保险费。这里运费是指正常运费，不包括在运输途中可能发生的额外费用。

在装运港的装船费应由卖方负担，至于目的港的卸货费，按《INCO-TERMS 2000》中有关 CIF 术语的各条规定由买方支付。但是由于世界各国港口的习惯做法不同，对于卸货费用由谁来负担的问题仍存在分歧。如果使用班轮运输，由于装卸费用已计入班轮运费中，故在卸货费由谁负担上不会引起争议。但如果使用租船装运，由于船方一般不负担装卸船费用，则为了避免在此问题上引起纠纷，便产生了 CIF 的几种变形。

①CIF Liner Terms（班轮条件）：指卸货费按班轮条件办理，即由卖方负担卸货费。

②CIF Landed（卸到岸上）：指由卖方负担卸货费，包括驳船费和码头费。

③CIF Ex Tackle（吊钩下交货）：指卖方负责将货物从船舱吊起，卸离吊钩。如果船舶无法停靠码头，那么，应由买方自费租用驳船，卖方只负责将货卸到驳船上。

④CIF Ex Ship's Hold（舱底交货）：指货物运抵目的港后，自船舱底起吊直到卸到码头的卸货费均由买方负担。

CIF 的变形只是为了说明卸货费用的负担问题，并不改变 CIF 术语交货地点和费用划分的界限。

（4）象征性交货问题。按照 CIF 术语，卖方在规定日期或期限内，在装运港将货物交到船上即为履行交货义务。即 CIF 合同的卖方是凭单履行交货任务的，是象征性交货（Symbolic Delivery）。

象征性交货是针对实际交货（Physical Delivery）而言。前者指卖方只要按期在约定地点完成装运，并向买方提交合同规定的，包括物权凭证在内的有关单据，就算完成了交货义务，而无须保证到货。后者则是指卖方要在规定的时间和地点将符合合同规定的货物提交给买方或其指定人，而不能以交单代替交货。

在象征性交货方式下，卖方凭单交货，买方凭单付款。只要卖方如期向买方提交了合同规定的全套合格单据，即使货物在运输途中损坏或灭失，买方也必须付款。这是因为，卖方的有关单据交给买方后，使买方与轮船公司和保险公司建立起了直接的关系，如货物在运输途中发生灭失，买方可凭货运单据与船方或保险公司交涉。反之，如果卖方提交的单据不正确，即使货物完全符合合同规定，买方也可拒绝付款，拒绝受领货物。买方凭单付款后，对运抵目的港的货物，仍保留复验权，如检验结果发现货物不符合合同规定，仍有依合同提出索赔或拒收货物的权利。

（四）FCA

FCA Free Carrier（…named place），货交承运人（……指定地点）。

"货交承运人（……指定地点）"，是指卖方只要将货物在指定的地点交给由买方指定的承运人，并办理了出口清关手续，即完成交货。需要说明的是，交货地点的选择对于在该地点装货和卸货的义务会产生影响。若卖方在其所在地交货，则卖方应负责装货，若卖方在任何其他地点交货，卖方不负责卸货。该术语可用于各种运输方式，包括多式联运。

根据《2000 通则》的解释，FCA 合同买卖双方的基本义务如下：

1. 卖方义务

(1) 必须在指定的交货地点，在约定的交货日期或期限内，将货物交付给买方指定的承运人或其他人，并给予买方货物已交付的充分通知；

(2) 必须自担风险和费用，取得任何出口许可证或其他官方许可证件，并在需要办理海关手续时，办理货物出口所需要的一切海关手续；

(3) 承担货物交给承运人以前的一切费用和风险；

(4) 负责提供商业发票和证明货物已交给承运人的通常单据。如买卖双方约定使用电子方式通信，则所有单据可以由具有同等作用的电子数据交换（EDI）信息代替。

2. 买方义务

(1) 必须自付费用订立自指定地点运输货物的合同，并给予卖方关于承运人名称、运输方式、具体交货地点和交货日期或期限的充分通知；

(2) 承担货物交给承运人后的一切费用和风险；

(3) 必须自担风险和费用，取得任何进口许可证或其他官方许可证件，并在需要办理海关手续时，办理货物进口和从他国过境的一切海关手续；

(4) 接受卖方提供的有关交货凭证，按照合同规定受领货物并支付价款。

3. 使用 FCA 术语时应注意的问题

(1) 承运人的含义问题。按 FCA 术语成交，卖方在规定的时间和地点将货物交给承运人并办理海关手续，就完成了交货义务。这里所说的承运人，既包括实际履行运输业务的承运人，也包括代为签订运输合同的运输代理人。即使运输代理人拒绝承担承运人的责任，卖方也要按买方的指示，把货物交给运输代理人。

(2) 不同运输方式下交货地点问题。为了便于买卖双方分清责任、履行合同，《1990 通则》和《2000 通则》中对 FCA 卖方何时完成交货的做法，做出了具体规定和解释。值得一提的是，《2000 通则》对 FCA 术语下装货和卸货的义务做了进一步明确的说明，规定若合同中指定交货地点是卖方所在地，当货物装上买方的装货车辆时即完成交货义务；在其他情况下，当货物在卖方的车辆上尚未卸货而交给买方处置时，即完成交货。

（3）费用及风险转移的问题。FCA 条件下风险的转移是以货交承运人处置为界，这不仅是在海运以外的其他运输方式下如此，即使在海洋运输方式下，卖方也是在将货物交给海运承运人时即算完成交货，风险就此转移。但由于 FCA 与 F 组其他术语一样，通常情况下是由买方负责订立运输契约，并将承运人名称及有关事项及时通知卖方，卖方才能如约完成交货义务，并实现风险的转移。如果买方未能及时给予卖方上述通知，或者其所指定的承运人未能收受货物，则产生其后的风险是否仍由卖方承担的问题。对于这一问题，《2000 通则》中也作了解释，即如果发生上述情况，则自规定的交付货物的约定日期或期限届满之日起，买方承担货物灭失或损坏的一切风险。由此可见，对于 FCA 条件下，风险转移的界限问题也不能简单化地理解。一般情况下，是在承运人控制货物后，风险由卖方转移给买方，但如果由于买方的责任使卖方无法按时完成交货，只要货物已划归买方，那么风险转移的时间可以前移。

按照 FCA 术语成交，买卖双方承担费用的划分也是以货交承运人为界进行划分，即卖方负担货物交给承运人控制之前的有关费用，买方负担货交承运人之后的各项费用。但是，在一些特殊情况下，买方委托卖方代办一些本属自己义务范围内的事项所产生的费用，以及由于买方的过失所引起的额外费用，均应由买方负担。

（五）CPT

CPT Carriage Paid To（…named place of destination），即运费付至（……指定目的地）。

根据《2000 通则》的解释，CPT 适用于包括多式联运在内的各种运输方式。采用 CPT 条件成交时，卖方自付费用订立将货物运往目的地指定地点的运输契约，并负责按合同规定的时间，将货物交给约定地点的承运人（多式联运情况下交给第一承运人）处置之下，即完成交货。交货后，卖方应及时通知买方，以便买方办理货运保险。卖方承担的风险，在承运人控制货物后转移给买方。买方在合同规定的地点受领货物，支付货款，并且负责除运费以外的货物自交货地点直到运达指定目的地为止的各项费用，以及在目的地的卸货费和进口税费。

在 CPT 条件下，卖方交货的地点，可以在出口国的内陆，也可以在其他地方，如边境地区的港口或车站等。不论在何处交货，卖方都要负责办理货物出口报关的手续。可见，CPT 在交货地点、风险划分界限方面与 FCA 相同，但在 CPT 条件下，从交货地点至指定目的地的运输责任与费用转由卖方承担。

根据《2000 通则》的解释，CPT 合用买卖双方的基本义务如下：

1. 卖方义务

（1）订立将货物运往指定目的地的运输合同，并支付有关运费；

（2）在合同规定的时间、地点，将合同规定的货物置于承运人控制之下，并及时通知买方；

（3）承担将货物交给承运人控制之前的风险；

（4）自担风险和费用，取得出口许可证或其他官方许可证件，并办理货物出口所需的一切海关手续，支付关税及其他有关费用；

（5）提交商业发票和自费向买方提供在约定目的地提货所需的通常的运输单据，或具有同等作用的电子信息。

2. 买方义务

（1）接受卖方提供的有关单据，受领货物，并按合同规定支付货款；

（2）承担自货物在约定交货地点交给承运人控制之后的风险；

（3）自担风险和费用，取得进口许可证或其他官方许可证件，并办理货物进口所需的一切海关手续，支付关税及其他有关费用。

3. 使用 CPT 术语应注意的问题

（1）注意风险划分以及界限问题。CPT 的字面意思是运费付至指定目的地。然而卖方承担的风险并没有延伸到指定目的地，卖方只承担货物交给承运人控制之前的风险，货物自交货地点运至目的地的运输途中的风险是由买方承担。在多式联运情况下，涉及两个以上的承运人，卖方承担的风险自货物交给第一承运人控制时即转移给买方。

（2）明确有关责任和费用的划分问题。按 CPT 术语成交时，首先应由买卖双方在合同中规定装运期和目的地，以便卖方自费订立运输合同，按期将货物交给承运人，以运至指定目的地。如买方有权确定装货时间和目的地时，买方应给予卖方充分的通知，以方便卖方履行交货义务。卖方将货物交给承运人后，应向买方发出货已交付的充分通知，以方便买方在指定目的地从承运人那里收领货物。如未约定或按照惯例也无法确定具体交货地点，则卖方可在指定的目的地选择最适合其的目的地交货点。从交货地点到指定目的地的正常运费由卖方负担，正常运费之外的其他有关费用，一般由买方负担。货物的装卸费用可以包括在运费之中，统一由卖方负担，也可由双方在合同中另行约定。货物须从他国过境时，过境费用由何方承担，也须在合同中加以明确。

（3）注意 CPT 与 CFR 的异同点。CPT 与 CFR 这两个术语有相似之处，这主要表现在它们都是风险转移在先、责任费用转移在后。卖方承担的风险都是在交货地点随着交货义务的完成而转移。但卖方都要负责安排自交货地至目的地的运输，负担运费，并在价格构成中体现出来。另外，按这两种术语签订的合同，都属于装运合同，卖方只须保证按时交货，并不保证按时到货。当然，CPT 与 CFR 这两种术语也有不同之处。首先，适用范围不同，CFR 仅适用于水上运输方式，而 CPT 则适用于包括多式联运在内的任何运输方式。其次，风险转移地点不同，CFR 条件下风险划分以装运港船舷为界，CPT 则以货交承运人为界。此外，卖方承担的责任、费用以及须提交的单据也有所不同。

（六）CIP

CIP Carriage and Insurance Paid to（…named place of destination），运费和保险费付至（……指定目的地）。

"运费和保险费付至（……指定目的地）"，是指卖方向其指定的承运人交货，但卖方还必须支付将货物运至目的地的运费，亦即买方承担卖方交货之后的一切风险和额外费用。但是，按照 CIP 术语，卖方还必须办理买方货物在运输途中灭失或损坏风险的保险。因此，由卖方订立保险合同并支付保险费。CIP 术语要求卖方办理出口清关手续。该术语可适用于各种运输方式，包括多式联运。在 CIP 条件下，卖方的交货地点、风险划分界限都与CPT 相同，差别在于采用 CIP 时，卖方增加了保险的责任和费用。所以，在卖方所提交的单据中也比 CPT 条件下相应增加了保险单据。对于其他单据的要求，均与 CPT 相同。

根据《2000 通则》的解释，CIP 合同买卖双方的基本义务如下：

1. 卖方义务

（1）订立将货物运往指定目的地的运输合同，并支付有关运费；

（2）在合同规定的时间、地点，将合同规定的货物置于承运人的控制之下，并及时通知买方；

（3）承担将货物交给承运人控制之前的风险；

（4）按照买卖合同的约定，自付费用投保货物运输险；

（5）自担风险和费用，取得出口许可证或其他官方许可证件，并办理货物出口所需的一切海关手续，支付关税及其他有关费用；

（6）提交商业发票和在约定目的地提货所需的通常的运输单据或具有同等作用的电子信息，并且自费向买方提供保险单据。

2. 买方义务

（1）接受卖方提供的有关单据，受领货物，并按合同规定支付货款；

（2）承担自货物在约定地点交给承运人控制之后的风险；

（3）自担风险和费用，取得进口许可证或其他官方许可证件，并且办理货物进口所需的海关手续，支付关税及其他有关费用。

3. 使用 CIP 术语时应注意的问题

（1）关于风险和保险问题。按照 CIP 术语成交的合同，卖方要负责办理货运保险，并支付保险费，但是货物在从交货地运往目的地的运输途中的风险却由买方承担。所以，卖方的投保仍属代办性质。根据《2000 通则》的解释，卖方可按惯例投保最低的险别。保险金额一般是在合同价格的基础上加以 10％办理，并应采用合同中的货币投保。卖方一般无义务加保战争、罢工、暴乱及民变险。但是在买方的要求下，并由买方承担额外费用的情况下，卖方也可予以代办。

（2）CIP 与 CIF 的异同点。CIP 与 CIF 的相同点表现在，它们的价格构成中都包括了通常的运费和约定的保险费，所以，按这两种术语成交，卖方都要负责安排运输和保险并支付有关的运费和保险费。另外，CIP 合同和 CIF 合同均属于装运合同。风险转移和责任费用的转移问题，也同 CPT、CFR 一样，是分两步进行的。

CIP 和 CIF 的不同点，主要是适用的运输方式的范围不同。CIF 仅适用于水上运输方式，而 CIP 则适用于包括多式联运在内的各种运输方式。采用不同运输方式时，其交货地点、风险划分界限以及有关责任和费用的划分自然也不相同。以运输和保险问题为例，按 CIF 术语成交，卖方负责租船订舱，支付从装运港到目的港的运费，并且办理水上运输险，支付相关的保险费。按照 CIP 术语成交，卖方要办理从交货地点到指定目的地的运输事项。如果采用多式联运，卖方就要和多式联运承运人签订运输合同，支付全程运费。另外，卖方要办理货运保险、支付保险费。在多式联运方式下的货运险要包括各种运输险，而不仅仅是水上运输险。

二、其他几种贸易术语

除前述六种主要术语外，《2000 通则》还对其他七种贸易术语做了解释。这些术语在实际业务中采用较少，现作简要介绍。

（一）EXW

EXW Ex Works（…named place），即工厂交货（……指定地点）。

"工厂交货"，是指当卖方在其所在地或其他指定的地点（如工场、工厂或仓库等）将货物交给买方处置时，即完成交货，卖方不办理出口清关手续，不负责将货物装上任何运输工具。该术语是卖方承担责任最小的术语。买方必须承担在卖方所在地受领货物的全部费用和风险。

但是，若双方希望在起运时卖方负责装载货物并承担装载货物的全部费用和风险，则须在销售合同中明确写明。在需要办理海关手续时，应买方要求并由买方承担风险和费用，卖方必须给予买方一切协助，以帮助买方取得为货物出口所需的出口许可证或其他官方许可证件。在买方不能直接或间接地办理出口手续时，不应使用该术语，而应使用 FCA 术语。

本术语适用于各种运输方式。

（二）FAS

FAS Free Alongside Ship（…named port of shipment），即船边交货（……指定装运港）。

FAS 术语通常称做装运港船边交货。根据《2000 通则》的解释，按这一术语成交，卖方要在约定的时间内将合同规定的货物交到指定的装运港买方所指派的船只的船边，在船边完成交货义务。买卖双方负担的风险和费用均以船边为界。如果买方所派的船只不能靠岸，卖方则要负责用驳船把货物运至船边，仍在船边交货。装船的责任和费用由买方承担。

在按这一贸易术语成交时，卖方要提供商业发票或电子信息，并自担费用和风险，提供通常的证明其完成交货义务的单据，如码头收据。在买方要求下，并由买方承担费用和风险的情况下，卖方可协助买方取得运输单据。货物通关过境所需的出口许可证及其他官方许可证件，均由买方负责办理。

本术语仅适用于海运或内河运输。

（三）DAF

DAF Delivered At Frontier（…named place），即边境交货（……指定地点）。

"边境交货（……指定地点）"，是指在约定日期或期限内，当卖方在边境的指定地点和具体交货点，在毗邻国家海关边界前，将仍处于交货的运输工具上尚未卸下的货物交给买方处置，办妥货物出口清关手续但尚未办理进口清关手续时，即完成交货。"边境"一词可用于任何边境，包括出口国边境。因而，用指定地点和具体交货点来准确界定所指边境，这是极为重要的。如未约定或按照惯例也无法确定边境指定的交货地点和具体交货点，则卖方可在指定的交货地点选择最适合其的目的地交货点。

但是，如当事各方希望卖方负责从交货运输工具上卸货并承担卸货的风险和费用，则应在销售合同中明确写明。

若买方要求卖方代办运输，卖方可以同意按照通常条件订立运输合同，由买方负担风险和费用，将货物从边境指定的地点继续运至由买方指定的进口国的最终目的地。卖方也可以拒绝订立此合同，如果这样，应迅速通知买方。

该术语可用于陆地边界交货的各种运输方式，当在目的港船上或码头交货时，应使用 DES 术语或 DEQ 术语。

（四）DES

DES Delivered Ex Ship（…named port of destination），即目的港船上交货（……指定目的港）。

"目的港船上交货（……指定目的港）"，是指在约定日期或期限内，在指定的目的港，货物在船上交给买方处置，但不办理货物进口清关手续，卖方即完成交货。卖方必须承担货物运至指定的目的港卸货前的一切风险和费用。如果当事人各方希望卖方负担卸货的风险和费用，则应使用 DEQ 术语。

只有当货物经由海运或内河运输或多式联运在目的港船上交货时，才能使用该术语。

（五）DEQ

DEQ Delivered Ex Quay （…named port of destination），即目的港码头交货（……指定目的港）。

"目的港码头交货（……指定目的港）"，是指在约定的时期或期限内，卖方在规定的目的港码头将货物交给买方处置，不办理进口清关手续，即完成交货。卖方应承担将货物运至指定的目的港并卸至码头的一切风险和费用。

DEQ 术语要求买方办理进口清关手续并在进口时支付一切办理海关手续的费用、关税、税款和其他费用。如果当事方希望卖方负担全部或部分进口时缴纳的费用，则应在销售合同中明确写明。

只有当货物经由海运、内河运输或多式联运且在目的港码头卸货时，才能使用该术语。但是，如果当事方希望卖方负担将货物从码头运至港口以内或以外的其他地点（仓库、终点站、运输站等）的义务时，则应使用 DDU 术语或 DDP 术语。

（六）DDU

DDU Delivered Duty Unpaid （…named place of destination），即未完税交货（……指定目的地）。

"未完税交货（……指定目的地）"，是指卖方在指定的目的地将货物交给买方，不办理进口手续，也不从交货的运输工具上将货物卸下，即完成交货。卖方应承担货物运至指定的目的地的一切费用和风险，不包括在需要办理海关手续时在目的地国进口应缴纳的任何税费（包括办理海关手续的责任和风险，以及缴纳手续费、关税、税款和其他费用）。买方必须承担此项税费和因其未能及时办理货物进口清关手续而引起的费用和风险。

但是，如果双方希望卖方办理海关手续并承担由此而发生的费用和风险，以及在货物进口时应支付的一些费用，则应在销售合同中明确写明。

该术语适用于各种运输方式，但当货物在目的港船上或码头交货时，应使用 DES 术语或 DEQ 术语。

（七）DDP

DDP Delivered Duty Paid （…named place of destination），即完税后交

货（……指定目的地）。

"完税后交货（……指定目的地）"，是指卖方在指定的目的地，办理完进口清关手续，将在交货运输工具上尚未卸下的货物交与买方，完成交货。卖方必须承担将货物运至目的地的一切风险和费用，包括在需要办理海关手续时在目的地应缴纳的任何进口税费（包括办理一切海关手续、缴纳海关手续费、关税、税款和其他费用）的责任和风险。该术语下卖方承担责任最大。

若卖方不能直接或间接地取得进口许可证，则不应使用此术语。

但是，如当事方希望将任何进口时所要支付的一些费用（如增值税）从卖方的义务中排除，则应在销售合同中明确写明。若当事方希望买方承担进口的风险和费用，则应使用 DDU 术语。

该术语可用于所有运输方式，但当货物在目的港船上或码头交货时应使用 DES 术语或 DEQ 术语。

第四节　国际贸易方式

对外贸易方式是指对外贸易活动中所采取的各种方式方法。随着国际贸易的迅猛发展，贸易方式也有了很大变化，除了传统的商品进出口方式之外，还有包销、代理、寄售、拍卖、招标、投标等。近年来，由于多数发展中国家支付能力大幅度下降，而进出口商品数量大幅度上升，所以易货贸易、补偿贸易、来料加工、进料加工、来件装配等贸易方式得以普遍采用，进出口额大幅度增加。我国加工贸易的进出口额达到了进出口总额的 50％ 以上。下面就介绍几种我国采用较多的几种贸易方式。

一、包销和代理

（一）包　销

包销是国际贸易中习惯采用的方式之一。在我国出口业务中，根据某些商品的特点和扩大出口的需要，在适当的市场上，选择适当客户，也可采用包销方式。

1. 包销的含义

包销指出口人（委托人）通过协议把某一种商品或某一类商品在某一个地区和期限内的经营权单独给予国外某个客户或公司的贸易做法。尽管包销也是销售，但包销与通常的单边逐笔出口不同，它除了当事人双方签有买卖合同外，还须在事先签有包销协议。

2. 包销方式的优缺点

包销协议在实质上说，完全是一个买卖合同，因为国外包销商是用自己的名义买货，包销商自负盈亏。其在规定的地区销售商品时，委托人（出口人）与第三者不发生任何契约关系，同时包销商在包销地区内享有专营权，因此包销方式具有通过专营权的给予调动包销人经营的积极性，达到巩固和扩大市场、避免多头经营自相竞争的目的。但如果出口人不适当地运用包销方式，可能使出口的经营活动受到约束，存在着包而不销或包销商对委托人的依赖，而遭致出口受阻的风险；包销商能力过强时，包销商可能利用垄断地位来操纵价格、控制市场。

3. 包销协议的主要内容

在包销方式下，双方需要订立包销协议，以确定出口人与包销商之间的权利与义务。包销协议一般包括下列主要内容：

（1）包销协议的名称、签约日期与地点；

（2）包销协议双方的关系；

（3）包销商品的范围。出口企业经营商品种类繁多，即使同一类或同一种商品，其中也有不同牌号与规格，因此，在包销协议中，双方当事人必须对包销商品范围做出规定。一般情况下，包销商品范围不宜太大；

（4）包销地区。包销地区是指包销商行使经营权的地理范围，应根据包销商能力的大小来确定；

（5）包销期限。包销期限的长短应明确规定。在我国出口业务中，通常规定为一年；

（6）包销的数量和金额。包销的数量与金额对协议双方均有同等约束力。有时在协议书中规定最低数量和金额，则包销商必须承担向出口人购买规定数量和金额的义务，而出口人必须承担向包销商出口上述数量和金额的责任；

（7）作价办法。包销商品作价办法，有不同做法。其中一种做法是在规定的期限内，一次作价。即无论协议内包销商品价格上涨、下落与否，以协议规定价格为准。另一种做法是在规定的包销期内分批作价。由于国际商品市场的价格变化多端，因此采用分批作价较为普遍；

（8）中止协议的办法；

（9）其他规定，即对广告、宣传、市场报道和商品保护等方面的规定。

4. 采用包销方式时应注意的问题

选择包销商时，既要考虑其对我国的政治态度，又要注意其资信情况和经营能力，以及其在该地区的商业地位。对大众商品采用包销方式时，为了慎重起见，应该有一个试行阶段。

（1）适当规定包销商品范围、地区及包销数量或金额

规定商品范围的大小、地区的大小，要与客户的资信能力及出口商的经营意图相适应。在一般情况下，包销商品的范围不宜过大。规定包销数量或金额的大小，应参照货源的可能和市场的容纳量以及出口商的经营意图来决定。为了扩大推销某类商品，还可允许包销商超额承购，并对超额完成部分给予对方一定比例的奖励。

（2）在协议中规定中止或索赔条款

为了防止包销商垄断市场或经营不力，"包而不销"或"包而少销"等情况，应在包销协议中规定中止条款或索赔条款。

（二）代 理

在国际贸易中的代理是指以货主为一方，委托独立的代理人为另一方，在约定的地区和期限内，以货主的名义与资金从事代购、代销指定商品的贸易方式。代理商根据推销商品的结果，收取佣金作为报酬。代理业务的依据是代理协议。

1. 代理的概念与基本特点

代理是指代理人按照委托人授权代表委托人同第三者订立合同或从事其他经济活动的法律行为，由此而产生的权利与义务直接对委托人发生效力。因此，代理方式与包销方式相比较，它具有下列基本特点：

（1）代理人与委托人之间的关系属于委托买卖关系。代理人在代理业务中，只是代表委托人行为，例如招揽客户、招揽订单、代表委托人签订买卖合同、处理委托人的货物、收受货款等，他本身并不作为合同的一方参与

交易；

（2）代理人通常运用委托人的资金进行业务活动；

（3）代理人一般不以自己的名义与第三者签订合同；

（4）代理人赚取的报酬即为佣金。

2. 代理的种类

（1）总代理

总代理是在指定地区委托人的全权代表。其除了有权代表委托人进行签订买卖合同、处理货物等商务活动外，也可进行一些非商业性活动。其有权指派分代理，并可分享代理佣金。

（2）独家代理

独家代理是在指定地区内由其单独代表委托人行为。委托人在该指定地区内，不得委托第二个代理人。因此，在出口业务中，采用独家代理这一方式，委托人给予代理人在特定地区内和一定限期内享有代销指定商品的专营权。必须指出：独家代理具有的专营权与包销所具有的专营权并不一样。通常，除非协议另有约定，一般也可允许委托人直接与指定的代理地区的买主进行交易。为了不损害独家代理的利益，有些协议规定，凡委托人直接与指定代理地区的买主达成交易的，仍然向独家代理计付佣金。

（3）佣金代理

佣金代理又称一般代理，是指在同一代理地区、时间及期限内，同时有几个代理人代表委托人的行为。佣金代理根据推销商品的实际金额或根据协议规定的办法和百分率向委托人计收佣金，委托人可直接与该地区的实际买主成交，也无须向一般代理支付佣金。在我国出口业务中运用这种代理方式比较多。

3. 代理协议

代理协议是明确代理人与委托人之间权利与义务的法律文件，主要内容有：

（1）协议双方。协议中要明确每一方的全称、地址、法律地位、业务种类以及注册日期和地点，明确双方的法律关系、授权范围和代理人的职权范围；

（2）代理商品。明确说明代理商品的品种规格等；

（3）指定的代理地区；

（4）授予代理的权利。代理人的权利取决于代理人的性质和双方的需要。除了总代理外，其他代理都要明确规定不能从事非商业性活动。即使是总代理，对其非商业性活动也要限定在一定范围内；

（5）协议有效期及中止条款；

（6）佣金条款。佣金条款是代理协议的重要条款之一，其中包括下列内容：

①代理人有权索取佣金的时间。即明确代理人在完成了何种代理业务活动后，有权向委托人索取佣金。

②佣金率。

③计佣基础。计佣基础可以实际出口的数量和金额为准，也可以实际收到的货款为准。

④支付方式。支付给代理商的佣金，一般不是逐笔支付的，而是在一定时期内，根据累计的销售数量或金额汇总支付；

（7）非竞争性条款。指代理人在协议有效期内无权经营与委托人的商品相竞争的商品，也无权为该种商品组织广告。代理人也无权代理协议地区内其他相竞争的公司。

二、寄　售

寄售是一种委托代售的贸易方式，也是国际贸易中习惯采用的做法之一。在我国进出口业务中，寄售方式运用并不普遍，但在某些商品的交易中，为促进成交，扩大出口的需要，也可灵活适当运用寄售方式。

（一）寄售的概念

寄售是一种有别于通常的代理销售的贸易方式。它是指委托人（货主）先将货物运往寄售地，委托国外一个代销人（受托人），按照寄售协议规定的条件，由代销人代替货主进行销售，在货物出售后，由代销人向货主结算货款的一种贸易做法。

（二）寄售方式的特点

在国际贸易中采用的寄售方式，与正常的卖断方式比较具有下列几个特点：

1. 寄售人先将货物运至目的地市场（寄售地），然后经代销人在寄售地向当地买主销售。因此，它是典型的凭实物进行买卖的现货交易。

2. 寄售人与代销人之间是委托代售关系，而非买卖关系。代销人只能根据寄售人的指示处置货物。货物的所有权在寄售地出售之前仍属寄售人。

3. 寄售货物在售出之前，包括运输途中和到达寄售地后的一切费用和风险，均由寄售人承担。

寄售货物装运出口后，在到达寄售地前也可使用出售路货的办法，先行销售，即当货物尚在运输途中，如有条件即成交出售，出售不成则运至原定目的地。

（三）寄售方式的优缺点

1. 寄售的优点

（1）寄售货物出售前，寄售人持有货物的所有权。因此，尽管货物已运往寄售地，但对货物的销售处理和价格确定等大权，仍掌握在寄售人手中，故有利于随行就市。

（2）寄售方式是凭实物买卖。货物与买主直接见面，有利于促进成交。

（3）代销人不负担风险与费用，一般由寄售人垫资，代销人不占用资金，可以调动其经营的积极性。

2. 寄售的缺点

（1）出口方承担的风险较大，费用较大，而且增加出口人的资金负担，不利于其资金周转。

（2）寄售货物的货款回收较缓慢，一旦代销人不守协议时，可能遭到货、款两空的危险。因此，采用寄售方式时，事先要考虑周到，特别要注意选好代销人，在寄售协议中明确合理地规定费用和风险的负担，同时要搞好价格管理，密切注意货款的回收。

（四）寄售协议

寄售协议是委托人与代销人为明确双方的权利、义务和有关寄售的条件签订的协议。寄售协议的内容一般包括：

1. 协议双方的关系条款。协议中要明确双方是委托与代销的关系。代销人是以代理人的身份办理寄售业务，委托人有权监督代销人执行寄售协议中的各项条件。

2. 寄售商品的价格条款。该条款主要规定寄售商品的作价办法，通常有以下三种：规定最低售价；随行就市；销售前征得寄售人的意见。

3. 佣金条款。寄售协议中有关支付佣金的问题与代理协议规定相似。

4. 协议双方当事人的义务条款。此外，在寄售协议中，还应规定收受寄售商品的程序等内容。

三、招标、投标和拍卖

（一）招标和投标

招标与投标是另外一种传统的贸易方式，多数应用于国家政府机构、市政当局、国营企业或公用事业单位采购物资、器材或设备。但是，这种方式更多地用在国际承包工程。近年来，不少发展中国家为了发展民族经济，日益广泛地用招标方式来招标工程项目。甚至有些国家通过法律规定，凡商品进口或对外发包的工程必须采用国际招标方式。目前，国际间政府贷款项目和世界银行的贷款项目，往往在贷款协议中规定，购买项目物资或发包工程供款国必须采用国际竞争性招标的方法来确定。从目前国际贸易实务发展趋势来看，招标与投标这一方式用于国际承包工程业务更为普遍。在货物买卖方面主要用于政府的大规模的采购。本节主要介绍货物买卖中的招标与投标。

1. 招标与投标的含义

招标是指招标人在规定的时间、地点、发出招标公告或招标单，提出准备买进商品的品种、数量和有关买卖条件，邀请卖方投标的行为。

投标是指投标人应招标人的邀请，根据招标公告或招标单的规定条件，在规定投标的时间内向招标人递盘的行为。

实际上招标、投标是一种贸易方式的两个方面。目前，国际上采用招标方式归纳起来有三个大类、四种方式：

（1）国际竞争性招标

国际竞争性招标是指招标人邀请几个乃至几十个投标人参加投标，通过多数投标人竞争，选择其中对招标人最有利的投标人达成交易，它属于竞卖的方式。

国际竞争性招标，有两种做法：

①公开招标。公开招标是一种无限竞争性招标。采用这种做法时，招标人要在国内外主要媒体上刊登招标广告，凡对该项招标内容有兴趣的人有均等机会购买招标资料进行投标。

②选择性招标。选择性招标又称邀请招标，它是有限竞争性招标。采用这种做法时，招标人不在报刊上刊登广告，而是根据自己具体的业务关系和情报资料由招标人对客商进行邀请，进行资格预审后，再由他们进行投标。

（2）谈判招标

谈判招标又叫议标，它是非公开的，是一种非竞争性的招标。这种招标由招标人物色几家客商直接进行合同谈判，谈判成功，即交易达成。

（3）两段招标

两段招标是指无限竞争招标与有限竞争招标的综合方式，采用此类方式时，则是先用公开招标，再用选择性招标，分两段进行。

政府采购物资大部分采用竞争性的公开招标办法。

2. 招标、投标业务的基本程序

招标、投标业务的基本程序包括：招标前的准备工作、投标、开标、评标、决标及中标签约等几个环节。

（1）招标前的准备工作

一项成功的理想的国际招标，其成败的关键往往决定于招标前的准备工作。在国际招标实例中，由于准备不充分，或事先考虑不周而导致招标失败的案例屡见不鲜。做好招标前的准备工作十分重要。招标前准备工作很多，其中包括发布招标公告，资格预审，编制招标文件等，简要分述如下：

①发布招标公告。凡采用"选择招标"或"谈判招标"方式时，一般发布招标通知。如采用"公开招标"或"两段招标"时，则应在国内报刊或有权威的杂志上刊登招标广告。

招标通知与招标广告的内容基本相同，一般是指招标项目的内容、要求条件和投标须知等。发送招标通知和刊登招标广告都必须及时，按照国际惯例，招标通知和招标广告一般在开始招标前两日发出。

②资格预审。资格预审是公开招标前的一项重要工作，是预先确定招标人的资格条件，确保其在各方面有投标能力的关键工作。所谓资格预审包括由招标人对投标人的基本情况、财务状况、供应与生产能力、经营作风及信

誉进行全面预先审查。预审合格方能取得投标的资格。目前国际上招标人进行资格预审采用的方式很多，一般采用分发"资格预审调查表"，招标人根据投标人所提供的数据进行分项评分，进行评价。

③编制招标文件。在物资采购的招标中，招标文件又称"标书"、"标单"，内容较为简单。其主要列明招标商品的各种交易条件，与一般买卖合同的条件类似。唯独价格条件由投标人投标时递价。招标单还须列明投标人须知，例如列明投标人资格、投标日期、开标日期、寄送投标单的方法等。

此外，招标单中还要求规定投标人缴纳投标保证金及履约保证金的条款。其中以保证金金额的交付、保证方式等作为投标担保。

（2）投标

①投标前的准备工作。招标准备工作就绪，招标人发出招标单。投标人参加投标之前也须做许多准备工作，其中，包括编制投标资格审查表，分析招标文件，寻找投标担保单位等。其中分析研究招标文件是一个核心问题。投标人要对招标文件中的招标条件、寻找要求、技术标准、合同格式等认真分析，做到量力而行。因为投标人递价是一个实盘，在投标有效期内不得撤标，所以投标人要对价格、交货期、招标人所在国的税收、法律等均要认真研究。

②编制投标文件和提供保证函。投标人经过慎重研究标书后，一旦决定参加投标，就要根据招标文件要求的规定编制和填报投标文件。为防止投标人在中标后不与招标人签约，招标人通常要求投标人提供投标保证金或投标保证函。投标保证金可以缴纳现金，也可以投标人通过银行向招标人出具银行保函或备用信用证。保证金额是以投标金额的百分比计算的，一般为10%左右。如果开标后，投标人未中标，招标人退回投标人保证金。如果经开标后，投标人中标而不与招标人签约，则招标人没收该保证金。

③递送投标文件。投标文件须在投标截止日期之前递交招标人，逾期失效。递送投标文件，一般应密封后挂号邮寄，或派专人送达。

（3）开标、评标、决标

①开标。所谓开标是指在指定日期、时间和地点将全部投标寄来的投标书中所列的标价予以公开唱标，使全体投标人了解最高标价以及最低标价。开标日期、时间和地点通常在招标文件中予以规定。开标有公开开标和不公

开开标两种方式。

公开开标要当众拆开所有密封投标单，宣读内容。投标人可派代表监督开标。开标后，投标人不得更改投标内容。

不公开开标则由招标人自行选定中标人，投标人不能派出代表参加开标。国际招标大多数采用公开开标的方式。

②评标、决标。开标后，有些情况可以当场决定由谁中标，有些情况还要由招标人组织人员进行评标，参加评标的人员原则上要坚持评标工作的准确性、公开性和保密性。评标后决标，选定中标人。

（4）中标签约

中标是从若干投标人中选定交易对象，中标即为得标。中标者必须与招标人签约，否则保证金予以没收。但为了确保中标人签约后履约，招标人仍然要求中标人缴纳履约保证金或保证函。

国际招标惯例中存在招标人在评标过程中，认为不能选定中标人，可以宣布招标失败，拒绝全部投标，这种行为称为拒绝投标。

一般出现下列情况之一者，可以拒绝全部投标：

①最低标价大大超过国际市场的价格水平；

②所有投标书内容与招标要求不符；

③在国际竞争性招标时，投标人太少。

（二）拍 卖

拍卖是由专营拍卖业务的拍卖行接受货主的委托，在一定的地点和时间，按照一定的章程和规则，以公开叫价竞购的方法，最后由拍卖人把货物卖给出价最高的买主的一种现货交易方式。

通过拍卖进行交易的商品大都是一些品质不易标准化的，或是难以久存的，或是习惯上采用拍卖方式进行出售的商品。如茶叶、烟叶、兔毛、皮毛、木材等。某些商品，如水貂皮、澳洲羊毛，大部分的交易是通过国际拍卖方式进行的。

1. 拍卖的一般程序

拍卖一般由从事拍卖业务的专门组织，在一定的拍卖中心市场、在一定的时间内按照当地的特有法律和规章程序集中进行的。

拍卖程序不同于一般的出口交易，其交易过程大致要经过准备、看货、出价成交和付款交货等四个阶段。具体的做法是先由拍卖组织将准备拍卖的货物整理成堆，分批编号，印发包括商品种类、数量、产地、批号、拍卖时间、地点和交易条件等内容的拍卖目录，刊登广告，印制传单，招揽买主。准备购货的买主可以在拍卖前看货抽样，借以了解商品品质。习惯上，卖方对售出商品不负担保证的责任。通过拍卖成交之后，经办拍卖的企业在提供拍卖成交的货物之后，买方按照规定时间付款提货。经办拍卖的企业提供拍卖场地和各种服务项目，向卖方收取租金和手续费。

2. 拍卖的出价方法

（1）增价拍卖

增价拍卖也称买方叫价拍卖，这是最常用的一种拍卖方式。拍卖时，由拍卖人提出一批货物，宣布预定的最低价格，然后由竞买者相继叫价，竞相加价，有时规定每次加价的金额额度，直到拍卖人认为无人再出更高的价格时，则用击锤动作表示竞卖结束，将这批商品卖给最后出价最高的人。在拍卖出锤前，竞买者可以撤销出价。如果竞买者的出价都低于拍卖人宣布的最低价格，或称价格极限，卖方有权撤回商品，拒绝出售。

（2）减价拍卖

减价拍卖又称荷兰式拍卖。这种方法先由拍卖人喊出最高价格，然后逐渐减低叫价，直到有某一竞买者认为已经低到可以接受的价格，表示买进为止。减价拍卖，成交迅速，经常用于拍卖鲜活商品和水果、蔬菜等。

以上两种方法都是在预定的时间和地点，按照先后批次，公开叫价，现场确定，当场成交。

（3）密封递价拍卖

密封递价拍卖又称招标式拍卖。采用这种方法时，先由拍卖人公布每批商品的具体情况和拍卖条件等。然后由各买方在规定时间内将自己的出价密封递交拍卖人，以供拍卖人进行审查比较，决定将该货物卖给哪一个竞买者。这种方法不是公开竞买，拍卖人有时要考虑除价格以外的其他因素。有些国家的政府或海关在处理库存物资或没收货物时往往采用这种拍卖方法。

拍卖方式的作用是，对卖方来说，可以通过公开竞买，看货出价，卖得好价。又由于它是现货交易，成交迅速，买方付款后提货，对卖方收取货款较为安全，也有利于为某些商品打开销售渠道，扩大国外市场。对买方来说，则可根据市场情况和经营意图，按照自己愿出的价格标准，购进符合自己需要的货物，而且现货交易，有利于资金周转。

四、商品期货交易

期货交易是商品交换高度发达的产物，至今已有 100 多年的历史。近十几年来，商品期货交易又在世界范围内取得了突飞猛进的发展。仅美国各种期货合同的数量每年就达 1 亿多份。

商品期货交易的萌芽出现于中世纪欧洲节庆日的一种集市，发展于 17 世纪的日本，而现代的期货市场起源于美国。进入 20 世纪，进行期货交易的商品种类越来越多。例如，谷物、棉花、食糖、油料、活牲畜、木材、有色金属、原油等。目前世界上已形成了许多商品期货交易的中心。例如，纽约、芝加哥、伦敦、利物浦、鹿特丹、安特卫普、汉堡、阿姆斯特丹、巴黎、米兰、卡拉奇、香港、新加坡、墨尔本、神户、横滨等。

我国实行开放政策以来，也开始涉足国际商品期货领域，在我国也开设了商品期货交易所。因此，有必要了解和掌握有关期货交易的基本知识，以便在我国对外贸易业务中，利用期货交易转移价格风险的技术，避免或减少国际市场上因品价格不利变动给我们带来的损失。

（一）期货交易的基本概念

期货交易是众多的买主和卖主在商品交易所内按照一定的规则，用喊叫并借助手势进行讨价还价，通过激烈竞争达成交易的一种贸易方式。

期货交易不同于商品贸易中的现货交易。在现货交易的情况下，买卖双方可以以任何方式，在任何地点和时间达成实物交易。卖方必须交付实际货物，买方必须支付货款。而期货交易则是在一定的特定期货市场上，即在商品交易所内，按照交易所预先制定的"标准期货合同"进行的期货买卖。成交后买卖双方并不移交商品的所有权，因为期货交易具有下列几个特点：

1. 期货交易不规定双方提供或者接受实际货物；

2. 交易的结果不是转移实际货物，而是支付或者取得签订合同之日与履行合同之日的价格差额；

3. 期货合同是由交易所制订的标准期货合同，并且只能按照交易所规定的商品标准和种类进行交易；

4. 期货交易的交货期是按照交易所规定的交货期确定的。不同商品，交货期不同；

5. 期货合同都必须在每个交易所设立的清算所进行登记及结算。

（二）期货交易的种类

期货交易有两种不同性质的种类：一种利用期货合同作为赌博的筹码，买进卖出，从价格涨落的差额中追逐利润的纯投机活动；一种是真正从事实物交易的人做套期保值。

前一种在商业习惯上称为"买空卖空"，它是投机者根据自己对市场前景的判断而进行的赌博性投机活动。所谓"买空"，又称"多头"，是指投机者估计价格要涨，买进期货，一旦期货实际价格上涨再卖出期货，从中赚取差价。所调"卖空"，又称"空头"，是指投机者估计价格要跌，卖出期货，在实际行情下跌时再补进期货，从中赚取差价。

后一种在商业习惯上称为"套期保值"，又称为"海琴"。保值的种类和方式很多，基本上有以下两种：

1. 卖期保值

经营者买进一批日后交货的实物，为了避免在以后交货时该项商品的价格下跌而遭受损失，就可在交易所预售同一时期交货的同样数量的期货合同。这样，即使将来货价下跌，经营者已经买进的实物在价格上受到亏损，但其可以从期货合同交易所获得的赢利来进行补偿。例如制造厂买进生产原料进行加工，但为防止日后该原料价格下跌，亦可在买进现货的同时在交易所卖出同等数量的期货，进行保值。将来价格跌落，以低价买进该项数量的冲抵期货，就可以用从期货交易中赚取的利润弥补先前以高价买进现货所受的损失。

2. 买期保值

与卖期保值相反，经营者卖出一笔日后交货的实物，为了避免在以后交货时该项商品的价格上涨而遭受损失，则可在交易所内买进同一时期交货的同样数量的期货合同。这样，将来货物价格如果上涨，其也同样可以从期货交易的赢利中补偿实物交易的损失。

进行套期保值的主要依据是实物交易市场价格与期货市场价格的变动方向和规模是相同的。当然在具体实际业务上，价格的上涨、下跌受多种因素的影响和制约，所以有时并不完全一致，尤其在涨、跌幅度上通常存在着差异，从而使套期保值的效果，受到一定影响。

套期保值主要用于转移实物交易价格发生不利变化可能带来的风险。如果实物买卖价格趋势向有利方向发展，则做套期保值不仅不起作用，有时还会起反作用，使实物交易由于价格有利变动而带来的好处被期货交易的亏损所抵消。所以，估计实物价格是向有利方面发展时就没有必要做套期保值。

（三）进行套期保值应注意的问题

决定利用期货市场转移价格风险，进行套期保值必须注意下列问题：

1. 首先要确定目标利润或目标价格，这是套期保值决策之一。为了做到这一点，必须注意"基差"及"基差"的计算。

所谓"基差"是指在任何特定时间内当地现货价格与期货价格之间的差额。此种差额直接关系到套期保值的效果。在计算基差时，必须要将运输费用、利息费用、佣金及其他费用计入基差。

2. 进行套期保值之前，必须做好价格趋势的预测和计算。

3. 必须弄清期货合约上的说明，如交割的数量、期限、地点、过程等。

4. 严格遵循"均等而相对"的原则。"均等"是指进行期货交易的商品必须和现货市场上将来要交易的商品在种类和数量上要一致。"相对"是指在两个市场上采取相反的买卖行为，如果在现货市场上买，在期货市场上则要卖；反之亦然。

五、对销贸易

对销贸易在我国又译为"反向贸易"、"互抵贸易"、"对等贸易"，也有人把它笼统地称为"易货"或"大易货"。

自 20 世纪 90 年代以来，由于大多数发展中国家对外支付能力明显下降，保护主义盛行，对销贸易在国际间的应用日益广泛，发展成为当前国际贸易的一种主要贸易方式。

我国随着对外开放政策的实施，对销贸易日益受到有关方面的重视，而且有所发展。因此学习和掌握对销贸易的含义、做法，具有现实意义。

（一）对销贸易的含义

对销贸易是一个松散的概念，尚无确定的定义和界限。它的形成经历了漫长的演化过程，可追溯至原始的交换方式——易货；20世纪30年代的"补偿协定"；第二次世界大战期间英国实行的"补偿制"；第二次世界大战后大量出现的双边贸易协定、社会主义国家间和社会主义国家与发展中国家间的双边贸易支付（清算）协定；到后来，随着互购、产品回购等类交易在东西方贸易中大量涌现，前苏联出现了"补偿基础上的贸易"的提法，西方也开始概括这类贸易方式。据此，我们可以把对销贸易理解为包括易货、记账贸易、互购、产品回购、转手贸易等属于货物买卖范畴的，以进出结合、出口抵补进口为共同特征的各种贸易方式的总称。近年来，随着这类贸易方式的发展它还包括了诸如抵消贸易这种融商品交换和资本流动为一体的交易方法。

（二）对销贸易的种类

1. 易货贸易

易货贸易，顾名思义是以货易货的交易，实质上是以实物偿付对方价款的交易，一般不涉及货币的支付问题。易货贸易虽然由来已久，但当今国际贸易中的易货贸易已经同原始的物物交换有了较大的差别，其做法主要有两种，即直接易货和综合易货。

（1）直接易货。采用直接易货时，交易双方各以等价的货物互相交换。其特点是同时成交，同时交货，不用货币支付，货运单据直接或通过银行交换。由于直接易货方式要求交换商品的品种、规格、数量都必须符合彼此的需要，价值也要相等，这就给双方达成交易带来了很大困难，因此现在已很少使用。

随着国际贸易的发展，直接易货的做法也变得越来越灵活，出现了对开信用证易货。所谓对开信用证易货是指进口和出口两方面的交易同时成交，货款基本相等，对方互开出一张信用证，两个信用证在某一银行碰头后才同时生效。这种做法虽发生了货款支付，但因互相支付的金额基本相等，因此仍然属于易货性质。这种做法多用于企业之间的易货贸易。

（2）综合易货，又称记账易货。即双方都承担在一定时期内购买对方一定金额的商品的义务，具体交易分别签订多个合同进行，货款分别记在双方国家指定的银行账户上，不支付现汇。到了规定时间届满时，由双方指定银行进行结账冲抵。如双方支付金额平衡，则易货协议执行完毕；如一方出多进少或出少进多，发生差额时，则交易双方再协商处理办法。这种做法多用于两个国家之间的易货贸易。

2. 互购

互购又称平等贸易，在这种方式下，先出口的一方在其售货合同中承诺，用所得的外汇（全部或部分）购买对方国家的产品。至于购买什么产品，价格多少，可以在合同中预先约定，但更多的是等待以后另行签约。按照习惯，一方做出的承诺购货的义务，可在取得缔约对方同意的条件下，转让给第三方执行。但原缔约者须对第三方是否履约承担责任。

互购是当前对销贸易中的主要方式。据统计，其交易量约占对销贸易总量的半数以上。这种做法，实际上是一种现款交易。先进口的一方要先以现汇支付。它不同于一般交易的只是先出口的一方做出购买对方货物的承诺，从而把先后两笔不一定等值的现汇交易结合在一起。从这个做法看，先出口的一方，不论从资金周转或事后的谈判地位衡量，都占有比较有利的地位。而实际上，西方发达国家凭其技术上的优势，往往占有这种有利地位。因此，这种做法颇受西方发达国家的青睐。

3. 产品回购与补偿贸易

产品回购多出现于设备的交易。由缔约的一方以赊销方式向对方提供机械设备，同时承诺购买一定数量或金额的由该项设备制造出来的产品，或其他产品。进口设备方用出售产品所得的货款，分期偿还设备的价款和利息。

产品回购基本上与我国所开展的补偿贸易类似：

（1）补偿贸易的定义。补偿贸易在西方一般称为"产品回购"，在日本称为"产品分成"。在我国，补偿贸易一般是指交易的一方在对方提供信用的基础上，进口机器、设备技术或原材料，不用现汇支付，而用向对方回销上述进口设备或原料所生产的产品或其他产品或劳务所得的价款，分期摊还。按照我国有关部门的规定，如果利用国外信贷购置设备进行生产，然后以回销产品或劳务所得价款，分期偿还贷款者也属补偿贸易。

（2）补偿贸易的方式。目前在我国推行的补偿贸易，基本上有三种不同的方式：

①直接产品补偿。在协议中双方约定由设备供应方承诺定期购买一定数量的进口设备所生产的产品。由进口方用所得外汇，分期摊还设备的价款与利息。这是补偿贸易的基本形式。

②其他产品补偿。如直接产品非对方所需，或设备本身不生产物质产品，经约定可用其他产品代替。

③劳务补偿。即由进口方用对方提供劳务所得的报酬偿还。这种做法多见于与来料加工或来件加工相结合的小额补偿贸易。

上述三种补偿方式在实践中并不见得是截然分开的，既可以是部分直接产品、部分其他产品；也可以是部分产品、部分劳务；甚至可以是部分直接产品、部分现汇支付等。

（3）补偿贸易的性质。补偿贸易，作为一种贸易方式，具有两个明显的特征：

①必须以一方向另一方提供信贷作为前提。信贷一般直接表现为设备的赊销，但有时也可以是一笔贷款，由另一方自行购置所需的设备。

②出口设备的一方必须同时承诺回购进口方的产品或劳务，以便进口方用所得价款分期偿还设备的价款。这实质上是为进口方提供偿还能力。

（4）补偿贸易协议内容。目前，有关补偿贸易协议的做法与具体内容尚不统一，可根据缔约双方的意愿做出不同规定。有的是先订基本协议，确定双方在提供设备、信贷和回购方面的义务，然后分别签订进、出口合同。更常见的是在一个合同中把上述的全部内容包括进去，一一做出规定。不论是采取何种方式，其具体内容一般应包括以下几个方面：

①设备的名称、型号、规格、性能、参数，同时应明确设备安装的责任，对方应该负责的技术协助（包括人员培训）的内容，以及质量保证的期限等。如果涉及专利或专有技术，也应包括有关的内容。

②有关信贷的条件：包括贷款金额、计价和结算货币、利率、偿还期限、偿还办法以及银行担保。

③有关回购的规定：

A. 必须明确回购的产品名称，每期回购的数量，以及不履行回购义务的补救办法。

B. 回购产品的作价办法：对于期限短（例如一至两年）、金额小的合同，有的合同明确规定回购产品的价格。但对于回购期长、金额大、产品的国际市场价格变动比较频繁的合同，为减少双方的风险、增强合同的稳定性，一般以不规定固定价格只规定作价办法为宜。为了防止纠纷和保证合同的顺利执行，上述作价办法应该具体明确。

C. 回购义务的转让：鉴于有些设备供应方多为专营生产的厂商，通常缺乏产品推销方面的专门机构和技能，有的合同规定允许对方将回购义务转交给第三方履行，但事先必须取得合同当事人的同意。如该第三方未能履行义务，该设备供应方仍应承担责任。

D. 回购产品的品质标准和交货时间：在做出这些规定时，应从实际出发，既要积极可靠又要留有余地，以免对方借口品质不符或交货迟缓，取消回购义务。在这方面，应该把产品质量与对方设备的性能、生产目标保证联系起来；把交货日期与设备的交货、安装、试车、投产的进程联系起来。

（5）进行补偿贸易应该注意的问题。补偿贸易是一种比较复杂的交易，涉及贸易、信贷和生产，而且持续的时间又比较长，在履约期间，往往会发生一些难以预料的变化。因此，进行一项补偿贸易，尤其是大型的补偿贸易，应特别注意以下几个问题：

①必须做好项目的可行性研究，立项时必须慎重考虑。

②合理计算贷款的成本和安排偿还期。计算贷款成本，既要考虑利率的高低，又要考虑所使用的货币是软币或硬币，还要考虑设备价格的高低。只有从这三个方面进行综合核算，才可能得到比较合乎实际的成本。

③正确处理补偿产品的正常出口的关系。原则上应该以不影响我国的正常出口为前提。为此，必须在出口数量、销售市场和定价方面予以充分注意。

4. 转手贸易

这是一种特殊的贸易方式，在记账贸易的条件下，人们采用转手贸易作为取得硬通货的一种手段。最简单的转手贸易是根据记账贸易办法买下的货物运到国际市场转售，从中取得硬通货。复杂的做法是在记账贸易项下由顺差的一方将该项顺差（实际上是在相当的逆差国家购买货物的权利）转让给第三方，以换取其所需要的商品或设备，然后由该第三方利用该顺差在相应的逆差国购买货物，运往其他市场销售，收回硬通货。在实践中，由于第三方购买的货物一般不是在国际市场上能够轻易换得自由外汇的产品，所以第三方往往需要把所购产品与其他国家的产品交换。有时要经过多次交换，才能获得换取硬通货的产品。由于这种贸易环节多，手续复杂，成本高昂，因此，在顺差转让时，一般都要给予一定的优惠。而这种贸易一般也只能由一些各国，专门从事这种工作的所谓"转手商"来组织经营。因为这种贸易的难度大，所以在对销贸易中所占的比重不大。

5. 抵消

这种贸易方式多见于军火或大型设备，如飞机等的交易。简单的抵消与互购没有太大差别，也是由先出口的一方承诺购买进口方一定数量的出口商品，一般是相关的零部件。但是到 20 世纪 70 年代，特别是进入 80 年代以后，出口方的承诺更多的是允诺用出口军火或设备的货款作为资本，在进口国家投资建立有关联的零部件生产工厂，以向出口国家提供产品。

六、对外加工装配业务

对外加工装配业务是我国企业开展对外来料加工和来件装配业务的总称。其基本内容主要是由外商提供一定的原材料、零部件、原器件，由我国的工厂按对方的要求进行加工装配、成品交由对方处置，我方按照约定收取加工费作为报酬。

（一）对外加工装配贸易的性质

1. 对外加工装配业务属劳务贸易的范畴

它是一种简单的国际劳务合作的形式。在这种业务中，虽然也有物的移动，即原材料或零部件的"进口"和成品的"出口"，但是并没有这些物的所有权转移。不论是原材料、零部件还是成品，其所有权始终属于国外委托加工人。而我国的加工企业只是付出一定的劳动，把原材料或零部件转化为成品，从中取得劳动报酬。所以这类交易，只是一种劳务交易，是以商品为载体的劳务出口，不属于货物买卖的范畴，不受货物买卖法规的约束。因此，为这类交易签订的合同应该有别于一般货物买卖合同。

2. 对外加工装配业务与进料加工的本质区别

（1）所谓进料加工（又称以进养出）是指用专项外汇，购进国外的原材料、辅料，利用本国的技术、设备和劳力，加工成成品后，销往国外市场。在这类业务中，经营的企业是以买主的身份与国外签订购买原材料的合同，又以卖主的身份签订成品的出口合同。两个合同体现为两笔交易，两笔交易都体现为以所有权转移为特征的货物买卖，而对外加工装配业务却是以提供劳务为特征的交易。

（2）在进料加工中，原材料的供应者与成品的购买者没有必然的联系，不像加工装配业务那样，原材料或配件的提供者同时又是成品的承受人。

（3）在进料加工中，我国企业从事的是进、出口活动，赚取以外汇表示的附加价值。而在加工装配业务中，我国企业得到的只是劳动力的费用。至于由原料或零部件转化为成品过程中所创造的附加价值，基本上被外商占有。从这一方面看，进料加工的经济效益要大于加工装配；但是在另一方面，从事进料加工我国企业要承担价格风险和成品的销售风险，而加工装配业务对我国企业则不存在这些风险。

（二）对外加工装配协议的作用

开展对外加工装配业务，不论是对于我方（承接方）还是外商（委托方），均有其积极的作用。

1. 对于承接方的作用

（1）克服本国生产能力有余而原材料不足的矛盾，为国家增加外汇收入。

（2）开发劳动力资源，增加就业机会，并繁荣地方经济。

（3）有利于引进国外先进的技术和管理经验，促进外向型经济的发展。

2. 对于委托方的作用

（1）降低产品的成本，因而可以增强其产品在国际市场上的竞争力。

（2）有利于委托方所在国的产业结构调整。这主要是指一些工业发达国家，可以通过委托加工方式，将一些劳动密集型产品的生产转移到发展中国家。

（三）对外加工装配业务的成交方式

我国各地在开展对外加工装配业务时采用各种不同的成交方式，概括起来，大致有以下五种：

1. 由外贸公司和从事加工业务的工厂联合对外签订合同。工厂负责办理原料的进口，安排加工装配，并且办理成品的交货。外贸公司负责结收工缴费。

2. 外贸公司单独与外商签订加工装配合同，然后将外商提供的原材料、零部件交给所联系的工厂进行加工装配；成品由外贸公司负责办理交货，并收取工缴费。外贸公司与工厂之间的相互关系，则按其签订的有关协议办理。

3. 外贸公司代理有关工厂进行对外洽谈、签订加工合同，再由工厂负责加工装配、收取工缴费。外贸公司向工厂收取服务费（佣金）。

4. 有对外经营权的工厂直接与外商签订合同，并办理加工装配业务的全过程，自行收取工缴费。

5. 在南方一些地区专门成立了加工装配服务公司，作为当地加工企业的代理，负责统一对外签约、办理报关出运、结收工缴费。

（四）对外加工装配协议的主要内容

对外加工装配协议，在性质上不同于买卖合同，其基本内容如下：

1. 合同的标的

加工装配合同的标的，不同于买卖合同，它体现为将原材料、零部件加工装配成指定的产品而付出的劳动及一定的技术或工艺。因此，在这一条款中，要明确具体规定加工装配项目的内容及要求。

2. 对来料来件的规定

外商提供原材料、零部件是加工装配业务赖以进行的物质基础。来料方能否按质、按量、按时供料，也直接关系到承接方能否按质、按量、按时提交规定的成品。因此，在合同中应具体规定来料方交料件的时间、地点，并明确规定对原材料、零部件的质量、数量以及规格搭配的具体要求。为了明确责任，还应同时规定如果料件在品质、数量方面不符合要求或不能按时提供料件的处理办法。

3. 对提交成品的规定

对外加工装配的产品要交给外商，由其在国外市场销售，其质量好坏关系到销路，也影响到利润。因此，外商对成品质量的要求都相当严格。在这一条款中，一般都要对成品的品质规格以及数量和交货期做出明确规定，对于有特殊要求的产品，需要订立详细的技术条款，同时还往往规定对违约的处理办法。加工方在规定这一条款时，应根据自己的技术水平和生产能力，实事求是，妥善规定，做到既对双方有利，又切实可行。

4. 关于耗料率和残次品率的规定

耗料率又称原材料消耗定额，指每个单位成品消耗原材料的数额。这一项指标直接关系到加工的成本，影响委托方的经济利益。所以，外商总希望越低越好。但作为承接方则要考虑其设备能力和工人的技术水平。在合同中规定残次品率的方法有两种：一种是规定残次品在成品中的比重最高为多少（％）；另一种是规定成品的合格率为多少（％）。

5. 关于工缴费的规定

工缴费是指加工成本加加工利润之和。它与双方当事人的经济利益密切相关。如何确定工缴费标准是一个十分重要的问题。由于加工装配业务从本质上看是一种劳务出口的方式，工缴费的核定就应该以国际劳务价格作为基准。然而世界各地的工资水平差异很大，港澳地区低于欧美，我国沿海地区又低于港澳地区。为了加强竞争力，并争取为国家多创外汇，我国在规定工缴费标准时，应以邻近国家和地区的工资水平作为计算基础。

6. 运输和保险问题

加工装配业务中涉及两段运输，即原料运进和成品运出。有关的运输责任及费用究竟由谁负担，须在合同中明确规定。从理论上讲，保险的责任和费用，也同运输一样，应由委托方承担，但在具体业务中，有时委托方要求承接方代办保险。在这种情况下，在合同中应规定委托方除支付加工金外，再支付保险费，或者在计算加工费时将保险费计入，不再单独支付。在由加工方代办保险的情况下，在合同的保险条款中，应明确规定保险险别、保险金额和投保人。

7. 付款办法

有关付款办法的规定，可因具体做法而异。

（1）如来料、来件及成品均不作价，单收加工费，即由委托方在加工方交付成品后通过信用证或汇付的方式，向加工方支付加工费。

（2）如果合同规定来料、来件和成品分别作价，即所谓各作备价，则可规定加工方开远期信用证或以远期托收的方式"支付"对方料件价款；委托方以即期信用证或以即期托收方式支付成品价款。加工方所收入的成品价款冲付料、件价款后，剩余部分即为工缴费收入。在采用这种方式时，应注意加工方开立的远期信用证或承兑的远期汇票，其付款期限应略长于产品的生产周期及交付时间。

（五）开展对外加工装配业务应注意的问题

我国的对外加工装配业务起步较晚，迄今只有十几年的历史，但发展较快，已成为我国对外经贸使用的一种方式，日益引起人们的重视。在整个发展过程中，我们既积累了一定的经验，也有着一定的教训。我们认为，在开展这项业务时，应注意如下几个问题：

1. 从我国的实践看，对外加工装配业务是我国增收外汇的一种手段，但与出口贸易比较，它毕竟是次要的。因此，在开展这项业务时，必须要有全局观点，注意处理好与正常出口的关系。凡与出口贸易争客户、争市场的业务，应该少搞或不搞。

2. 要讲究经济核算，注意经济效益。由于我国在对外贸易中存在着两个市场、两种价格，而且加工成本远低于国外，因此在决定工缴费水平时，不仅要考虑本单位是否合算，同时还要考虑国际市场条件、加工水准进行核算，讲求效益，力争使我们的工缴费标准既具竞争性，又为国家多创外汇。严格避免各加工单位自相竞争，任意降低收费标准。

3. 在有条件的地区或单位，应力争多用国产原材料或零部件，争取提高这方面的比重，逐步过渡到自营出口。

4. 努力提高劳动力的素质，不断提高劳动生产率，从质的方面提高竞争能力。

5. 不断提高技术水平。在有条件的单位应有计划地逐步提高加工装配业务的技术层次。从目前的以劳动密集型加工为主，逐步过渡到以资本密集型、技术密集型加工为主。

6. 严格审批和海关对料件和成品的出入境监督，严禁以开展加工装配业务之名，行走私、偷漏税和套汇之实。

第二章　国际货物买卖合同条款

第一节　合同的标的

合同的标的包括商品的名称、品质、数量和包装，是磋商交易和订立买卖合同首先明确的交易条件。

一、商品的名称

"商品的名称"或称"品名"是指能使某种商品区别于其他商品的一种称呼或概念。商品的名称在一定程度上体现了商品的自然属性、用途以及主要的性能特征。加工程度低的商品，其名称一般较多地反映该商品所具有的自然属性，加工程度越高，商品的名称也越多地体现出该商品的性能特征。

（一）标明商品名称的意义

买卖合同是一种实物买卖，它以一定物体的实际交付为要件，即买卖的对象是具有一定外观形态并占有一定空间的有形物。买卖合同的特征是，通过合同的履行，将合同标的物的所有权由卖方转移至买方。众所周知，在国际贸易中，看货成交，一手交钱、一手交货的情况极少，而且国际货物买卖，从签订合同到交付货物往往需要相隔一段较长的时间。加之，交易双方在洽商交易和签订买卖合同时，通常很少见到具体商品，一般只是凭借对拟买卖的商品作必要的描述来确定交易的标的。可见，在国际货物买卖合同中，列明合同的标的，就成为必不可少的条件。

按照有关的法律和惯例，对交易标的物的描述，是构成商品说明的一个主要组成部分，是买卖双方交接货物的一项基本依据，它关系到买卖双方的权利和义务。若卖方交付的货物不符合约定的品名或说明，买方有权提出损害赔偿要求，直至拒收货物或撤销合同。因此，列明合同标的物的具体名称，具有重要的法律和实践意义。

（二）合同中的品名条款及应注意的事项

合同中的品名条款一般比较简单，通常都是在"商品名称"或"品名"的标题下，列明交易双方成交商品的名称。有时为了省略起见，也可不加标题，只在合同的开头部分，列明交易双方同意买卖某种商品的文句。

品名条款的规定，还取决于成交商品的品种和特点。就一般商品来说，有时只要列明商品的名称即可。但有的商品，往往具有不同的品种、等级和型号。因此，为了明确起见，也有把有关具体品种、等级或型号的概括性描述包括进去，作进一步限定。此外，有的甚至把商品的品质规格也包括进去，在此情况下，它就不单是品名条款，而是品名条款与品质条款的合并。

国际货物买卖合同中的品名条款，是合同中的主要条件。因此，在规定此项条款时，应注意下列事项：

第一，条款内容应明确、具体。商品名称的确立是进出口业务中一个必不可少的内容，是买卖合同中必须首先确定的一个概念，因此，必须明确、具体。对已确定的品名和译文的名称应表述准确，避免对方误解或有含义上的曲解，招致不必要的争议。

第二，尽可能使用国际上通用的商品名称，特别是新商品名称的提出，要用学名，不要用国内习惯名称。

第三，合理选择有利于降低费用和方便进出口的商品名称。这主要从两方面来看：一方面尽可能注意有关国家的海关税则和进出口限制的有关规定，在不影响我国对外经贸政策的前提下，从中选择有利于降低关税或方便进口的名称，作为合同的品名；另一方面由于班轮运价表中对不同名称的货物以及船务公司运价表中列名商品与未列名商品，规定有不同的等级，并对不同等级的货物收取不同的运费。基本上是商品等级高，费率亦高，因而要考虑商品运价等级问题。

二、商品的品质

（一）商品的品质的含义及其重要性

商品品质是商品的外观形态和内在品质的综合。商品的外观形态是通过人们的感觉器官可以直接获得的商品的外形特征。如商品的大小、长短、结构、造型、款式、色泽、光彩、宽窄、轻重、软硬、光滑粗糙以及味觉、嗅觉等。商品的内在品质则是指商品的物理性能、化学成分、生物特征、技术指标和要求等，一般需借助各种仪器、设备分析测试才能获得。例如，纺织品的断裂强度、伸长率、回潮率、缩水率、防雨防火性能、色牢度等；化工商品的熔点、沸点、凝固点等；机械类产品的精密度、光洁度、强度等；肉禽类商品的各种菌类含量等。

商品品质在国际贸易中是一个很突出的问题。在国际市场竞争非常激烈的今天，谁的商品质量好、价格合理、售后服务质量高，谁的商品就会在竞争中取胜。同时，商品的品质也是买卖合同中的一项"要件"，按照《联合国国际货物销售合同公约》的规定，卖方交付的货物必须与合同所规定的品质、数量相符，若不符，即构成违约，买方有权拒收货物并有权撤销合同，提出损害赔偿。商品品质的重要性，具体表现为以下三个方面：

第一，品质关系到商品的使用效能，关系到使用价值。消费者购买某种商品是因为该商品的使用价值能满足购买者的某种消费欲望，若商品的品质不佳，不能满足消费者的需求则消费者就不会购买。所以，出口商品的品质要适销对路，这样才能进入国际市场求得发展。

第二，商品品质关系到商品售价的高低。因为在国际市场上是按质论价，优质优价的。随着各国消费者对商品品质要求的提高，质量竞争已越来越重要。质量上乘的商品其售价提高亦能有较好的销路。

第三，品质的好坏影响商品的信誉和销路。品质不好，商品销路必定不好，在国际贸易中损坏了品牌信誉，就无法在国际市场立足，更谈不上扩展市场。

因此，在进出口业务中，我们必须十分重视产品质量，在调查了解国际市场需求的基础上，改进和提高商品品质，增加花色品种，缩短更新换代的周期，加快出口商品结构改善，以适应国际市场的变化，增强在国际市场的竞争能力。

（二）品质的表示方法

不同种类的货物，有不同表示品质的方法。在国际贸易中，表示货物品质的方法有多种，归纳起来，可分为两大类：凭样品表示和凭文字说明表示。

1. 凭样品表示

样品通常是指从一批货物中抽取出来或由生产和使用部门设计加工出来的能够代表销售货物品质的少量实物。凭样品表示是指买卖双方同意根据样品进行磋商和成立合同，并以样品作为交货品质的依据。这种方法又称"凭样品"买卖。凭样品买卖的方法一般适用于难以标准化、规格化，难以用文字说明其品质的商品，如部分工艺品、服装、土特产品、轻工产品等。

凭样品买卖可分为凭卖方样品买卖和凭买方样品买卖两种。无论何种方式，卖方都必须承担交货品质与样品相同的责任。

（1）凭卖方样品买卖。凭卖方提供的样品磋商交易和成立合同，并以卖方样品作为交货品质的依据，称"凭卖方样品买卖"。卖方所提供的能代表日后整批交货品质的少量实物，即为"代表性样品"。在向国外客户寄送代表性样品时，应留存一份或数份同样的样品，以备日后交货或处理争议时核对之用，该样品称为"复样"。寄发样品和留存复样，都应编上相同的号码或注明提供（寄送）日期，以便日后联系时引用并便于查核。某些货物，由于其特点和交易的需要，可使用封样。封样是由第三者（如商检局）将从整批货物中抽取出来的样品分成若干份，在每份样品经包裹捆扎后用火漆或铅封。除第三者留下若干份外，其余封样交卖方使用。封样有时也可以由卖方自封，或由买卖双方会同加封。

（2）凭买方样品买卖。凭买方提供的样品磋商交易和订立合同，并以买方样品作为交货品质的依据，称"凭买方样品买卖"。凭买方样品买卖，也称"来样成交"。为了防止日后交货困难及减少发生纠纷，在买方来样的情况下，卖方可根据买方提供的样品，加工复制出一个类似的样品交由买方确认，这种经确认后的样品，称为"对等样品"或"回样"，亦称"确认样品"。当对等样品为买方接受之后，则日后卖方所交货物的品质须以对等样品为准。此外，买卖双方为了发展贸易关系、介绍商品而相互寄送的样品，应标明"仅供参考"字样，以免与标准样品混淆。参考样品对买卖双方均无约束力。

2. 凭文字说明表示

在国际贸易中，除了部分货物用样品表示品质外，大多数货物可用文字说明来表示品质。买卖双方凭文字说明磋商交易和订立合同，交货品质以文

国际货物与通关

字说明为依据，称作"凭说明买卖"。用文字说明表示品质的方法，具体可分为下列几种：

（1）凭规格、等级或标准。规格是指用以反映货物品质的若干主要指标，如成分、含量、纯度、大小、长短、粗细等。用规格来确定货物的品质进行买卖，即"凭规格买卖"。凭规格买卖比较方便、准确，在国际货物买卖中应用最广。等级是指同一类的货物，根据长期生产和贸易实践，按其品质差异、重量、成分、外观或效能等的不同，用文字、数码或符号所作的分类。"凭等级买卖"只需说明其级别，即可明确买卖货物的品质。例如：皮蛋按重量、大小分为套、排、特、顶、大五级。套级为每千只 75 公斤以上，其后每差一级，减 5 公斤。标准是指经政府机关或工商业团体统一制定和公布的规格。在我国，货物标准由国家或有关政府部门规定。在国外，货物标准有的由国家规定，有的由行业公会、贸易协会、商品交易所制定。近年来，国际市场上逐步广泛采用 ISO 系列标准，它是国际标准化组织为了适应国际贸易发展的需要而制定的品质管理和品质保证标准。为了适应这一新形势，我国也相应制定了《出口商品生产企业质量体系评审管理办法》等规章法令和标准，并逐步推广实行。

由于各国的标准常随生产技术的发展和情况的变化进行修改和变动，所以，同一国家颁布的某类货物标准往往会有不同年份的版本。版本不同，标准内容也不尽相同。因此，在援用标准时，应注明版本年份。为了使我国产品打入国际市场，扩大销路，提高竞争力，应尽量采用国际标准。

（2）凭牌号或商标。在国际市场上信誉良好、品质稳定，并为买方所熟悉的货物，可凭牌号或商标对外销售。例如：美加净牙膏，梅林牌罐头等。牌号和商标与货物的品质规格有密切关系。货物的品质是牌号和商标的物质基础。一定的牌号或商标代表一定货物的品质。所以，在凭牌号或商标的买卖中，即使在合同中不具体规定规格，卖方在交货时仍必须按该牌号或商标所通常具有的品质规格交付货物，否则，不仅构成违约，而且还会"倒牌子"。

（3）凭产地名称。有些商品，特别是农副土特产品，受产地自然条件和传统加工技术影响较大，其产品质量优异，具有特色，以产地名称命名，也成为代表该货物品质的依据。例如：四川榨菜、常州萝卜干、龙口粉丝等。

51

卖方凭产地名称销售农副土特产品，必须交付具有为国内外消费者所周知的特定品质的产品，否则，买方可拒收货物并提出索赔。

（4）凭说明书和图样。有些商品，如机械、电器、仪表等，由于结构复杂，型号繁多，性能各异，难以用几项指标来表示其品质，也不能用简短文字说明其使用方法，在买卖这类货物时，就需凭说明书和图样来表示品质。例如：1515A型多梭箱织机，详细规格如附文字说明图样。按此方式进行交易，称凭说明书和图样买卖。

在用文字说明表示品质时，有时为了使买方进一步了解品质，也可寄供一些"参考样品"。但应注意这与"凭样品买卖"是不同的。凭说明书和图样买卖时，要求所交货物必须符合说明书所规定的各项指标，而参考样品不作为交货时的品质依据。

用样品和文字说明表示品质的方法有以上两大类或六种。在实际业务中，可根据货物的特点和市场习惯，单独使用某一方法，也可用两种或两种以上的方法结合使用。

（三）买卖合同中的品质条款

合同中的品质条款是一项主要条款，是买卖双方交接货物的品质依据。在国际贸易中，商品种类繁多，品质千差万别，因此，合同中的品质条款也有繁有简，但其基本内容是品名、等级、标准、规格、商标、牌名等。例如："品质以卖方提供的第213号说明书的技术标准为准"、"中国绿茶特珍一级"等。在规定品质条款的时候，应该注意下列几个问题：

1. 表示品质的方法要适当。应根据不同的商品特点，确定表示商品品质的方法。一般来说，凡能用科学的指标说明品质的，则可以凭规格、等级或标准买卖；难以标准化的商品，适用凭样品买卖；具有特色的名优产品，适于商标或品牌买卖等。凡可以用一种方式表示商品品质的，切忌用两种或两种以上的方法来表示。如采用两种或两种以上方法表示，则所交货物就应符合各项要求。

2. 品质条款要切合实际。在确定出口商品的品质条件时，既要考虑到国外市场的消费习惯和水平，又要符合我国的生产实际。对于一些实际做不到的条款不应接受；对于一些可以做到或可以进一步提高品质的商品，则不应把规格定得低于实际商品，以免影响成交价格，造成不应有的损失。

3. 对品质条款内容的规定和使用的文字要明确具体，便于检验及分清责任。不宜采用"大约"、"左右"等笼统字眼儿。对于"FAQ"、"CMQ"若双方事先无统一认识应尽量不采用，因为对此国际上都没有统一的解释。

4. 可规定品质公差和机动幅度。品质条款中的主要品质指标要具体、明确，要有科学性。但也不能将品质要求定得过死、过于绝对化，以免造成交货上的困难。因此，在规定品质条款时还要有一定的灵活性，如规定品质公差或机动幅度。

品质公差是指国际上同行业所公认的或买卖双方认可的品质差异，一般用于制成品的交易。在工业制成品的生产过程中，产品的质量指标误差是难以避免的，如圆形物体直径误差 0.01 毫米等视为合理误差。这种公认的误差，即使合同没有规定，只要卖方交货在公差范围之内，买方不得拒收，也不得要求调整价格。

机动幅度是指买方允许卖方所交货物的品质可在一定幅度内波动。商品品质的机动幅度一般用于初级产品的交易。规定的方法主要有三种：

（1）规定范围，是指对某些商品品质的指标允许有一定差异的范围。例如：棉布幅宽 88.9/91.4 厘米（35/36 英寸）。

（2）规定极限，是指对某些商品的品质，以最大、最高、最多或最小、最低、最少来规定其上下极限。

（3）规定上下差异，是指已定品质指标的同时，规定一定幅度的上下变化。如羽绒的含绒量为 16%±1%。

此外，在使用机动幅度时，常常辅之以价格调整条款。即允许卖方交货品质与合同要求的品质略有不符，但只要没有超出机动幅度范围的，则可根据合同规定调整价格。

三、商品的数量

货物买卖是一定数量的货物与一定金额的价款的交换。在国际货物买卖中，买卖双方必须约定数量，否则不能构成合同。因此，货物的数量，也是主要交易条件之一，而且是构成一项合同必须具备的条件之一。

（一）计量单位

货物计量单位的采用，应按货物的性质和市场习惯而定。在国际贸易中，通常采用的计量单位有下列几种：

1. 重量：克、公斤、盎司、磅、公吨、长吨、短吨等。
2. 个数：只、件、套、打、罗、令等。
3. 长度：米、英尺、码等。
4. 面积：平方米、平方英尺、平方码等。
5. 体积：立方米、立方英尺、立方码等。
6. 容积：升、加仑、蒲式耳等。

由于各国度量衡制度不同，所使用的计量单位也各异。因此，了解和熟悉相互之间的折算方法是很重要的。目前国际贸易中通常使用的有米制、英制和美制三种。此外，还有在米制基础上发展起来的国际单位制。根据《中华人民共和国计量法》第3条规定："国家采用国际单位制。国际单位制计量单位和国家选定的其他计量单位，为国家法定计量单位。"全国于20世纪80年代末，基本完成向法定计量单位的过渡。自1991年1月起，除个别特殊领域外，不允许再使用非法定计量单位。在对外贸易中，出口货物除合同规定需采用米制、英制或美制计量单位者外，也应使用法定计量单位。一般不进口非法定计量单位的仪器设备，如有特殊需要，须经有关省、市、自治区以上的计量管理机构批准。

（二）重量的计算

在国际贸易中，有很多货物是按重量计算的。其计算方法主要有以下两种：

1. 按毛重计算

毛重是指货物本身的重量加上皮重，即加上包装物的重量。有些单位价值不高的货物，可采用按毛重计量的方法，也就是按毛重作为计算价格的基础。这种计量和计价的方法，在国际贸易中称作"以毛作净"或"以毛作净价"。

2. 按净重计算

净重是指货物的本身重量，即不包括皮重的货物实际重量。如在合同中未明确规定用毛重还是净重计量、计价的，按惯例应以净重计。此外，个别商品有按公量和理论重量计算的。其中公量可以用商品的干量加上标准含水量来表示，含水量与该商品的回潮率有关。

（三）合同中的数量条款

在磋商交易和签订合同时，一般都规定确定的、不得增减的数量，例如：1000 台、10000 打等。但有些商品，由于其特性，或由于其生产、包装或运输条件的限制，实际交货数量往往不易符合合同规定的某一确定的数量。为了避免在履约时发生争议，买卖双方应事先谈妥并在合同中定明交货数量的机动幅度。数量机动幅度是指卖方可按买卖双方约定某一具体数量多交或少交若干比率的幅度。规定数量机动幅度的方法有两种，分别是规定"溢短装条款"和规定"约"数。

1. 溢短装条款

规定数量条款时，如同时规定溢短装条款，则在交货时可溢装或短装（即多交或少交）合同数量的百分率。例如：10000 码，卖方可溢装或短装5％。这样，交货时就比较灵活，只要在 10000 码 5％上下的幅度即 9500 至10500 码范围内，都属符合合同，而无须硬凑 10000 码。应该指出，硬凑合同规定的某一具体数量，有时可能出现包装不成整件的情形，这对出口人交货和进口人收货都会带来不便。所以，在实际出口业务中，有些国外进口商主动向我国提出在数量上规定机动幅度，并要求切勿为硬凑某一具体数量而向其发运不成整件的货物。在 F 组合同中，如由对方派船装载大批或整船货物时，国外买方往往要求，在机动幅度范围内，由他们决定多装或少装的数量。例如：60000 公吨，10％上下，由买方决定。

2. "约"数

在合同数量前加"约"字，也可使具体交货数量作适当机动，即可多交或少交一定百分比的数量。但国际上对"约"字的含义解释不一，有的解释为 2.5％，有的则解释为 5％。《跟单信用证统一惯例》（国际商会第 500 号出版物）则认为：信用证上如规定"约"字，应解释为允许有不超过 10％的增减幅度。鉴于"约"数在国际上解释不一，为防止纠纷，使用时双方应先取得一致的理解，并达成书面协议。在数量机动幅度范围内，多装或少装货物，一般都按合同价格计算多交或少交的货款，即多交多收，少交少收。但对于价格波动频繁、幅度较大的商品，为防止对方利用机动幅度故意增加或减少数量以取得额外利益，也可规定增减部分以装运时某种市场的价格计算。

四、商品的包装

包装是保护商品在流通过程中品质完好和数量完整的重要条件，也是实现商品价值和使用价值的必要手段，是商品生产与消费之间的桥梁。在生产过程中，包装是最后一道重要的工序；在流通过程中，包装对保护商品、美化商品、宣传商品以及对商品的储藏、运输、销售、使用都起着重要作用。包装反映一个国家经济、技术、科学、文化等方面的发达程度。在国际市场上，包装的好坏关系到货物售价的高低、销路的畅滞，也关系着一个国家及其产品的声誉。在国际货物买卖中，包装还是货物说明的组成部分，因此，包装也是主要交易条件之一，应在合同中加以明确规定。

（一）包装的种类和作用

货物的包装一般可分为运输包装和销售包装。

1. 运输包装

运输包装又称外包装、大包装，它的作用主要在于保护商品，便于运输，减少运费；便于储存，节省仓租，便于计数等。运输包装的方式主要有以下几种：

（1）箱：凡价值较高，容易受损货物，大都用箱装。箱装有木箱、夹板箱、纸箱和钙塑箱之分，视不同商品的特点选择使用。为节约木材资源和便于处理废弃包装用品，目前趋向以纸箱取代木箱。有些贵重商品尚有使用金属箱的。一般箱内还衬用防潮纸或塑料薄膜，有时还衬用锌箔或锡箔。箱外通常加打包铁皮或塑料带。

（2）包：凡可紧压而品质不受损坏的货物，可以机压打包。所用材料，一般为棉布或麻布。包外另加铁皮或塑料带扎紧。

（3）桶：液体、半液体以及粉状等货物，可用桶装，桶的材料与箱的材料类似，有木材、夹板、纸、铁皮、塑料等。

（4）袋：有些农产品及化学原料等常用袋装。袋的材料通常是棉质、麻质，但也有纸质和塑料的。为加强包装牢度，倾向采用纸塑复合、多层塑料复合和编织袋。

此外，还有篓、筐、笼、罐等。

2. 销售包装

销售包装又称内包装、小包装或直接包装，它除了保护商品外，还具有美化商品、宣传推广、便于销售和使用等作用。由于国际市场上竞争激烈以及超级市场的发展，出口货物的销售包装显得日益重要，它的好坏直接关系到售价和销路。此外，衬垫物也是包装的重要组成部分，不容忽视。它的作用是防震、防碎、防潮、防锈等。衬垫物一般用纸屑、纸条、防潮纸和各种塑料衬垫物。应该注意的是，我国出口包装不准用报纸之类作为衬垫物；有些进口国家不准用稻草、干草、棉絮等作为衬垫物。

总之，由于出口货物的包装关系到商品的售价和销路，并在一定程度上反映我国社会主义建设和改革开放的新面貌，以及我国工业生产和艺术水平，因此必须加强研究，力求做到科学、经济、牢固、美观、适销的要求。运输包装要牢固，能适应长途运输的需要，体积和重量要便于搬运、装卸、仓储和节省运输和储存费用。销售包装要考虑适合对外销售的需要，做到便于陈列、展销、携带和使用。销售包装上除商标、牌号、品名、数量、产地外，一般还应根据不同商品，印有规格、成分、用途或使用方法等中外文说明。随着国际上电子扫描自动化售货设备的使用日益广泛，"条形码"将成为销售包装上不可或缺的标识。

（二）运输包装标识

为了在运输过程中便于识别货物和计数，在商品外包装上要刷制一定的包装标识。包装标识主要有运输标识和指示性、警告性标识两种。

1. 运输标识

运输标识，习惯上称为"唛头"或"唛"。它通常由三个部分组成：

（1）收货人及发货人名称的代用简字或代号和简单几何图形（有时不用几何图形）；

（2）目的港（地）名称；

（3）件号：一般每件货物上应刷顺序件号，而通常是既刷顺序件号也刷总件号；在国际贸易业务中，有的仅刷统号（例如 Nos.1—100，每件包装上均刷此统号）。有的运输标识还按照买方的要求列入合同号码、信用证号码或进口许可证号码等。

2. 指示性、警告性标识

在外包装上，除唛头外还往往根据商品的性质刷上一些指示性和警告性标识。目的是促使搬运人员及开箱拆包人员注意，以保障货物和操作人员的安全。这种标识有时使用文字，例如关于货物性质方面的标识有：有毒品、爆炸物、易燃物品等。关于操作方面的标识有：小心轻放、请勿用钩、此端向上、保持干燥等。为了避免由于各国文字不同而造成的识别文字标识的困难，在国际贸易的长期实践过程中，形成了一种各国普通采用的指示、警号符号，即用简单、醒目、易懂的图样以弥补文字标识的不足。除上述包装标识外，外包装上一般还刷上有关包装的重量（毛重和净重）以及它的外形尺寸（长、宽、高）。

我国的出口商口无论外包装或内包装一般都必须注明"中华人民共和国制造"或"中国制造"或"中国物产"。

（三）定牌和中性包装

定牌和中性包装，是国际贸易中的通常做法。我国在出口业务中，有时也可应客户的要求采用这些做法。定牌是指买方要求在我国出口商品或包装上使用买方指定的商标或牌名的做法。我们同意采用定牌，是为了利用买主（包括生产厂家、大百货公司、超级市场和专业商店）的经营能力和他们的企业商誉或名牌商誉，以提高商品售价和扩大销售数量。但是应特别注意有的外商利用向我国订购定牌商品来排挤使用我方商标的货物的销售，从而影响我国产品在国际市场树立品牌。采用定牌时，一般应标明"中国制造"字样。

中性包装是指在商品上和内外包装上均不注明生产国别的包装，中性包装有定牌中性和无牌中性之分。定牌中性是指在商品和包装上使用买方指定的商标、牌名，但不注明生产国别。无牌中性是指在商品和包装上均不使用任何商标和牌名，也不注明生产国别。采用中性包装，是为了适应国外市场的特殊需要，如转口销售等，有利于扩大贸易。但需注意，近年来中性包装的做法受到种种限制，因此，在采用时必须谨慎从事。

（四）合同中的包装条款

如前所述，包装条款是主要贸易条件，是国际货物买卖合同的重要内容，买卖双方必须认真洽商，取得一致意见，并在合同中做出明确具体的规定。

但是，在实际业务中，有时对包装条款仅作笼统的规定，例如使用"适

国际货物与通关

合海运包装",或"买方惯用包装"等术语。由于此类规定缺乏统一解释,容易引起纠纷与争议,因此,除非买卖双方对包装方式的具体内容经事先充分交换意见或由于长时期的业务交往已取得一致认识,在合同中,不宜采用笼统的规定方法。

按国际贸易习惯,唛头一般由卖方决定,并无须要在合同中作具体规定。如买方要求,也可在合同中做出具体规定;如买方要求在以后由其指定,则应具体规定指定的最后时限,并定明若到时尚未收到有关唛头通知,卖方可自行决定。

包装费用一般包括在货价以内。如买方要求特殊包装,除非事先明确包装费用包括在货价内,其超出的包装费用原则上应由买方负担,并应在合同中具体规定负担的费用和支付办法。经双方商定,全部或部分包装材料由买方负责,合同中应同时规定包装材料最迟到达卖方的时限和逾期到达的责任。该项时限应与合同的交货时间相衔接。在进口合同中,特别是对于包装技术性较强的商品,通常要在单价条款的后面注明"包括包装费用",以免事后发生纠纷。

第二节　商品的价格

进出口商品的价格是决定国际贸易经济效益的重要因素之一,也是买卖双方在交易磋商过程中需要反复讨论的中心问题。经过讨价还价,最后规定在合同中的价格条款,则是货物买卖合同的核心条款。买卖双方在其他条款方面的利害得失,往往要在价格上反映出来,而价格条款的内容又直接对其他主要条款产生重大的影响。

当前,在国际货物买卖中,价格条款可以有不同的规定方法,除传统的固定价格的规定办法外,越来越多的合同采用非固定价格。但从根本上看,合同价格的基本内容不外乎单价条款、计价单位、计价货币、贸易术语四个方面。其中,计价货币和贸易术语(包括交货地点)是国际货物买卖所特有的。在这里仅介绍与价格条款有关的几个问题,包括计价货币的选择、定价方法、价格调整条款、佣金与折扣以及换汇成本的核算。

一、计价货币的选择

在一般的国际货物买卖合同中，价格都表现为一定量的特定货币（例如每公吨 500 美元），通常不再规定支付货币。根据国际贸易的特点，用来计价的货币可以是出口国家货币，也可以是进口国家货币或第三国货币，还可以是某一种记账单位，由买卖双方协商确定。世界各地的货币价值并不是一成不变的，特别是在各主要发达国家普遍实行浮动汇率的条件下，通常被用来计价的各种主要货币的币值更是严重不稳。国际货物买卖通常的交货期都比较长，从订约到履行合同往往需要一个过程，在此期间，货币的币值是要发生变化的，甚至出现大幅度的起伏，其结果必然直接影响进出口双方的经济利益。因此，如何选择合同的计价货币就具有重大的经济意义，是买卖双方在确定价格时必须注意的问题。除双方国家订有贸易协定和支付协定，而交易本身又属于上述协定规定的交易时必须按规定的货币进行清算外，一般进出口合同都是采用可兑换、国际上通用的或双方同意的支付货币进行计价和支付的。但是，在目前这些货币的硬软程度并不相同，发展趋势也不一致。因此，具体到一笔交易，必须在深入调查研究的基础上，尽可能争取发展趋势对本国有利的货币作为计价货币。从理论上说，对于出口交易，采用硬货币比较有利，而进口合同却用软币计价比较合算。但在实际业务中，以什么货币作为计价货币，还应视双方的交易习惯、经营意图以及价格而定。

二、定价方法

（一）固定价格

固定价格是合同中价格条款的规定方式之一。交易双方经协商对合同价格做出明确规定后就必须遵照执行。除非合同中另有约定，或经双方当事人一致同意，任何一方都不得擅自更改。固定价格的做法明确具体，便于核算，因此是一种常规做法。但由于国际市场行情多变，采用固定价格方式会使买卖双方承担从订约至交货乃至销售期间价格变动的风险。有时，在价格剧烈波动下，还会影响到合同的顺利执行。为了减少价格风险，在采用固定价格时，应事先认真确定市场供求关系变化的趋势，并对价格前景做出判断，以此作为定价的依据。另外，还应对客户的资信进行了解和研究，慎重选择交易对象。

（二）非固定价格

非固定价格与固定价格相对而言，在业务部门常称之为"活价"。在做法上又有以下几种：

1. 在价格条款中规定作价时间和作价方法或者只规定作价时间，具体价格留待规定时间内确定。

2. 在价格条款中先规定一个初步价格作为开立信用证和初步付款的依据，等到双方确定最后价格后再进行结算，多退少补，一般称之为暂定价。

3. 部分固定作价，部分非固定作价。这主要是在分批交货的交易中，对于近期交货的部分，在订约时采用固定价格；对于其余部分，规定在交货前一定期限内作价。非固定作价方式对于交货期长、市场行情上下波动的商品交易，有利于减少风险，促成交易。但是，由于这种方式是先订约后作价，带有较大的不确定性，所以如果事后双方在作价时不能取得一致意见，就有导致合同无法执行的可能。因此，合理明确规定作价标准是一个关键问题。

三、价格调整

在国际货物买卖中，有的合同除规定具体价格外，还规定有各种不同的价格调整条款，例如："如卖方对其他客户的成交价高于或低于合同价格超过 5％，对本合同未执行的数量，双方协商调整价格。"这种做法的目的是把价格变动的风险规定在一定范围之内，以提高客户经营的信心。在国际上，随着资本主义国家通货膨胀的加剧，一些商品合同，特别是加工周期较长的机械设备合同，都普遍采用所谓"价格调整（修正）条款"，要求在订约时只规定初步价格，在执行期间，如原料价格或工资发生变化，本合同约定的价格应根据下述公式做出调整：

$$P_1 = P_0 \left(a + b \frac{M_1}{M_0} + c \frac{S_1}{S_0} \right)$$

在上述公式中，P_1：最后价格；P_0：合同规定的价格；M_1：合同期间原料的平均价格或指数；M_0：合同签订时的原料价格或指数；S_1：合同期间工资和社会福利费用的平均数或指数；S_0：合同签订时的工资和福利费用的平均数或指数；a：其他费用和利润在价格中所占的比例；b：原料成本在价格中所占的比例；c：工资和社会福利费用在价格中所占的比例。公式中的

a、b、c 所代表的比例固定不变，由合同予以具体规定。如果合同约定的初步价格与根据上述公式计算出来的价格相比较，其差额不超过 x%，初步价格可不予调整。

上述"价格调整条款"的基本内容是按原料价格和工资的变动来计算合同的最后价格。在通货膨胀的条件下，它实质上是出口厂商转嫁国内通货膨胀，确保利润的一种手段。但值得注意的是，这种做法已被联合国欧洲经济委员会纳入其所制订的一些"标准合同"之中，而且其应用范围已从原来的机械设备交易扩展到一些初级产品交易，因而具有一定的普遍性。由于这类条款是以工资和原料价格的变动作为调整价格的依据，因此，在使用这类条款时就必须注意工资指数和原料价格指数的选择，并在合同中予以明确。此外，在国际贸易中，人们有时也应用物价指数作为调整价格的依据，如合同期间的物价指数发生的变动超过一定的范围，价格即作相应调整。

四、佣金与折扣

在价格条款中，有时会规定佣金与折扣，用来达到促销的目的。

（一）佣　金

佣金是代理人或经纪人、中间商因介绍交易或代买代卖所获得的报酬。如在货物买卖中，售货代理人为出口商招揽买主、代签合同或提供其他服务就要从出口商那里得到佣金。购货代理人为国外买方采购商品提供服务也要获得一定的佣金。在合同的价格条款中规定佣金时，常用一定的百分比表示，称作佣金率，也有的以绝对数字表示，如每公吨付佣金××美元。在规定佣金的情况下，影响双方利益的因素一是佣金率的高低，二是佣金的计算基础。在佣金率不变动的情况下，计算基础不同，佣金的数额也不同。业务上常见的做法是以合同价格为计算基础，直接乘以佣金率，算出佣金金额。例如，某个 CIF 合同总金额为 1000 美元，佣金率为 3%，则佣金额＝1000×3%＝30（美元）。但也有的 CIF 合同中规定，佣金计算基础为 FOB 价，则要以 CIF 成交价减去运费、保险费，先求出 FOB 价，再乘以佣金率，得出佣金额。

（二）折　扣

折扣是卖方在一定条件下给予买方的价格减让。一般是以原价格为基础，扣除一定的百分比来算出实际应付价款。在实际业务中，折扣有不同种类，如普通折扣、特别折扣、额外折扣、数量折扣、季节性折扣等。

折扣一般都在合同中明文表示出来，如 CFR 香港每公吨 500 美元折扣 2%。但也有一些折扣不用文字表示出来，只由双方按约定办理，称为暗扣，其中一种做法叫做回扣，它是指卖方在收到全部货款后，再按照约定将一部分款项退还买方，这是一种促销的手段。

（三）净价与含佣价

1. 净价。净价是指不包括佣金和折扣的实际价格。为了明确说明成交的价格是净价，可在价格条款中加上净价字样。

2. 含佣价。含佣价是指包括佣金在内的价格。对于含佣价，在合同中表示时，可在价格条件后加上代表佣金的缩写字母"C"和佣金率。

在对外洽谈时，如果报出的净价为 1000 美元。对方要求 3% 的佣金，为了保证实收 1000 美元，所报的含佣价不应是 $1000 + 1000 \times 3\% = 1030$（美元），而应为 $1000 / (1 - 3\%) = 1030.93$（美元）。

其计算公式为：

$$含佣价 = \frac{CIF 净价}{1 - 佣金率}$$

五、成本核算

（一）价格换算

在国际贸易中，不同的贸易术语表示的价格构成因素不同，即包括不同的从属费用。例如：FOB 术语中不包括从装运港至目的港的运费和保险费；CFR 术语则包括从装运港至目的港的通常运费；CIF 术语中既包括从装运港至目的港的通常运费，又包括保险费。在对外洽商交易过程中，有时一方按某种贸易术语报价时，对方要求改报其他术语所表示的价格，如一方按 FOB 报价，对方要求改报 CFR 价或 CIF 价，这就涉及价格的换算问题。了解贸易术语的价格构成及其换算方法，是从事国际贸易的人员必须掌握的基本知识和技能。现将最常用的 FOB、CFR 和 CIF 几种价格间的换算方法及公式介绍如下：

1. FOB 价格换算为其他价格

$$CFR 价 = FOB 价 + 运费$$

$$CIF\ 价 = \frac{FOB\ 价 + 运费}{1 - 保险费率 \times 投保加成}$$

2.CFR 价格换算为其他价格

$$FOB\ 价 = CFR\ 价 - 运费$$

$$CIF\ 价 = \frac{CFR\ 价}{1 - 保险费率 \times 投保加成}$$

3.CIF 价格换算为其他价格

$$FOB\ 价 = CIF\ 价 \times （1 - 投保加成 \times 保险费率） - 运费$$

$$CFR\ 价 = CIF\ 价 \times （1 - 投保加成 \times 保险费率）$$

（二）成本核算

在价格掌握上，要注意加强成本核算以提高经济效益，防止出现不计成本、不计盈亏和单纯追求成交量的偏向。尤其在出口方面，强调加强成本核算，掌握出口总成本、出口销售外汇（美元）净收入和人民币净收入的数据，并计算和比较各种商品出口的盈亏情况更有现实意义。

出口总成本是指出口商品的进货成本加上出口前的一切费用和税金。出口销售外汇净收入是指出口商品按 FOB 价出售所得的外汇净收入。出口销售人民币净收入是指出口商品的 FOB 价按当时外汇牌价折成人民币的数额。根据出口商品的这些数额，可以计算出出口商品盈亏率和出口商品换汇成本。

1. 出口商品盈亏率

出口商品盈亏率是指出口商品盈亏额与出口总成本的比率。出口盈亏额是指出口销售人民币净收入与出口总成本的差额，前者大于后者为赢利，反之为亏损。其计算公式如下：

$$出口商品盈亏率 = \frac{出口销售人民币净收入 - 出口总成本}{出口总成本} \times 100\%$$

2. 出口商品换汇成本

出口商品换汇成本也是用来反映出口商品盈亏的一种重要指标，它是指以某种商品的出口总成本与出口所得的外汇净收入之比，得出用多少人民币兑换一美元。出口商品换汇成本如高于银行的外汇牌价，则出口为亏损；反之，则说明出口有赢利。其计算公式如下：

$$出口商品换汇成本 = \frac{出口总成本（人民币）}{出口销售外汇净收入（美元）}$$

第三节　货物的交付

一、货物运输方式

（一）海洋运输

海洋运输具有运量大，运费低，不受道路和轨道的限制等方面的优点，是国际贸易中使用最广的一种运输方式。按照船舶的经营方式来分类，海洋运输可分为班轮运输和租船运输两种方式。

1. 班轮运输

班轮是指按照规定的时间，在一定的航线上，以既定的港口顺序往返运载货物的船舶。班轮运输的特点是四定两管。所谓四定是指固定航线、固定航期、固定停靠港口和固定的费率，两管是指管装、管卸。

此外，班轮出租的是部分舱位，因此，凡是班轮停靠的港口，不论货物数量的多少，都能接受装运，这对那些成交数量少，批次多，交货港口分散的货物运输十分方便。

班轮运费的计算标准有：

（1）按毛重计算：又称重量吨，用"W"表示，以每公吨、每长吨或每短吨为计算运费的单位。

（2）按体积计算：亦称按尺码吨，用"M"表示，以每立方米或40立方英尺为1尺码吨。

（3）按毛重或体积计算：在二者中收取费用高的计算，用"W/M"表示。

以上重量吨和尺码吨统称为运费吨。

（4）按商品价格计算：亦称从价运费，即按 FOB 价收取百分之几的运费。此项计算标准适用于贵重或高价商品，如古玩、名贵药材、精密仪器等。以"A. V."或"Ad. Val."表示。

（5）按件数计算：运费表内用"Per unit"表示，如卡车按辆，拖拉机按台，牛、羊等活牲畜按头等。

（6）按船货双方议价标准计算：这是指相对大宗低值货物而言，此类货物容易装卸，不规定运价，采取临时议价，收取较低运费。

此外，有些货物是按重量、体积、价值三者中收费多者计取，以"W/M or A.V."表示；还有些是先按体积或重量再按货价加起来收费，以"W/M Plus A.V."表示。

以上是基本运费。除此之外，有时由于某些特殊的或临时性的因素须加收附加费，以弥补其在航运中的额外开支或损失。常见的附加费有：超重附加费、超长附加费、洗舱费、直航附加费、选择港附加费、港口拥挤附加费、燃油附加费、运费贬值附加费等。

班轮运输的运费支付方式有两种，即运费预付和运费到付。

一是运费预付。从法理上讲，运费是托运人支付给承运人的运输劳务的一种报酬。因此，在完成运输后再支付运费是合理合法的。但是，在运输实践中，尤其是班轮运输中普遍采用预付运费的办法。大多数班轮公司规定运费须预付。而对于甲板货、冷藏货、散装货、活牲畜、鲜活货更是规定运费必须预付，并且订明"即使本船或者货物在全运输过程中某一段灭失，承运人仍要全额收取运费"。也就是说，除非是承运人的责任，一旦收取了预付运费，在任何情况下均不退还，不仅货物灭失了不退还，而且货主申请变更卸货港而发生的多付的运费也不退还。当然，托运人与承运人磋商，承运人同意运费到付则另当别论。

二是运费到付。在到付运费下，承运人要承担收不到运费的风险，尽管提单条款中订明"不论任何情况下，承运人均有权全额收取运费"。但是，如果货物灭失，再想收运费，实际上很困难。当然，如果货物完好或有留置部分，承运人可根据提单中关于"留置权"的规定，在提货人未付清运费情况下，承运人将货物留置，甚至拍卖，以抵偿运费。

2. 租船运输

租船运输也称为不定期租船运输，其是相对于班轮运输的另一种船舶营运方式。租船运输与班轮运输的特点刚好相反，没有预定的船期表，航线及停靠港口也不固定，而需依据租船人与船东事先签订的租船合同来安排航线、停靠港口、船期以及运费。而运费（或称租金的约定）大都参照租船市场的行情而定。

租船运输分为三种类型，即航次租船、定期租船、光船租船。

（1）航次租船。指由船东提供船舶，包括船员、淡水、油料、给养及所有船舶营运所需费用。在约定的港口之间做一个航次或往返航次或数个航次的运输作业。

（2）定期租船。也称期租船，是指船东将船出租给租船人一段时期使用。船东也提供船员、淡水、油料、给养及费用，而航线、港口及运输货物由租船人决定。租船人可将此船在租期内充做班轮，而租船人作为班轮经营人。

（3）光船租船。指船东只提供给租船人一条空船，不提供船员、给养、油料及费用。也有的专家认为光船租船实际上是财产的融资租赁。因为租期较长，而且通常租期届满时，租船人有优先购买权。也有的在租赁合同中已经约定了购买价格。

租船运输适用于货源稳定、大宗货物的运输。

（二）铁路运输

铁路运输的特点是速度快、运量大，具有高度的连续性，在运输过程中，可能遭受的风险小，全年可以正常运输，是仅次于海洋运输的一种主要运输方式。

我国对外贸易货物的铁路运输包括国际铁路联运、对香港地区的铁路运输和国内铁路运输三个部分。

1. 国际铁路联运

国际铁路联运是指由我国与原苏联、东欧国家和蒙古、朝鲜、越南等12个国家签订的《国际铁路货物联运协定》（简称《国际货协》）所规定的运输方式。根据《国际货协》的规定，凡参加该协定的国家的进出口货物，从发运国家的始发站到收货国家的终点站，只要在始发站办妥托运手续，使用一份运送单据，即可由铁路以连带责任办理货物的全程运输，在由一国铁路向另一国铁路移交货物时无须收、发货人参加。

《国际货协》还规定，不仅参加协定的国家间可以办理货物运送，而且参加国也可向未参加国际货协的欧洲国家运送货物；反之，未参加国际货协的欧洲国家也可向参加国运送货物。这是因为早在1890年欧洲各国就签订有《国际铁路货物运送规则》（1938年改为《国际铁路货物运输公约》，简称《国际货约》），部分参加《国际货协》的国家，同时又参加了《国际货约》，这就为进一步沟通欧洲和亚洲各国之间的铁路货物联运创造了条件。

铁路运单和运单副本是发、收货人与铁路之间缔结的运输契约，对双方都具有法律效力。运单随同货物自始发站到终点站，货到终点站，运单作为通知、清点和交付货物的凭证连同货物一并交给收货人。运单副本在始发站经铁路加盖承运日期戳后，退回给发货人，它是发货人连同其他单证向银行办理结汇的主要单据之一。铁路运单不同于海运提单，不是代表货物所有权的凭证。

2. 对港澳地区的铁路运输

供应香港地区货物的铁路运输，不属于国际铁路货物联运。其操作方法是须先由中国大陆产地将货物由铁路运至深圳北站，经当地外运公司接货、报关后，再统一向铁路租车，原车过轨，并委托香港中国旅行社续办港段铁路的托运、押送和在终点站交付收货人的工作。因此，它的特点是"租车方式，两票运输"。对于供应澳门的货物，则须由产地经铁路运至广州后，再用卡车或驳船运往澳门。

上述供应香港、澳门的铁路运输货物，凡是凭信用证办理结汇的，都由出口单位凭发货地外运公司签发的"承运货物收据（Cargo Receipt）"随同其他单证办理结汇手续。

3. 国内铁路运输

对外贸易货物的国内铁路运输是指海运进口货物，由港口经铁路转运到各地用货部门；或者海运出口货物，由产地经铁路集运到港口装船，以及各省、市、自治区之间外贸物资的调拨供应运输。它们都是按我国铁道部颁布的《国内铁路货物运输规程》的规定办理的。

（三）航空运输

航空运输是一种现代化的运输方式。它与海洋运输、铁路运输相比较，具有交货迅速，包装简便，节省保险和储存费用，保证运输质量且不受地面条件限制等优点。在国际贸易中，航空运输特别适合于易腐商品、鲜活商品和季节性强的商品运输。

1. 国际空运货物的运输方式

国际航空运输有班机运输、包机运输、集中托运和航空急件传送等方式。

（1）班机运输方式。班机是指定期开航的定航机的，有固定始发站、到达站和途经站的飞机，一般航空公司都使用客货混合型飞机，一些较大的航空公司也在某些航线上开辟有全货机航班运输。

（2）包机运输方式。可分为整架包机和部分包机两种方式。整架包机是指航空公司按照事先约定的条件和费率，将整架飞机租给租机人，从一个或几个航空站装运货物至指定目的站的运输方式。它适合于运输大宗货物。部分包机是指由几家航空货运代理公司或发货人联合包租整架包机，或者由包机公司把整架飞机的舱位分租给几家航空货运代理公司。部分包机适于一吨以上不足整机的货物运输，运费率较班机要低，但运送时间较班机要长。

（3）集中托运方式。集中托运是指航空货运代理公司把若干批单独发运的货物组成一批向航空公司办理托运，填写一份总运单将货物发运到同一目的站，由航空货运代理公司在目的站的代理人负责收货、报关，并将货物分别拨交于各收货人的一种运输方式。这种托运方式，可争取较低的运价，在航空运输中使用较为普遍。

（4）航空急件传送方式。航空急件传送是目前国际航空运输中最快捷的运输方式。它不同于航空邮寄和航空货运，而是由一个专门经营此项业务的机构与航空公司密切合作，设专人用最快的速度在货主、机场、收件人之间传送急件，特别适用于急需的药品、医疗器械、贵重物品、图纸资料、货样及单证等的传送，被称为"桌到桌"运输。

2. 航空运单

航空运单是航空运输货物的主要单据，它是航空承运人与托运人之间缔结的运输合同，也是承运人或其代理人签发的接受货物的收据，但它不是货物所有权的凭证。货物运到目的地后，收货人凭承运人的到货通知提取货物。

航空运单依签发人的不同可分为主运单和分运单。前者是由航空公司签发的，后者是由航空货运代理公司签发的，两者在内容上基本相同，法律效力也无不同。

3. 航空运价

航空运价是承运人为货物航空运输所收取的报酬，也只是从始发机场至到达机场的运价，不包括提货、报关、仓储等其他费用，航空运价仅适用于单一方向。

航空运价一般是按货物的实际重量（公斤）和体积重量两者之中较高者为准。针对航空运输货物的不同性质与种类，航空公司规定有特种货物运价、货物的等级运价、一般货物运价和集装设备运价等不同的计收方法。

（四）邮包运输

邮包运输也叫邮政运输，是通过邮局运送进出口货物的一种运输方式。邮包运输手续简便、费用不高，是一种较简便的运输方式。进出口贸易合同中规定采用这种运输方式时，卖方只需按照合同所规定的条件，将有关商品包裹交付邮局，付清邮费取得收据，并将收据交给买方即完成了交货任务。

邮包运输可分为普通邮包和航空邮包两种。邮包运输量小，费用较高，对重量和体积均有限制。因此，该方式只适用于运送某些零部件、精密仪器、药品和样品等。

邮政特快专递是近年来发展起来的又一种运输方式，专送采用"门到门"和"桌到桌"，一般不会发生遗失和纠纷。我国的国际特快专递是我国邮政部门办理的快邮专递业务。根据其业务性质分为：（1）定时特快专递；（2）特需特快专递。前者是按事先订立合同的规定，有规律地根据寄送频次、时间、寄达地和收件人以及邮件的投递时间进行交寄；后者无须签订合同，在邮局营业时间内，可随时办理交寄，其邮费略高于前者。

（五）管道运输

管道运输是随着石油生产蓬勃发展而产生的。目前世界上共有石油制品管道约 11 万公里，石油管道 90 万公里，天然气管道 157 万公里。管道运输的特点是运量大、速度快、安全节省。我国自 20 世纪 70 年代开始采用这种运输方式，1979 年我国与朝鲜共同铺设了中朝友谊输油管道，国内还有多条输油管道，对扩大石油海运出口起到了重要作用。

（六）联合运输

联合运输是指使用两种或两种以上运输方式完成一批货物运输的联合运输方式。包括陆海联运、陆空联运和大陆桥运输、集装箱运输和国际多式联运等方式。

1. 陆海联运

陆海联运这种运输方式是我国对外贸易货物运输中采用较多的一种联合

运输方法，其主要做法是：各地出口公司自起运地把货物装火车运往香港，然后由香港代理机构联系二程船舶，将货物从香港运往海外目的港。

2. 陆空联运

陆空联运也称陆—空—陆联运，在我国是指内地或港口火车站将出口货物装火车运到香港，再从香港空运至国外中转站，然后再用卡车运至目的地的一种联合运输方式。

陆空联运手续简单，在信用证付款条件下，只要在信用证上列明 TAT 条款，装运后即可凭单议付货款，无须办理其他手续。

3. 大陆桥运输

大陆桥运输指以铁路运输和公路运输系统为中间桥梁，将大陆两端的海洋连接起来的一种联合运输方式。目前，世界上最主要的大陆桥运输线有：横贯北美大陆的联结太平洋和大西洋西岸的北美和加拿大大陆桥以及西伯利亚大陆桥和连云港至鹿特丹的两条横跨欧亚的大陆桥。

4. 集装箱运输

集装箱运输是指将货物装入标准规格的集装箱，利用陆、海或空运的运输工具成组化运送货物的一种方式。这是国际航运中一种新型的现代化运输方式。目前，我国和世界上许多国家都已采用了这种运输方式。集装箱结构牢固，规格统一。除了适于杂货运输的干货集装箱外，还有运送特种商品的专用集装箱。

采用集装箱运输时，可以在发货人的工厂、仓库、场地或集装箱货运站将货物装进标准规格的集装箱内，经当地海关铅封后，由各有关承运人将货物直接送交收货人。货箱的交接地点，可以按惯常的"港港交接"方法，卖方在装运港交货，而买方在目的港接货；也可以延伸到双方的内地，按"门到门"的方法，即买卖双方在各自的工厂仓库的"门"交货或接货。现在后一种方法在国际集装箱运输中极为普遍，所以集装箱运输多属陆、海（空）多种运输方式的联合运输。

集装箱运输要求与其相适应的设备条件，如专用码头、站场、船舶和专用装卸机械的相互配套。针对不同的运输货物，集装箱也有多种设计，如干货集装箱、散装货集装箱、散装粉状货集装箱、牲畜集装箱，以及具有特殊功能的保温、冷藏、敞顶、通风、平台式、罐装式、折叠集装箱等。

大型集装箱已发展到国际间采用统一标准，划分不同规格的阶段。其中使用最广泛的有：IA 型，规格为 8 英尺×8 英尺×40 英尺；IAA 型，规格为 8 英尺×8.6 英尺×40 英尺；IC 型，规格为 8 英尺×8 英尺×20 英尺。我国多采用 IC 型集装箱。

集装箱运输的优点可以概括为以下几点：

（1）减少货损货差。

（2）提高装卸效率，避免压船压车；节省劳力，避免重复劳动。

（3）节省包装费用，有利于降低运输成本。

（4）集装箱运输班期固定，速度快，有利于压缩在途时间，提高车船周转率。

（5）提前结汇。货物一交到集装箱场、站，即可凭联合运输单据结汇。

5. 国际多式联运

国际多式联运是在集装箱运输的基础上产生和发展起来的一种综合性的连贯运输方式，它一般是以集装箱为媒介，把海、陆、空各种传统的单一运输方式有机地结合起来，组成一种国际间的连贯运输。《联合国国际货物多式联运公约》对国际多式联运所下的定义是："国际多式联运是指按照多式联运合同，以至少两种不同的运输方式，由多式联运经营人把货物从一国境内接运货物的地点运至另一国境内指定交付货物的地点。"根据此项定义，构成多式联运应具备下列条件：

（1）必须有一个多式联运合同。

（2）必须使用一份包括全程的多式联运单据。

（3）必须至少是两种不同运输方式的连贯运输。

（4）必须是国际间的货物运输。

（5）必须由一个联运经营人对全程运输负责。

（6）必须是全程单一的运费率。

也就是说，不管路途有多远，运程手续有多复杂，托运人只需办一次托运，支付一笔运费，取得一张单据，有问题只找一个人解决。

我国经营多式联运的总承运人是中国对外贸易运输总公司，其出具的联运提单同其他国家的承运人出具的多式联运单据具有同等的效力。它可以作为转让、结汇、投保的单证，并得到国内外有关贸易当事人的信任。

二、交付条款

在国际货物买卖合同中，买卖双方必须对交货时间、装运港和目的港、分批装运、转运、装运通知、滞期、速遣条款等内容做出具体的规定。明确、合理地规定装运条款，是保证买卖合同顺利履行的重要条件。

（一）交货时间

买卖双方在货物交付过程中所承担的责任是根据采用的贸易术语决定的。因此，对于交货时间的解释也不完全一样。如 FOB、CFR、CIF 属于装运港交货的贸易术语，是凭装运单据交货，只要卖方把货物在装运港装上船，取得代表货物所有权的提单和缮制其他单据，并将这些单据交给买方，即完成交货任务。因此交货与装运是一个概念。同样，在使用这三种贸易术语的情况下，交货时间与装运时间也是一致的。而采用目的港交货（DES、DEQ 等）和其他地点交货的贸易术语，装运不等于交货，因此，交货时间与装运时间又是截然不同的两个概念。

交货时间通常称为交货期或装运期，它是买卖合同的一项重要条款。在合同签订以后，卖方能否按照规定的装运日期交货，直接关系到买方能否及时取得货物，以满足其生产、消费或转售的需要，如市场价格下跌，买方可能遭受价格上的损失。因此，《联合国国际货物销售合同公约》第 33 条规定："卖方必须按以下日期交付货物：（a）如果合同规定有日期，或从合同可以确定日期，应在该日期交货；（b）如果合同规定有一段时间，或从合同可以确定一段时间，除非表明由买方选定一个日期外，否则应该在该段时间内任何时候交货；（c）在其他情况下，应在订立合同后一段合理时间内交货。"有些国家法律规定，如果卖方未按合同规定的时间交货，即构成卖方的违约行为，买方有权撤销合同，并要求卖方承担由此而造成的损失。

1. 交货期的规定方法

国际贸易买卖合同中，对交货期（装运期）的规定方法一般有以下几种：

（1）明确规定交货期。主要有：

①限于某月或某几个月内交货：如"2006 年 5 月份交货（装运）"；"2006 年 5/6 月装运"，也称跨月装运。

②限于某月某日或以前装运：如"2006 年 11 月 15 日或以前装运"；"2006 年 5 月底或月底前装运"

我国进出口合同一般采用以上规定交货期的方法。这种规定方法比较明确具体，既可使卖方有一定时间进行备货和安排运输，同时，也有利于买方预先掌握货物的装运日期，做好支付货款和接受货物的准备。

（2）规定在收到信用证或收到预付货款后若干天装运。使用这种方法规定交货期的主要原因是合同签订以后，买方因申请不到进口许可证或其国家不批准外汇，或者因货物市场价格下跌对买方不利等情况，迟迟不开信用证。卖方为了避免因买方不及时开证而带来的损失，即以这种方法来约束买方，只有在收到买方开来的信用证之后再装运。卖方为了防止买方遇到不利的情况，有时有意拖延开证时间或根本不予开证的情况发生，在规定收到信用证或收到预付货款若干天后装运的同时，还要在合同当中规定"买方最迟于某月某日以前将信用证开抵卖方"。

（3）采用术语表示交货期。采用国际贸易中一些术语如"立即装运"、"尽快装运"、"即期装运"等，但对这类术语国际商会《跟单信用证统一惯例》第 46 条第 6 款规定，不应使用诸如"迅速"、"立即"、"尽快"之类的词语，如使用此类词语，银行将不予置理。

2. 规定交货期应注意的问题

（1）应考虑货源和船源的实际情况，使船、货衔接。如不考虑货源，盲目成交，就可能造成有船无货，无法按时履约；如不考虑船源（包括运输能力、船期、航线和港口情况），盲目签约，就可能出现有货无船，同样造成不能如期履约的后果，或者要经过多次转船，出现多付运费，甚至倒贴运费的严重情况。

（2）要根据不同货物和不同市场需求规定交货期。如无妥善装载工具和设备，易腐、易烂、易潮、易融化的货物一般不宜在夏季、雨季装运。

（3）对交货期的规定，既要明确，又不宜定得过死，力求避免使用"立即装运"、"即期装运"和"尽快装运"等一些不确定的装运术语。同时，也不能规定为某年某月某日装运，一般订明年度、月份，争取跨月装运。

（4）采用信用证支付时，应注意交货期的规定必须明确合理。

（二）装运港和目的港

装运港是指货物起装运的港口。目的港是指最终卸货的港口。

1. 装运港和目的港的规定方法

一般来说，装运港都是由卖方提出来，经买方同意后确定的；而目的港则是由买方提出，经卖方同意后确定的。在买卖合同中，装运港和目的港的规定方法有以下几种：

（1）在一般情况下，装运港和目的港分别规定各为一个。例如：装运港：天津；目的港：纽约。

（2）有时按实际业务的需要，也可分两个或两个以上。例如：装运港：天津和上海（天津/上海）；目的港：伦敦/利物浦/鹿特丹。

（3）在磋商交易时，如明确规定一个或几个装卸港有困难，可以采用选择港办法。规定选择港有两种方式：一种是在两个或两个以上港口中选择一个，如伦敦，选择港汉堡或鹿特丹，或者伦敦/汉堡/鹿特丹，选择港。另一种是笼统规定某一航区为装运港或目的港，如"地中海主要港口"、"西欧主要港口"等。

2. 确定国外装运港和目的港应当注意的问题

（1）要根据我国对外政策的需要来考虑，不能接受我国政策不允许往来的港口为装卸港。

（2）对国外装卸港的规定应力求具体明确。一般不要使用"欧洲主要港口"、"非洲主要港口"等笼统的规定方法。因为欧洲或非洲港口众多，究竟哪些港口为主要港口并无统一解释，且各港口距离远近不同，港口条件也有区别，运费和附加费相差很大。

（3）货物运往没有直达船或虽有直达船而航次很少的港口，合同中应规定"允许转船"的条款，以利装运。

（4）不能接受内陆城市为装卸港条件，因为接受这一条件，我方须承担从港口到内陆城市这段路程的运费和风险。

（5）要注意装卸港的具体条件，须是船舶可以安全停泊的港口。

（6）应注意国外港口有无重名问题。世界各国港口重名很多，例如维多利亚，全世界有 12 个之多；波特兰、波士顿在美国和其他国家都有同名港。因此，凡有重名的港口，应加注国家和地区名称，以防发生差错。

此外，在采用"选择港"的办法时，须按运费最高的港口为基础核算售价。同时选择港必须以同一航线的班轮直航港为限，并明确选择附加费由买方负担；规定"选择港"的港口数目一般不超过三个。

（三）分批装运和转运

分批装运和转运都直接关系到买卖双方的利益，因此，买卖双方应根据需要和可能在合同中做出具体的规定。一般来说，合同中如订明允许分批装运和转运，对卖方交货比较主动。

1. 分批装运

分批装运，又称分期装运，是指一个合同项下的货物分若干批或若干期装运。在大宗货物或成交数量较大的交易中，买卖双方根据交货数量、运输条件和市场销售等因素，可在合同中规定分批装运条款。

国际上对分批装运的解释和运用有所不同。按有些国家的合同法规定，如合同对分批装运不作规定，买卖双方事先对此也没有特别约定或习惯做法，则卖方交货不得分批装运；国际商会制定的《跟单信用证统一惯例》规定，除非信用证另有规定，允许分批装运。因此，为了避免不必要的争议，争取早出口、早收汇，防止交货时发生因难，除非买方坚持不允许分批装运，原则上应明确在出口合同中订入"允许分批装运条款"。

根据《跟单信用证统一惯例》规定："运输单据表面上注明货物是使用同一运输工具装运并经同一路线运输的，即使每套运输单据注明的装运日期不同及/或装运港、接受监管地不同，只要运输单据注明的目的地相同，也不视为分批装运。"该惯例对定期、定量分批装运还规定："信用证规定在指定时期内分期支款及/或装运，其中任何一期未按期支款及/或装运，除非信用证另有规定，则信用证对该期及以后各期均告失效。"如合同和信用证中明确规定了分批数量，例如"3～6 月分 4 批每月平均装运"，以及类似的限批、限时、限量的条件，则卖方应严格履行约定的分批装运条款，只要其中任何一批没有按时、按量装运，则本批及以后各批均告失效。据此，在买卖合同和信用证中规定分批、定期、定量装运时，卖方必须重合同、守信用，严格按照合同和信用证的有关规定办理。

2. 转运

卖方在交货时，如驶往目的港没有直达船或船期不定或航次间隔太长，为了便于装运，则应在合同中订明"允许转船"。

按《跟单信用证统一惯例》规定，"转运"一词在不同运输方式下有不同的含义：在海运情况下，是指在装货港和卸货港之间的海运过程中，货物从一艘船卸下再装上另一艘船的运输；在航空运输的情况下，是指从起运机场至目的地机场的运输过程中，货物从一架飞机上卸下再装上另一架飞机的运输；在公路、铁路或内河运输情况下，则是指在装运地到目的地之间用不同的运输方式的运输过程中，货物从一种运输工具上卸下，再装上另一种运输工具的行为。

《跟单信用证统一惯例》规定，除非信用证另有规定，可准许转运。为了明确责任和便于安排装运，买卖双方是否同意转运以及有关转运的办法和转运费的负担等问题，应在买卖合同中订明。

（四）装运通知

装运通知是装运条款中不可缺少的一项重要内容。不论按哪种贸易术语成交，交易双方都要承担相互通知的义务。规定装运通知的目的在于明确买卖双方的责任，促使买卖双方互相配合，共同搞好车、船、货的衔接，并便于办理货运保险。因此，订好装运通知条款，有利于合同的履行。

按照国际贸易的一般做法，在按 FOB 条件成交时，卖方应在约定的装运期开始以前，一般是 30 天或 45 天，向买方发出货物备妥通知，以便买方及时派船接货。买方接到卖方发出的备货通知后，应按约定的时间，将船名、船舶到港受载日期等通知卖方，以便卖方及时安排货物出运和准备装船。

此外，在货物装船后，卖方应在约定时间内，将合同号、货物的品名、件数、重量、发票金额、船名及装船日期等项内容，电告买方，以便买方办理保险并做好接卸货物的准备，及时办理进口报关等手续。

（五）滞期和速遣条款

在国际贸易中，大宗商品大多使用程租船运输。由于装卸时间直接关系到船方的经营效益，如果装卸货物由租船人负责，船方对装卸货物的时间都要做出规定。如承租人未能在约定的装卸时间内将货物装完和卸完，而延长了船舶在港停泊时间，从而延长了航次时间，这对船舶所有人来说，既可能因在港停泊时间延长而增加了港口费用的开支，又因航次时间延长意味着相对降低了船舶的周转率，从而相对地减少了船舶所有人的营运收入。与此相反，如果承租人在约定的装卸时间以前，将全部货物装完和卸完，从而缩短了船舶在港停泊时间，使船舶所有人可以更早地将船投入下一航次的营运，取得了新的运费收入，这对船舶所有人来说是有利的。正由于装卸时间的长短和装卸效率的高低直接关系到船方的利害得失，故船方出租船舶时，都要求在定程租船合同中规定装卸时间、装卸率，并规定延误装卸时间和提前完成装卸任务的罚款与奖励办法，以约束租船人。

1. 装卸时间

装卸时间是指货物在装运港全部装完、卸货港全部卸完的时间。一般采取以下规定方法：

（1）按连续日计算。所谓连续日是指午夜至午夜连续 24 小时的时间，即日历日数。采用这种方法计算时，从装卸开始后，即使中间遇到实际不进行的装卸的星期日，节假日或雨雪日，也不扣除，一律作为装卸日计算。这种计算方法对租船人十分不利，因而很少使用。

（2）按工作日计算。即按港口习惯，属于正常工作的日子，星期日和节假日除外。

（3）按晴天工作日计算。即按正常工作日，星期日和节假日以及因天气（风、雪、雷、雾）不能进行装卸作业的日子不计算在工作日内。

（4）按连续 24 小时晴天工作日计算。这种计算方法用于昼夜作业的港口，它是指好天气条件下，昼夜连续作业 24 小时算作一个工作日的表示装卸时间的办法。这种方法使用最普遍。

关于利用星期日和节假日作业是否计入装卸时间的问题，国际上有不同的规定。因此在工作日之后应补充订明"星期日和节假日除外"。

（5）按港口习惯快速装卸是指在好天气条件下，按港口正常装卸速度进行装卸的一种计算装卸时间的方法。但星期日、节假日及因天气影响而不能进行装卸的时间除外。这种方法只能适用于装卸条件好、装卸效率高和装卸速度正常稳定的港口。

此外，关于装卸时间开始和终止的计算方法，应按港口惯例在合同中明确规定。起算装卸时间有不同的方法：有的指船到港口就开始起算；有的指船到码头才开始起算；有的指开始装卸才起算。按一般航运习惯，船舶到港后，船长应向承租人或其代理人递交"装卸准备就绪通知书"，以表示该船已做好装卸准备，并以此作为起算装卸时间的依据。

2. 装卸率

装卸率是指单位时间内（以日计）装卸货物的数量。一般应按照港口习惯的正常装卸速度来确定，由于装卸率的高低关系到运费水平，所以装卸率规定得过高或过低都不合适。若装卸率规定得过高，则负责装卸的一方，不能在规定的时间内完成装卸任务，须向船方支付延误船期的费用；若装卸率规定得过低，势必延长船舶在港时间，而增大运费开支。为了使装卸率的规定比较切合实际，必须从港口的具体情况出发。

（六）滞期费和速遣费

采用程租船运输时，船方为了加速船舶的周转，促使对方尽快装卸，一般都在租船合同中订有奖罚性的条款，即滞期、速遣条款。这一条款同装卸时间和装卸率是密切相联的。根据这项条款的规定，如果租船方未按约定时间完成装卸任务，延长了船舶在港时间，造成船方港口费用的增加，相对降低了船舶的周转率，减少了船方的营运收入，则租船方应向船方支付一定的损失补偿，这项补偿称为滞期费，它相当于船舶因滞期而发生的损失和费用；反之，如果租船方按约定时间提前完成装卸任务，缩短了船舶在港时间，使船方能更早地将船舶投入下一航次的营运，船方须支付给租船方相应的偿金，即速遣费，它一般相当于滞期费的一半。

三、国际货物运输的保险

货物的国际买卖，自始至终存在着各式各样的风险。主要有价格风险、市场风险、汇率变动的风险、资金风险和货物在运输、储存过程中可能发生灭失或损坏的风险等。买卖双方需要分别采取措施，以保证安全，在一旦发生损失时能得到补偿。买卖合同中的保险条款，即是买卖双方为使货物在从装运港至目的地的运输过程中遭到承保范围内的损失时，能得到一定的补偿，而就如何向保险公司办理货运保险事宜所做出的具体约定。这项条款，对装运港交货的合同具有特别重要的意义。

货运保险是指由被保险人在货物装运以前，向保险公司投保货物运输险，缴纳保险费并取得保险单证。如货物在运输途中遭到自然灾害或意外事故，发生保险公司承保责任范围内的损失，被保险人或保险单持有人即可凭保险单向保险人（保险公司）取得赔偿。具体到一笔交易，究竟应该由谁办理保险，如何办理，双方当事人应负什么责任，则是保险条款所应包括的主要内容。

（一）海运货物保险的险别

按照保险业的习惯做法，保险公司对保险货物在海上运输过程中所发生的损失并不是一概负责赔偿的，其负责赔偿的责任范围，取决于保险人与投保人（被保险人）所签订的保险合同（保险单）内所载的条款。当前，各国保险公司都按承保责任范围的不同，分为各种不同的险别，供投保人选择投保。

1. 中国人民保险公司的海洋运输货物保险条款

中国人民保险公司把其保险的险别分为平安险、水渍险和一切险。

（1）平安险。按这种险别投保时，保险公司赔偿损失的责任范围包括：在运输过程中，由于自然灾害和运输工具发生意外事故，造成被保险货物的实际全损或推定全损，由于运输工具遭遇搁浅、触礁、沉没、互撞、与流水或其他物体碰撞以及失火、爆炸等意外事故造成的保险货物的全部或部分损失；只要运输工具曾经发生搁浅、触礁、沉没、焚毁等意外事故，不论这意外事故发生之前或者之后曾在海上遭遇恶劣气候、雷电、海啸等自然灾害造成的被保险货物的部分损失；在装卸转船过程中，被保险货物一件或数件落海所造成的全部损失或部分损失；被保险人对遭受承保责任范围内危险的货物采取抢救，防止或减少货损措施支付的合理费用，但以不超过该批被救货物的保险金额为限；运输工具遭遇自然灾害或意外事故，需要在中途的港口或者在避难港口停靠，因而引起的卸货、装货、存仓以及运送货物所产生的特别费用；发生共同海损所引起的牺牲、分摊费和救助费用；运输契约订有船舶互撞条款，按该条款规定应由货方偿还船方的损失。

（2）水渍险又称负责单独海损。其责任范围除平安险所承担的损失外，还包括条款中列举的自然灾害造成的部分损失。

（3）一切险。除承担平安险和水渍险的责任外，还对保险货物在海运过程中因各种外来原因所造成的全部或部分损失，负赔偿责任。

除上述 3 种基本险外，投保人还可根据货物航线的特点和实际需要，酌情加保一项或若干项附加险。

附加险是承担除自然灾害和意外事故以外的外来原因所造成的损失赔

偿，分为一般附加险和特殊附加险两种。中国人民保险公司的一般附加险包括：偷窃提货不着险、淡水雨淋险、渗漏险、短量险、钩损险、污染险、碰损破碎险、串味险、受潮受热险、包装破裂险以及锈损险。特殊附加险指战争险、罢工险、交货不到险、进口关税险、舱面险、拒收险和黄曲霉素险等。

附加险是上述 3 种基本险的补充和扩大，本身不能作为一种单独的项目投保，只能在投保基本险的基础上，根据需要加保其中的一项或若干项。由于一切险实际上已包括了上述 11 种一般附加险，因此，在投保一切险时，只需根据需要，加保特殊附加险。一般附加险的加保只适用于平安险和水渍险。

中国人民保险公司按照目前国际上的习惯对保险责任的起讫，采用"仓至仓"条款。所谓"仓至仓"条款，就保险期限而言，即保险责任自被保险货物运离保险单所载明的起运地发货人的仓库或储存处所开始，包括正常运输过程中的海上、陆上、内河和驳船运输在内，直到该项货物到达保险单所载明的目的地收货人的最后仓库或储存处所，或被保险人用作分配、分派或非正常运输的其他储存处所为止。但被保险货物在最后卸载港卸离海轮后，保险责任以 60 天为限。上述保险期限，适用于除战争险以外的各种险别。至于战争险，则实行只负水面危险的原则，即从货物装上海轮或驳船时开始至卸离海轮或驳船时为止；如果不卸离，则以货物到达目的港当日午夜起 15 天为限。

2. 英国伦敦保险协会的货物保险条款

英国保险协会是国际上有较大影响的保险机构，其货物保险条款在国际上广为采用。在 1982 年以前，其保险条款，无论就名称、责任范围或其他方面，都与上述中国人民保险公司的条款基本相同。但从 1982 年 1 月 1 日起，该协会开始采用新条款。新的保险条款从名称到内容都有所改变，原来的 3 种基本险——平安险、水渍险、一切险，已为 ICC（C）险、ICC（B）险和 ICC（A）险所取代，而其责任范围也进行了一些修改，比原来的险别更为清晰、明确。

按照新的协会货物条款的规定，3 种基本险的责任范围可归纳如下：

（1）ICC（A）险。它基本上与原来的一切险相同，但在表述上采用除外责任的提法，即除不适航、不适货、战争、罢工外，对其他一切风险所造成的损失（包括共同海损和救助费用）都予以承保。

（2）ICC（B）险。其承保由于所列举的自然灾害和意外事故所造成的全部或部分损失，以及共同海损牺牲；抛货或浪击落海；海水、潮水或河水进入船舶、驳船、运输工具、集装箱、大型海运箱或储存处所造成的损失。原来属于平安险责任范围的货物在船舶或驳船装卸时落海或跌落所造成任何整件的全损，也包括在（B）险之内。

（3）ICC（C）险。只承保由于意外事故所造成的损失（包括全部损失和部分损失）以及抛货和共同海损牺牲。

此外在附加险部分，协会货物条款把原属于特殊附加险的舱面险——浪击入海列入（B）险的范围；把原属于特殊附加险的战争险分立出来，需要时也可作为独立的险别进行投保。

综上所述，海上货物运输保险的险别可因保险公司的不同而不同，即使是同一个保险公司，其承保的责任范围也会因险别的不同而有很大的差别。所以买卖双方在签订合同的保险条款时，必须首先明确保险公司的名称，然后再商定适当的险别和是否加保附加险。

（二）投保人和保险金额

在货物买卖合同中，货物运输保险究竟由买方办理还是由卖方办理，需要在合同中予以明确。双方在这方面的责任取决于采用何种贸易术语达成交易。

从性质上看，当前国际贸易中使用的贸易术语基本上可分为实际交货和象征性交货两大类。在实际交货的贸易术语中，买卖双方对货物所承担的风险是在交货时转移的，所有权和风险的转移是在同一时刻。因此，在工厂交货、目的港船上交货等以交付实际货物为作业特征的合同中，货物的运输保险，应该理解为由拥有所有权并负责运输，将货物运至目的地的当事人负责。据此，按工厂交货条件成交和按目的港船上交货条件成交的合同，其保险分别由买方和卖方负责。对这两类合同，甚至可以不订立保险条款。

在象征性交货合同中，货物的所有权和海运途中的风险转移不是同时发生的，后者往往先于前者。至于保险应由谁办理，需视双方约定采用的贸易术语而定。在 FOB 和 CFR 条件下，保险理应由买方办理，为了明确起见，一般可在合同中列入保险条款，写明保险由买方办理或类似字样。如果是按 CIF 条件签订的合同，卖方则有义务办理保险，并应把合同规定的保险单据，连同其他装运单据，及时交给买方。按照国际上的解释，在 CIF 条件下，卖方的保险义务只限于按合同规定的条件办理保险并支付保险费。货物的风险从装船越过船舷时仍由买方负责，如货物在运输过程中发生保险公司承保范围内的损失，则由买方根据保险单向保险公司索赔，与卖方无关。

应该指出，在国际贸易中，按 FOB 或 CFR 条件订立的合同，卖方有时也可接受买方的委托代办保险。在这种情况下，卖方承担的责任，与 CIF 条件的责任不同，其只是作为买方的代理人行事，保险费变动的风险概由买方负担。为了明确起见，可以在合同中写明卖方代买方办理保险，费用由买方负担或类似字样。

在我国的进出口业务中，通行的是定值保险。不论 CIF 合同，还是卖方代办保险的条件下，都存在着确定保险金额的问题。所谓保险金额，是指货物发生损失时，买方可以向保险公司取得赔偿的最大限度。按照国际上的习惯做法，买方为了取得充分的保障，一般都把货值、运费、保险费以及转售该笔货物的预期利润和费用的总和，作为向保险公司投保的保险金额。所以在实际业务中，保险金额都高于合同的 CIF 价值。国际上习惯按 CIF 价值的110％投保，但有时，特别是通货膨胀比较严重和利息率较高时，买方也会要求提高投保加成。对此，应在合同中明确规定，如果加成部分过大，应事先征得保险公司同意。

保险加成必然会增加卖方的保险费支出。这部分增加的费用应包括在价格之内，其计算公式为：

$$保险金额＝CIF 价格×（1＋保险加成率）$$

$$保险费＝CIF 价格×（1＋保险加成率）×保险费率$$

此外，在商定保险金额时，还会涉及使用何种货币投保的问题。一般的做法是，保险金额和合同金额应使用同一种货币表示。如果使用两种货币，那么在保险时使用何种货币则必须在合同中明确。

（三）陆、空、邮运货物的保险条款

1. 我国陆上运输货物保险险别与条款

根据 1981 年 1 月 1 日修订的我国《陆上运输货物保险条款》的规定，

陆上运输货物保险的基本险别分为陆运险和陆运一切险两种。此外，还有适用于陆运冷藏货物的专门保险——陆上运输冷藏货物险（也属基本险性质），以及陆上运输货物战争险（火车）等附加险。

（1）陆运险与陆运一切险

陆运险的承保责任范围与海洋运输货物保险条款中的"水渍险"相似。保险公司负责赔偿被保险货物在运输途中遭受暴风、雷电、洪水、地震等自然灾害，或由于运输工具遭受碰撞、倾覆、出轨或在驳运过程中因驳运工具遭受搁浅、触礁、沉没、碰撞，或由于遭受隧道坍塌、崖崩或失火、爆炸等意外事故所造成的全部或部分损失。此外，被保险人对遭受承保责任内危险的货物采取抢救、防止或减少货损的措施而支付的合理费用，保险公司也负责赔偿，但以不超过该批被救货物的保险金额为限。在投保陆运险的情况下，被保险人可根据需要加保一种或数种一般附加险。陆运一切险的承保责任范围与海上运输货物保险条款中的"一切险"相似。保险公司除承担上述陆运险的赔偿责任外，还负责被保险货物在运输途中由于一般外来原因所造成的全部或部分损失。以上责任范围均适用于火车和汽车运输，并以此为限。陆运险与陆运一切险的除外责任与海洋运输货物险的除外责任相同。陆上运输货物险的责任起讫也采用"仓至仓"责任条款。保险人负责自被保险货物运离保险单所载明的起运地仓库或储存处所开始运输时生效，包括正常运输过程中的陆上和与其有关的水上驳运在内，直至该项货物运达保险单所载目的地收货人的最后仓库或储存处所或被保险人用作分配、分派的其他储存处所为止。如未运抵上述仓库或储存处所，则以被保险货物运抵最后卸载的车站满 60 天为止。陆上运输货物险的索赔时效为：从被保险货物在最后目的地车站全部卸离车辆后起算，最多不超过两年。

（2）陆上运输冷藏货物险

陆上运输冷藏货物险是陆上运输货物险中的一种专门保险。其主要责任范围除负责陆运险所列举的自然灾害和意外事故所造成的全部或部分损失外，还负责赔偿由于冷藏机器或隔温设备在运输途中损坏所造成的被保险货物解冻融化而腐败的损失。但对于因战争、工人罢工或运输延迟而造成的被保险冷藏货物的腐败或损失以及被保险冷藏货物在保险责任开始时未能保持良好状况，整理、包扎不妥或冷冻不合规格所造成的损失则除外。一般的除外责任条款也适用本险别。

陆上运输冷藏货物险的责任自被保险货物运离保险单所载起运地点的冷藏仓库装入运送工具开始运输时生效，包括正常陆运和与其有关的水上驳运在内，直至货物到达目的地收货人仓库为止。但是以被保险货物到达目的地车站后 10 天为限（中国人民保险公司的该项保险的条款还规定：装货的任何运输工具，必须有相应的冷藏设备或隔离温度的设备；或供应和储存足够的冰块使车箱内始终保持适当的温度，保证被保险冷藏货物不致因融化而腐败，直至运抵目的地收货人仓库为止）。陆上运输冷藏货物险的索赔时效为：从被保险货物在最后目的地全部卸离车辆后起计算，最多不超过两年。

（3）陆上运输货物战争险（火车）

陆上运输货物战争险是陆上运输货物险的特殊附加险，只有在投保了陆运险或陆运一切险的基础上方可加保。加保陆上运输货物战争险后，保险公司负责赔偿在火车运输途中由于战争、类似战争行为和敌对行为、武装冲突所致的损失，以及各种常规武器包括地雷、炸弹所致的损失。但是，由于敌对行为使用原子或热核武器所致的损失和费用，以及由于执政者、当权者或其他武装集团的扣押、拘留引起的丧失和挫折而造成的损失除外。陆上运输货物战争险的责任起讫以货物置于运输工具时为限，即自被保险货物装上保险单所载起运地的火车时开始到保险单所载目的地卸离火车时为止。如果被保险货物不卸离火车，则以火车到达目的地的当日午夜起计算，满 48 小时为止；如在运输中途转车，不论货物在当地卸载与否，保险责任以火车到达该中途站的当日午夜起计算满 10 天为止。如货物在此期限内重行装车续运，仍恢复有效。但如运输契约在保险单所载目的地以外的地点终止时，该地即视作本保险单所载目的地。在货物卸离该地火车时为止，如不卸离火车，则保险责任以火车到达该地当日午夜起计算满 48 小时为止。

陆上运输货物保险还可加保罢工险。与海洋运输货物保险相同，在投保战争险的前提下，加保罢工险不另收费。如仅要求加保罢工险，则按战争险费率收费。陆上运输罢工险的承保责任范围与海洋运输货物罢工险的责任范围相同。

2. 我国航空运输货物保险险别与条款

根据我国 1981 年 1 月 1 日修订的《航空运输货物保险条款》规定，航空运输保险的基本险别分为航空运输险和航空运输一切险两种；此外，还有航空运输货物战争险等附加险。

（1）航空运输险与航空运输一切险

航空运输险的承保责任范围与海洋运输货物保险条款中的"水渍险"大致相同。保险公司负责赔偿被保险货物在运输途中遭受雷电、火灾、爆炸或由于飞机遭受恶劣气候或其他危难事故而被抛弃，或由于飞机遭受碰撞、倾覆、坠落或失踪等自然灾害和意外事故所造成的全部或部分损失。航空运输一切险的承保责任范围除包括上述航空运输险的全部责任外，保险公司还负责赔偿被保险货物由于一般外来原因所造成的全部或部分损失。航空运输险和航空运输一切险的除外责任与海洋运输货物险的除外责任基本相同。

航空运输货物的两种基本险的保险责任也采用"仓至仓"条款，但与海洋运输险的"仓至仓"责任条款不同的是：如货物运达保险单所载明目的地而未运抵保险单所载明的收货人仓库或储存处所，则以被保险货物在最后卸载地卸离飞机后满30天保险责任即告终止。如在上述30天内被保险货物需转送到非保险单所载明的目的地时，则以该项货物开始转运时终止。

（2）航空运输货物战争险

航空运输货物战争险是航空运输货物险的一种附加险，只有在投保了航空运输险或航空运输一切险的基础上方可加保。加保航空运输货物战争险后，保险公司承担赔偿在航空运输途中由于战争、敌对行为或武装冲突以及各种常规武器和炸弹所造成的货物的损失，但不包括因使用原子或热核制造的武器所造成的损失。航空运输货物战争险的保险责任是自被保险货物装上保险单所载明的起运地的飞机时开始，直到卸离保险单所载明的目的地的飞机时为止。如果被保险货物不卸离飞机，则以载货飞机到达目的地的当日午夜起计算满15天为止。如被保险货物在中途转运时，保险责任以飞机到达转运地的当日午夜起计算满15天为止。待装上续运的飞机，保险责任再恢复有效。航空运输货物保险，还可加保罢工险。与海运、陆运路相同，在投保战争险的前提下加保罢工险不另收费。如仅要求加保罢工险，则按战争险费率收费。航空运输罢工险的责任范围与海洋运输罢工险的责任范围相同。

（四）国际货物买卖合同的保险条款

国际货物买卖合同中的保险条款，因采用不同的贸易术语而有所区别。

如按 FOB、FCA、CFR 或 CPT 条件对外成交,在合同中只需规定保险由买方办理。如按 CIF 或 CIP 条件成交,则需具体规定保险金额和保险险别和适用的保险条款。

保险金额是保险公司可能赔偿的最高金额,习惯上按发票金额加一成 (10%) 预期利润和业务费用。也可根据国外客户要求提高加成数,但要防止有些国外客户企图从高额投保中取巧。保险险别,如系海运货物,可按中国人民保险公司于 1981 年 1 月 1 日修订的海洋运输货物保险条款的 3 种基础险,即平安险、水渍险和一切险中选保一种。在平安险或水渍险的基础上,视商品性质和目的港情况,必要时可加保一般附加险和特殊附加险。投保了一切险,还可加保特殊附加险。如采用陆、空、海运输,则应选择适应各运输方式的险别。如使用多式联合运输方式运送货物,则应按所使用的不同的运输方式选择需要的险别均予投保。当然,保险金额的加成计算和保险险别的选择和适用的保险条款,都需在成交前由买卖双方商定,然后才能在合同中作相应的规定。在 CIF 合同中,保险条款可作如下规定:由卖方按发票金额的 110% 投保一切险和战争险,按 1981 年 1 月 1 日中国人民保险公司海洋运输货物保险条款负责。

如国外客户要求按伦敦保险协会的《协会货物条款》或我保险公司可以承保的其他保险条款投保,我出口企业可以接受,如接受,也应在合同的保险条款中明确规定。

(五) 办理货物运输保险的基本做法

外贸企业办理货物运输保险的做法视进口还是出口而有所不同,现分别简述如下:

1. 出口货物保险

凡按 CIF 或 CIP 条件订立的出口合同,由我方负责投保。我方出口企业在向当地保险公司办理投保手续时,应根据出口合同或信用证规定,在备妥货物、确定运输工具和装运日期后按规定格式填制投保单,具体列明被保险人名称、保险标的物名称、数量、包装方式、运输标识、起止地点、运输工具名称、开航日期、保险金额、投保险别、投保日期、赔款地点等,送交保险公司,交付保险费并取得保险单证。投保人交付保险费,是保险合同生效的前提条件。保险费是保险公司经营保险业务的基本收入,也是保险公司所掌握的保险基金，即损失赔偿基金的主要来源。

保险费率是计收保险费的依据。不同险别有不同的费率。我国进出口货物运输保险费率是我国保险公司在货物损失率和赔付率的基础上，参照国际保险费率水平，结合我国对外贸易发展的需要制定的。

2. 进口货物保险

凡按 FOB、FCA、CFR、CPT 条件订立的进口货物买卖合同，也由我方负责投保。我国外贸企业为了防止漏保和延误投保情况的产生，也为了简化手续，大都采用预约保险做法，即由我外贸企业与保险公司事先签订各种不同运输方式的进口预约保险合同。按照预约保险合同规定，外贸企业无须逐笔填送投保单，在进口货物时，只需把国外客户的装运通知送交保险公司即作为办理投保手续，保险公司对该批货物自动负承包责任。

第四节 货款的结算

国际货物买卖合同中的一个重要组成部分是支付条款。按约定的条件支付货款是买方必须完成的一项合同义务。支付条款就是为买方如何完成这项义务而做出的具体规定。

国际贸易的发展，形成了当前在国际货物买卖中支付方式的多样化。不同的支付方式，要求有不同的支付条款。汇付、托收和信用证是目前国际结算中三种基本方式。本节拟从汇付、托收、信用证、分期付款、延期付款等国际上常见的支付方式出发，讨论不同的支付方式所要求的各种支付条款的内容。

一、汇付方式下的货款的支付

汇付又称汇款，是债务人或付款人通过银行，将款项汇至债权人或收款人的结算方式。汇付方式有信汇、电汇和汇票三种。汇付业务中一般有四个当事人：汇款人、收款人、汇出行与汇入行。汇入行和汇出行之间一般都建立账户往来，并订有代理契约。

（一）付款时间的约定

在一笔交易中，何时付款涉及买卖双方的资金周转和风险的负担，尤其是在汇付的条件下，不同的付款时间，可以给买卖双方带来完全不同的效果。按照国际上的通行做法，汇付的时间有下述两种。

1. 先付。即在合同中规定，买方订约时立即付清全部货款，即所谓"订货时付现"，也可以规定在订约后若干天付款，或是"在货物装船前付款，收到货款后装货付运"，或"买方收到卖方货物备妥通知后×天内付清全部货款，款到付运"。这类条款对卖方最为有利，既安全又可以尽快收回资金。但对买方，不仅要占用资金，而且要冒卖方不交货或不按时交货以及汇率变动的风险。因此这种条款在国际贸易中并不常见，一般只用于专为买方加工的产品，或为争购市场上紧俏的商品。

2. 后付。在我国的进出口业务中又称先交后结，即规定由买方在收到装运单据或货物后，或货物销售后若干天内将货款通过银行汇交卖方。这种规定方法有利于买方的资金周转，但对卖方来说，则要冒不能按时收回货款而造成资金、利息或汇率损失的风险。因此，这种条款一般只对自己所属的分支机构或资信可靠的老客户出口时使用，只有在个别情况下，例如出于竞争的需要，才应用于不太熟悉的客户。

在使用这种条款时，出口商为了确保按时收回货款，有时也加列一些补充规定作为保障。常见的有：

（1）在合同中规定，买方应在指定银行存有一定额度存款，并授权银行在收到卖方单据后若干天内，将货款汇交卖方，但买方保留发现单据与合同不符时追回货款的权利。

（2）在一些分批交货的长期合同中，规定买方向卖方缴纳一定数目的押金，如买方在货物交付后未履行该批货物的付款义务，卖方有权从押金中扣除应收的货款。

这两种补充规定，都在不同程度上造成买方资金的积压，较难为买方所接受，故使用不多。而较多的是在条款中写明"买方如不履行付款（不按时付款），应负责赔偿卖方由此而造成的一切损失"。

（二）汇付支付条款实例

1."买方应于××年××月××日前（或合同签订后××月××日内）将全部货款通过电汇（票汇/信汇）汇交卖方（卖方于收到货款后装船）。"

2."买方应在收到卖方装运单据后××天内通过××银行，用电汇（票

89

汇/信汇）将全部货款汇交卖方。"

3."买方必须预付押金（××港元），经银行汇交卖方，卖方才凭此发货，每批货物抵达××后××天买方应按卖方发票总金额，立即通过银行汇交卖方全部货款，否则由此造成的一切损失应由买方负责。卖方应予本合同履行完毕，买方付清全部货款后，将上述押金退还买方。"

二、托收方式下的货款的支付

托收是指债权人（出口人）出具汇票委托银行向债务人（进口人）收取货款的一种支付方式。托收分为光票托收和跟单托收两种。托收方式的当事人有委托人、付款人、托收银行和代收银行。托收一般是通过银行办理的，故又称为银行托收。其基本做法是，由出口人根据发票金额开出以进口人为付款人的汇票，向出口地银行提出托收申请，委托出口地银行通过其在进口地的代理行或往来银行代向进口人收取货款。在国际贸易中，光票托收主要使用于小金额交易的货款、部分预付货款、分期支付货款以及贸易从属费用的收取。而在大多数情况下，均采用跟单托收方式。在签订买卖合同时，如双方当事人约定以托收方式支付货款，则支付条款应包括下述几方面的内容：

（一）交单条件

跟单托收实行的是凭单付款的原则，但在做法上，则可因交单条件的不同分为如下几种：

1.付款交单，简称D/P。指银行以买方付款作为交单条件。即买方只有付清货款，才能取得代表货物所有权的装运单据。付款交单又可分为即期和远期两种。

即期付款交单，是指买方在银行提示卖方的即期跟单汇票或装运单据并审查单据无误后，立即付款，换取单据。

远期付款交单，是指买方在银行提示远期跟单汇票并审核无误后承兑汇票，由银行在汇票到期日，凭上述汇票向买方（承兑人）索款，买方付清款项后才取得单据。

鉴于在远期付款交单条件下买方虽可以在汇票到期日始行付款，但在付款之前仍无法取得单据。因此，为了尽早取得代表物权的单据，及早处置或

国际货物与通关

转售货物，买方往往在汇票到期前，凭信托收据或其他抵押向银行借单，这是在远期付款交单条件下国际上的一种通行做法，也是银行对买方的一种通融，买方也借此取得资金融通。但代收行要因此而向出口人承担汇票到期付款的责任。不过如果银行是根据出口人授权才能向买方提供这种方便，则不承担到期付款的责任，这样出口人就要承担较大的风险。

2. 承兑交单，简称 D/A。在承兑交单条件下，出口人开具的是远期跟单汇票，代收行在买方于汇票上签注"承兑"字样并退回银行后，即将装运单据交给买方处置。买方可待汇票到期日再履行付款义务。

交单条件不同，对买方的资金周转和融通便利，以及对卖方承担的风险有很大的差别。在付款交单条件下，卖方虽要占用资金，但在买方付款之前，毕竟还掌握货物所有权凭证。而在承兑交单时，买方一承兑汇票，卖方就丧失对货物的控制，如果汇票到期时买方破产或丧失偿付能力或逃之夭夭，卖方就要遭受货款两空的重大损失。因此，在采用托收支付货款时，买卖双方必须在合同中明确交单条件。例如，"凭卖方开立的汇票付款，付款交单"或"凭卖方开立的汇票付款，承兑交单"。此外，一些国家的银行有把远期付款交单按承兑交单办理的"习惯"。针对这个情况，如果约定是远期付款交单，可在合同中明确规定：只能在付款时交付单据。当然，这样做并不影响买方凭信托收据向代收行借单。

(二) 付款时间

在约定通过托收支付货款时，买卖双方还必须就付款时间进行约定。如是即期付款交单，一般都规定买方必须在银行第一次提示跟单汇票或装运单据时付款；如是远期付款交单，则必须明确付款的期限以及起算日期或到期日。

目前国际上对远期汇票的期限，常见的有 30 天、45 天、60 天、90 天、180 天，以至 360 天。

至于起算日期，则可根据双方的意愿确定。最常见的有："见票后××天"、"出票后××天"和"提单日期后××天"。其中以第一种方式最为常见。

付款期限涉及买卖双方的资金周转和利息负担，一向是双方当事人注意的问题之一。在"见票后××天付款"或是"即期付款"的条件下，代收行在什么时候办理提示，即买方何时见票，将直接影响收款的时间。一般来说，代收行在收到出口人的单据之后，都是尽快向买方提示，但有些地区或国家，如北欧和拉丁美洲的某些国家，却有等货到后才办理提示的"习惯"，有时甚至有在合同中规定"货到后提示付款（承兑）"的要求。对此必须充分注意。因为这样不但会使出口人收款延迟，而且在采用托收支付时，一般都是 CIF 合同，如果轻易同意货到付款，就从根本上违背了单据和货款作对流条件的原则，改变了合同的性质。因此，在买卖合同中，可以规定"买方应在第一次提示单据时付款（或承兑）"。

（三）利息条款

托收，尤其是远期托收，意味着进口人套用了出口人的资金，为了弥补晚收货款的利息损失，出口人在订约时一般可采用两种办法：一是将可能遭受的利息损失，按经营意图，加在货价之内，即所谓"内包法"；另一种做法是在合同中加列利息条款，即在规定付款期限的同时，明确列入买方应按年利的一定百分比支付利息。利率一般应按国际市场的利率计算，有时为了竞争的需要也可酌量减低。

在采用内包法时，为了防止买方有意拖延付款，也可以规定，如买方未按期付款，则自到期日起，按年利的一定百分比计算。

（四）单据条款

托收实行的是凭单付款的原则，卖方交付符合合同规定的单据是买方承兑或付款的前提条件。因此，买卖双方在订约时还必须就卖方应该交付的单据，包括种类和份数，做出明确的规定。在按 CIF 条件订约时，卖方一般必须交付的单据至少应包括：发票、提单、保险单，买方有时还要求交付检验证及其他单证。对此，出口人应根据实际可能和是否合理来决定是否列入合约中。

三、信用证支付方式下的货款的支付

信用证是由一家银行（开证行）依照客户（申请人）的要求和指示或为其自身需要向第三者（受益人）开立的，在符合信用证条款的条件下，凭规定的单据，由银行承担付款责任的一种信用凭证。简言之，信用证是一种由银行开立的有条件的承诺付款的书面证明。在信用证付款条件下，银行承担

第一性付款责任，故信用证属于银行信用。信用证方式的当事人有开证申请人、开证银行、通知银行、受益人、议付银行和付款银行。

在采用信用证付款时，为了明确责任，买卖双方一般需要在合同中就下列问题做出规定：

（一）信用证的种类

在国际货物买卖中所使用的信用证种类较多。现只介绍其主要的类别：

1. 可撤销信用证与不可撤销信用证。可撤销信用证是指开证行在开出信用证之后，只要该证未被利用，就有权随时予以修改或撤销，不必事先征得受益人的同意。当然，在实践中并不是所有可撤销信用证都被撤销。但是，由于银行在开立可撤销信用证时，收费可能较为低廉，因此有的国家也还在使用。由于这种信用证并没有给出口商提供付款的保证，目前许多国家都不采用，相反都在合同中明确买方应开立不可撤销的信用证。

不可撤销是指信用证一经开立，开证行如果未取得受益人及其他有关方的同意，则不得擅自撤销该信用证或修改其内容。从法律上看，不可撤销信用证的开立，意味着银行向受益人承担了绝对的付款责任。即使开证人破产或发生其他事情，只要受益人交付的单据符合要求，银行就必须按信用证的规定付款。所以说，受益人是得到了银行的付款保证。

2. 保兑与非保兑信用证。保兑是指一家银行开立的信用证，由另一家银行加以保证兑付的行为。经保兑的信用证称保兑信用证。未经保兑者统称非保兑信用证。

经保兑的信用证意味着有两家银行向受益人负责，显然对受益人有利，可以说是一种最安全的信用证。但是，出口人是否要在合同中做出要求对方开立保兑信用证的规定，则应根据不同情况分别对待。

按照银行惯例，保兑银行出面保兑其他银行的信用证时都要收取一定的保兑费，这当然增加了买方的负担。而买方则往往通过压低合同价格的办法，将之转嫁给出口商。因此，从出口商的角度看，只要安全收汇有保证，就不必在规定对方开立不可撤销信用证之后还要求保兑，以免在价格上吃亏。但如交易的金额较大，对开证行的资信又不十分了解或国际金融市场动荡，也可以要求使用保兑信用证，以确保安全。

3. 即期信用证与远期信用证。按付款期限的不同，信用证可分为即期信用证与远期信用证两大类。即期信用证是指按信用证的要求，凭卖方提示即期汇票和装运单据，或单凭装运单据，开证行即予付款的信用证。远期信用证又可分为两种，即银行承兑信用证和迟期付款信用证。银行承兑信用证是指开证行收到单据经审核无误后，在卖方开立的远期汇票上承兑，然后留下单据，承兑后的汇票则退回给受益人，等到期时再次提示付款。受益人也可以在汇票到期之前，通过贴现收回货款。迟付信用证是指开证行在信用证上明确规定受益人交单后若干天付款或货物装船后若干天付款。这种信用证无须开立汇票，因此也不具备贴现条件。

鉴于信用证的付款期限可以有不同的规定，因此在签订合同时，就必须明确，例如"凭不可撤销的即期信用证付款"。如约定远期付款，则必须明确付款期限、起算日期和一定的利息负担。

此外，在我国的进出口实践中，有时合同规定即期信用证付款，但在执行时，对方开立的信用证却要求开立远期汇票，但明确指示银行按即期付款处理。有的则在信用证中列明由指定的银行负责承兑贴现，费用由开证行负担。这类信用证对受益人来说，仍然可以像开立即期汇票一样，在提示单据时立即收回货款，所以我国业务上习惯称之为"假远期信用证"。

买方之所以开立这种"假远期信用证"，有时是碍于进口国外汇管制办法不允许开即期信用证。但从根本上看，这是开证行利用第三家银行资金的一种办法。

4. 电报索汇条款信用证。一般的即期信用证都是开证行或付款行在收到信用证规定的单据并审核无误后付款，也就是我国业务上常说的"单到付款"。但有的则规定电报索汇条款，根据这种条款，议付行收到单据核对无误后即可用电报将情况通知开证行，要求立即电汇付款，以缩短收汇的时间。

出口人在使用这种条款签订合同时，应注意两个问题：

（1）从业务经营上看，因带有这种条款的信用证费用较高，故要防止对方压低价格，转嫁费用负担。

（2）在用词方面，必须明确写明"电报索汇"，以免与"电汇"混淆。

5. 可转让信用证。信用证不是流通工具，只有在信用证上明确书写"可转让"字样，受益人才有权要求银行将信用证的全部和一部分，一次转让给一个或数个本国或外国和第三方（第二受益人），由第二受益人在其所在地交单议付。信用证转让时，只能按原证条款转让；但其中的金额、单价可以减低，有效期和装货期可以缩短，保险加保比例可以增加。不过在议付时，第一受益人有权按信用证的原始金额和单价开具发票，替换第二受益人的发票，并支取其差额。信用证转让后，第一受益人仍应对交货承担合同义务。信用证的修改必须得到第一受益人与第二受益人的同意。在国际上，可转让信用证多应用于由中间商出面签订的合同，由中间商把信用证转由供应商执行。在我国，可转让信用证多在总公司与分公司、分公司与分公司之间转让。

在我国的出口合同中，在要求对方开立可转让信用证时，经常加上"可分割"的字样，把"可转让、可分割"并列使用。这是因为有的国家认为只有明确写上"可分割"的字样，信用证才可同时转让给几个人。但是国际商会的《信用证统一惯例》已明确指出：可转让、可分割、可过户等都是同一含义，只要信用证规定允许分期分批交货，可转让的用语就包含有可分割的意思。为了防止信用证转让给资信欠佳的第二受益人而影响合同的执行，我国在签订进口合同时一般规定开立可转让信用证的条款。

6. 对背信用证。对背信用证是指出口人在收到来证后，要求通知行以该证为基础，另开一张内容近似的新证给其供货人，这张新证即称为对背信用证。

对背信用证的开立不是原证的转让，而是以原证为基础、原受益人为开证人的一笔新交易。原通知行成为新证的开证行，对新证不承担责任，受益人与原证无关。只有原受益人和新开证行了解这种事实，所以新受益人，对之只是按一般信用证对待。但是原受益人对原信用证的利用，却要受新证履行情况的影响。

对背信用证多数用于中间商转售他人货物，或转口贸易的场合。目前，在两国或两个地区之间，由于种种原因不能发生直接贸易的场合，也经常利用这种信用证。对背信用证的采用一般无须在合同中做出规定，但在洽谈过程中，必要时也可就此达成默契。

7. 循环信用证。循环信用证的特点是信用证被受益人利用后能够重新恢复原金额再被使用，周而复始，直到规定次数或总金额用完为止。循环信用证一般用于分批交货的长期合同，目的是为了简化手续和减少开证押金。在订约时应明确下列两方面的问题：

（1）应明确金额恢复的办法。当前在这个问题上有三种做法，即自动恢复、非自动恢复和半自动恢复。凡受益人按规定交款后，信用证金额即自动恢复到原金额供再次使用者，称自动恢复。非自动恢复是指信用证金额在被使用后，必须待开证行通知到达时予以恢复。半自动恢复是开证行在一定时间内未通知中止，即认为恢复者。从出口人角度看，第一种方式最为方便。

（2）应明确信用证的金额是否可积累使用，也即是前一期的金额如未使用或留有余额，可否转入第二期继续使用。按照惯例，如信用证未明确可积累使用者，应理解为不能积累使用，也就是有的合同规定"前空后不补"的含义。故如果希望能积累使用，就应在买卖合同和信用证中予以明确。

此外，在国际货物买卖中使用的信用证还有预支信用证、备用信用证等。由于各种信用证的名称不同，它们在性质、银行的责任、收汇的快慢、安全的程度等方面都存在着差别。因此，买卖双方应在合约中予以明确。

（二）对开证行的规定

信用证是一种银行信用，开证行的资信如何，对受益人有重要的意义，卖方往往要求在合同中对开证行做出规定。最常见的是规定"由卖方可以接受的银行开证。"也有的规定"由第一流的银行开证"，但什么是第一流的银行，却没有明确的定义，解释起来容易因理解不同发生分歧，这是应当注意的。

（三）对开证金额的规定

在一般交易中，通常要求开足额信用证，即信用证的金额应为合同的全部金额。如合同规定有溢短装条款，信用证金额也应有相应表现。

对于以到岸品质/数量为准的合同，也可以规定开立不足额的信用证。例如合同金额的 96%，其余额待到货后，由买方根据到货的品质和数量，予以找补。如果是这种交易，双方就需要在合同中明确规定信用证额度以及余额的支付办法。

（四）信用证有效期和到期地点的规定

信用证的有效期，实际上就是开证行承诺付款的期限。超过有效期，银行即自动解除其付款承诺。为了使受益人在装船后能在合理的时间制单和办理议付的必要手续，一般都在合同中明确规定，信用证的有效期应在装船日期后若干天，例如 20 天。

应该注意的是，信用证的到期地点与卖方可利用信用证的期限有密切的关系。目前，关于信用证的到期地点，基本上有两种规定办法：一是在出口地到期；一是在开证行所在地到期。如果是后者，受益人的单据就必须赶在到期日之前送达开证行。这无疑是缩短了有效期的天数，对卖方不利，因此，卖方往往在合同中要求明确在出口地到期。

（五）关于开证义务的规定

在合同规定以信用证付款的条件下，买方就负有开立信用证的义务。按照国际上的惯例，买方开证是卖方履行交货的先决条件。买方如不开证，卖方有权不履行交货，而且可以主张合同不存在并提出损害赔偿。按照许多国家法律的解释，买方不履行开证义务是构成重大的违约行为，卖方要求的损害赔偿可以包括预期利润的损失。

买方的开证义务还包括另一个重要内容，即必须按时开证。如果合同规定有开证时间，则必须在时限内开证，如果合同未规定时限，应在装运期开始前合理时间内开证，以便卖方能够在约定装运期开始前，得到付款的保证和自由选择装运期限内的任何时候发运货物。假如买方拖延开证时间，同样构成重大违约行为，对此，卖方既可主张不交货，要求损害赔偿，也可以要求相应延长交货期限，买方不得无理拒绝，否则构成违约。

鉴于国际上在合同没有规定开证日期时，是以合理时间来衡量买方是否及时开证的，而所谓"合理时间"则是一个事实问题，其长短需视具体情况而定。执行起来容易因双方理解不同而发生纠纷。故为明确起见，应在合同中规定具体日期，例如，签约后××天，或装运期开始前××天，具体期限可视商品的性质及收购、制造情况而定。有的合同也有做出例如订约后"立即"开证或"尽快"开证的规定。由于这类文句含义不清，缺乏统一解释，应避免使用。对于有些合同，尤其是 FOB 合同，买方为了避免过早开证造成资金积压和增加费用，可以规定在接到卖方货物备妥通知后若干天开证。在这种情况下，卖方的通知就成为买方开证的先决条件。

（六）关于自动延期的规定

在我国的出口合同中，有时也规定，"如果卖方未能按期装船，信用证自动延期××日"。这种规定实际上放宽了装船期限，有利于交货和节省改证的手续及费用。但必须在信用证上列入相应的文句，否则不能起到应有的作用。

（七）部分信用证

部分托收的支付条款，为了调和买卖双方在选用支付方式方面的矛盾，节省买方的费用，利用资金融通，促成交易，也可采用部分信用证、部分托收的方式支付货款。在采用这种办法时，合同中必须明确。全套货运单据随托收交付，在买方付清托收的货款后始行交单，以保安全。

此外，双方还应规定卖方应予交付的单据，如是远期信用证也可列利息条款。

第三章 争议的预防和处理

买卖双方在达成交易时，须在合同中分别订立商品检验、索赔、不可抗力和仲裁条款。这是因为，在国际贸易中，买卖双方交易的商品一般都要进行检验，以确定卖方交付的货物是否符合合同的规定，是否符合出口方国家或进口方国家的有关规定。在履约过程中，如合同当事人有一方违约，给另一方造成损失，受损方有权提出索赔。合同签订后，如发生不可抗力事件，致使合同不能履行或不能按期履行，可按不可抗力条款的规定免除合同当事人的责任。买卖双方在履约过程中出现争议，如难以和解，可采用仲裁方式解决。

第一节 商品检验

进出口商品检验工作，就是对商品的质量和重量等进行检验和鉴定，以确定交货的品质、重量等，是否符合合同的规定。商检条件的内容一般包括：检验时间与地点、检验机构、检验证书，有时还列入具体的检验方法和标准。

一、检验的时间和地点

按照国际惯例，国际货物买卖过程中，一般都允许买方在接受货物以前，有权检验货物。例如《联合国国际货物销售合同公约》规定，"买方必须在按情况实际可行的最短时间内检验货物或由他人检验货物"。至于检验的时间和地点，根据国际上的习惯做法和我国外贸实践，一般有以下三种：

（一）离岸品质、离岸重量（数量）

离岸品质、离岸重量（数量）即买卖合同规定货物在装运港（地）装载前，由卖方委托出口地的出入境检验检疫机构（通常是双方同意的机构）对商品的品质和重量（数量）进行检验，出具检验证书，作为最后依据。在货物到目的港（地）后，买方即使再委托当地出入境检验检疫机构进行复验，也无权向卖方提出任何异议。这实际上排除了买方对品质、重量（数量）提出异议的权利，对其十分不利。

（二）到岸品质、到岸重量（数量）

到岸品质、到岸重量（数量）即买卖双方约定，商品的品质和重量（数量）应在目的港（地）卸货后进行检验，以目的港（地）出入境检验检疫机构签发的检验证书作为决定商品品质和重量（数量）的最后依据。采用这种做法时，货物在运输途中的品质和重量（数量）上的变化损失，均由卖方负责。而买方可凭检验证书向卖方提出到货品质、重量（数量）的任何异议，而卖方不得拒绝，这显然对卖方不利。

（三）离岸重量（数量）、到岸品质

离岸重量（数量）、到岸品质即卖方可在装运时，凭装运地出入境检验检疫机构验货后出具的检验证书，作为向银行议讨货款的单据之一，但不作为货物品质、重量（数量）的最后依据。货到目的港后，买方对货物进行复验，如发现货物的品质、重量（数量）与合同规定不符，可向卖方提出异议并索赔。这种做法较为公平合理，符合国际贸易习惯，亦是我国进出口业务中常用的方法。

二、商品检验机构与商检证明

（一）出入境检验检疫机构

商品检验机构是指接受委托进行商品检验与公证鉴定工作的专门机构。在国际上商品检验机构，有官方的也有私人的，或同业公会经营的。其中比较著名的有英国劳氏公证行、瑞士日内瓦通用鉴定公司、日本海事鉴定协会和美国担保人实验所等。我国的出入境检验检疫机构是国家质量监督检验检疫总局和中国进出口商品检验总公司及其在全国各地的分支机构。我国对进出口商品的检验，统一按照《中华人民共和国进出口商品检验法》的有关规定办理。

我国出入境检验检疫机构的任务主要有以下三方面：

1. 法定检验

法定检验是指对重要进出口商品执行强制检验，未经检验并发给证件

国际货物与通关

者，不准输入或输出。

法定检验的范围包括：

（1）列入《种类表》的商品；

（2）根据《中华人民共和国进出口动植物检疫条例》规定的进出口动植物产品；

（3）根据《中华人民共和国食品卫生法》规定的进出口食品；

（4）根据有关国家政府的要求或我国政府与有关国家协议的规定，由我国政府规定由出入境检验检疫机构统一执行检验的出口商品；

（5）装运出口粮油食品、冷冻品等易腐食品的船舶和集装箱的装运技术条件，必须进行检验。

2. 监督管理

主要是通过行政手段，推动和组织有关部门对进出口商品按规定要求进行检验。凡列入《种类表》的商品中，进口商品未经检验的不准许销售、不准许使用；出口商品未经检查合格的不准出口。出入境检验检疫机构对于有关部门、应检验的进出口商品的检验工作实施监督管理，进行抽查检验。所谓有关部门包括进口商品收货、用货部门和出口商品的生产、经营、储运部门。对重要的进出口商品及其生产企业可实行质量许可证制度。

3. 公证鉴定

公证鉴定指出入境检验检疫机构根据对外贸易关系人的申请，外国检验机构的委托，或受仲裁及司法机关的指定，进行对进出口商品的鉴别和鉴定。在国际贸易中，买卖双方发生争议，涉及贸易、运输、保险等各方面的责任，要通过协商、仲裁或索赔等途径解决，这就需要鉴定人的证明。公证鉴定与强制性的法定检验性质不同，但出入境检验检疫机构对进出口商品实施法定检验后签发的检验证书，同样具有公证鉴定的作用。

（二）商品检验证明

商品检验证明指出入境检验检疫机构依据有关规定对进出口商品进行检验或鉴定后应出具的检验证明文件，我国出入境检验检疫机构对进出口商品出具的检验证明文件一律称为"检验证书"。

商检证书的作用主要有三方面：一是作为证明交货的品质、重（数）量、包装以及卫生条件等是否符合合同规定的依据；二是作为议付货款的重要单据之一；三是买卖双方用以索赔或理赔的依据。

在我国进出口业务中，所使用的商检证书有以下几种：品质检验证书；重量检验证书；数量检验证书；卫生检验证书；消毒检验证书；兽医检验证书；产地检验证书；价值检验证书；残损检验证书。至于一笔交易中究竟需要哪些检验证书，需要根据商品性质、交易习惯和双方国家的有关法律、法令规定而定。

三、检验标准和方法

商品检验标准，通常有生产国标准、进口国标准、国际通用标准及买卖双方协议标准等。在我国外贸实践中，对出口商品，一般就按我国有关的标准和其规定的方法进行检验。对目前尚无标准的，可参照同类商品的标准，或由检验部门和生产部门协商而定。如对方要求按照对方或第三国标准进行检验时，须与部门等有关部门研究后再确定。对进口商品，除合同规定检验外，可按生产国标准、国际通用标准或买卖双方同意的标准和方法进行检验。

应该指出，目前我国已有许多产品按照国际标准化组织的 ISO 9000 族国际标准、国际羊毛局的"WS"、美国的"UL"等项标准。有的产品通过国际权威性机构就各项技术指标予以评定，并确认其质量已达到了国际标准要求。

四、买卖合同中的检验条款

签订商检条款必须体现我国对外贸易方针政策，贯彻"平等互利"、"实事求是"的原则，遵守国家的法律、法令的规定。必要时运用有关国际惯例，使所订立的商检条款，有利于进出口业务的顺利进行。

在我国进出口贸易中，一般都采用在出口国检验，到进口国复验的办法，也就是在装运前由我国出口口岸的出入境检验检疫机构进行检验，并签发检验证书，作为向银行议付结汇的依据；货到目的地（港）后，允许买方有复验权，并且以目的地（港）检验机构检验后出具的证明为索赔的依据。

值得注意的是由于进出口商品检验的主要对象是商品的品质、数量、重量、包装等内容，买卖合同中的这些条款是检验的依据。所以，在规定这些条款时，应考虑到商检工作的需要和可能，使这些条款和检验条款相互衔接与吻合，防止顾此失彼，相互脱节，甚至产生矛盾等现象。同时要注意的是，根据《INCOTERMS 2000》中的规定：除非另有规定，买方应承担（装运前）检验的费用，这种检验是为了其自身利益安排的，但出口国有关当局强制进行检验例外。由此在检验条款中还应根据检验的具体情况订明费用的承担者。

第二节　索　赔

一、争议、索赔与理赔

所谓争议是指交易的一方认为对方未能部分或全部履行合同规定的责任和义务而引起的纠纷。

所谓索赔是指遭受损害的一方向违约方提出要求损害赔偿的行为。理赔是指违约方对受害方所提赔偿要求进行处理的行为。所以，索赔与理赔是一个问题的两个方面，对受损方来说称做索赔；对违约方来说称做理赔。

交易中双方引起争议的原因很多，一般情况有：卖方违约，如卖方不能按时、按质、按量交货，致使买方受损，向卖方提出索赔；买方违约，如买方不按合同规定日期开信用证或不开证，以及不按期接运货物或无理拒付货款，致使卖方受损，向买方提出索赔；双方都有违约行为，如合同条款订得不明确，使双方理解或解释不一致，造成一方或双方都有违约行为而引起争议。

产生争议后，要对违约行为进行性质分析，再作处理决定。违约的性质，一般有：一是一方当事人故意行为导致违约；二是当事人一方的疏忽、过失或业务不熟而导致违约；三是对合同义务不重视或玩忽职守而导致违约。

二、合同中的异议、索赔与罚金条款

为了在发生索赔时能有所依据，在贸易合同中应对索赔做出规定。贸易合同中的索赔条款有两种规定方式：一种是异议和索赔条款；另一种是罚金条款。后者主要用于买卖大宗商品和机械设备的合同，而一般合同仅用前者。

（一）异议和索赔条款

异议和索赔条款一般是针对卖方交货的品质、数量或包装不符合合同规定而订立的。异议和索赔条款的内容，除了规定一方违约，另一方有权索赔外，主要还规定索赔依据、索赔期限和索赔金额等。

1. 索赔依据

该条款主要规定提出索赔必须具备的证据和合法的出证机构。索赔依据主要包括两个方面的内容：一是法律依据，指贸易合同和有关国家的法律规定；二是事实依据，是指违约的事实真相及其书面证明。但是，如果证据不全、不清，出证机构不符合要求，都可能遭到对方拒赔。

2. 索赔期限

索赔期限是指索赔方向违约方提出索赔的有效时限，逾期提赔，违约方可不予受理。因此，关于索赔期限的规定必须根据不同种类的商品做出合理安排。对于有质量保证期限的商品，合同中加订保证期。保证期可规定为一年或一年以上。总之，索赔期限的规定，除一些性能特殊的产品（如机器设备等）外，一般不宜过长，以免使卖方承担过重的责任；也不宜规定得太短，以免使买方无法行使索赔权，要根据商品性质及检验所需时间多少等因素而定。索赔期限的起算时间通常有以下几种：货物到达目的港后××天起算；货物到达目的港卸离海轮后××天起算；货物到达买方营业处所或用户所在地后××天起算；货物经检验后××天起算。

在实际业务中，一般货物的索赔期限，通常限定为货物到达目的港卸货后30天或45天，而机械设备一般定为货到达目的港卸货60天或60天以上。

索赔的处理办法和金额通常在合同中只作一般笼统的规定。

（二）罚金条款

罚金条款内容主要规定，当一方未履行合同义务时，应向对方支付一定数额的约定罚金，以补偿对方的损失。

罚金条款一般适用于卖方延期交货，或者买方延迟开立信用证和买方延期接货等情况。通常使用于连续分批交货的大宗货物买卖合同和机械设备一类商品的合同。

罚金的起算日期有两种计算方法：一种是以合同规定的交货期或开证期终止后立即起算；另一种是规定优惠期，即在合同规定的有关期限终止后再宽限一段时间，在优惠期内免予罚款，待优惠期届满后起算罚金。例如：卖方不能如期交货，在卖方同意由付款行从议付的货款中扣除罚金或由买方于支付货款时直接扣除罚金的条件下，买方可同意延期交货。但是因延期交货的罚金不得超过延期交货部分金额的 5％。罚金按每 7 天收取延期交货部分金额的 0.5％，不足 7 天者按 7 天计算。如卖方未按本合同规定的装运期交货，延期 10 周时，买方有权撤销合同，并要求卖方支付上述延期交货罚金。

值得注意的是，对于合同中的罚金条款，各国法律有不同的解释和规定。有些国家的法律承认并执行合同中的罚金条款，但有些国家的法律则认为，对于违约只能要求赔偿，而不能予以惩罚。

三、索赔和理赔应注意的问题

（一）我方索赔应注意的问题

在国际货物买卖业务中，我方向对方索赔时，应注意以下问题：

1. 根据公平合理、实事求是的原则，查明对方是否违约并使得我方遭受损失。如果确属对方责任，则可向对方提出索赔，如果是属于船公司或保险公司的责任，则不应向对方索赔。

2. 索赔要求必须在合同规定的限期内提出。如合同中未规定索赔期限，则应按有关法律规定的期限办理。我国《涉外经济合同法》第 39 条规定："货物买卖合同争议提起诉讼或者仲裁的期限为四年。"《联合国国际货物销售合同公约》第 39 条第 2 款规定："如果买方不在实际收到货物之日起两年内将货物不符合合同情形通知卖方，其就丧失声称货物不符合合同的权利。"

3. 正确确定索赔项目和金额，备齐有关单证。我方提出索赔金额一定要实事求是，要经得起对方辩驳。同时，索赔证据要齐全，且出证单位要符合要求。否则，均可能遭到对方拒赔。

（二）我方理赔应注意的问题

在对方向我方索赔，我方理赔时，则应注意以下问题：

1. 认真研究对方所提的索赔是否属实，是否确因我方违约而使得对方遭受损失，是否符合有关法律规定。如果是逾期才提出索赔的，我方可不予受理。

2. 仔细审核对方所提出的索赔单证和有关文件。例如出证机构是否符合要求，检验标准和检验方法是否符合双方规定，单据是否齐全充分，有无夸大损失等。

3. 如果我方确实应负赔偿责任时，应认真研究，提出赔偿办法或赔偿金额，与对方协商确定。

第三节　不可抗力

一、不可抗力的含义

不可抗力，又称人力不可抗拒，是指在合同签订后，不是由于合同当事人的过失或疏忽而是由于发生了合同当事人无法预见、无法预防、无法避免和无法控制的事件，以致不能履行或不能如期履行合同，遭受意外事故的一方可以免除履行合同的责任或延期履行合同。这就是免责。我国的《合同法》第117条中指出："不可抗力是指不能预见、不能避免，并不能克服的客观情况"。在实际业务中，要判断哪些事件可以构成当事人的免责，是比较困难的，各国的法律规定也不一致，所以，为了防止产生争议，维护各方当事人的利益，一般要在进出口合同中订立不可抗力条款。

不可抗力条款是指在合同中订明如当事人一方因不可抗力事件而不能履行合同的全部或部分义务的，免除其迟延履行的责任，另一方当事人不得对此要求损害赔偿。所以，不可抗力条款是免责条款。

二、不可抗力的要件和法律后果

（一）不可抗力的要件

不可抗力有四个要件：

1. 意外事故发生在合同签订以后；

2. 不是由于订约当事人的过失或疏忽造成的；

3. 意外事故及其后果是无法预见、无法控制、无法避免和不可克服的；

4. 发生不可抗力事件的一方有义务及时将不可抗力及其后果通知对方，

并取得必要的证明文件。在我国一般由中国国际贸易促进委员会出具证明文件。

（二）法律后果

不可抗力的发生，仅免除损害赔偿的责任。按 1980 年《联合国国际货物销售合同公约》的规定，除非合同当事人双方约定解除合同，否则合同关系仍然存在，一旦"障碍"消失，须继续履行合同。

值得注意的是，在信用证业务中，由于信用证和买卖合同是各自独立的两份契约，因此买卖双方不能援用买卖合同的"不可抗力"规定向信用证的当事人银行要求免责，因为银行不受买卖合同的约束。

同时"UCP500"为银行规定了不可抗力免责：银行对于天灾、暴动、骚乱、叛乱、战争或银行本身无法控制的任何其他原因，或对于任何罢工或封锁而中断营业所引起的一切后果，概不负责。除非经特别授权，银行在恢复营业后，对于在营业中断期间已逾期的信用证，将不再据以进行付款、承担延期付款责任、承兑汇票或议付。

三、不可抗力事件的通知和证明

在不可抗力事件发生以后，当事人一方因不可抗力的原因而不能履行合同，必须及时通知对方，采取合理的措施，减轻给对方造成的损失以及向对方提供不可抗力的证明，对此，《联合国国际货物销售合同公约》中明确规定："不履行义务的一方必须将障碍及其对他履行义务能力的影响通知另一方，如果该项通知在不履行义务的一方已知道，或理应知道此一障碍后一段合理时间内，仍未被另一方收到，则其对由于另一方未收到通知而造成的损害应负赔偿责任"。我国《合同法》第 118 条也规定："当事人一方因不可抗力不能履行合同时，应及时通知对方，以减轻可能给对方造成的损失，并应当在合理期限内提供证明"。在这里应该强调的是，当不可抗力事件发生后，当事人一方及时告知对方因不可抗力造成不能按照合同的约定履行合同，是当事人的首要义务。通知对方的时间应在不可抗力事件发生后的合理时间内。为防止争议，通常在不可抗力条款中明确规定具体的通知期限。同时，在不可抗力事件发生后，当事人一方应尽力采取适当措施努力防止这种损失的扩大，即使当事人的努力是艰难的或无利益的，也应根据诚信原则，最大限度地减少因不可抗力给对方所造成的损失。另外，当事人一方在将不可抗力事件通知对方时，对不可抗力事件的发生及存在的事实应提供有关机构出具的证明文件。我国一般由中国国际贸易促进委员会（即中国国际商会）出具；如由对方提供时，一般由当地的商会或登记注册的公证行出具。对于出证机构也应在合同中做出规定。

一方接到对方关于不可抗力事件的通知或证明文件后，无论同意与否，都必须立即予以答复，否则按有些国家的法律，如《美国统一商法》，将被视做默认。

四、买卖合同中的不可抗力条款

在我国进出口合同中的不可抗力条款，基本上有以下三种规定方法：

（一）概括式

概括式是在合同条款中不具体定明哪些意外事故是不可抗力事故，只做概括的规定。例如：由于人力不可抗拒事故影响而不能履行合同的一方，在与另一方协商同意后，可根据实际受影响的时间，延长履行合同的期限或解除合同，对方对由此而产生的损失不得提出赔偿要求。

（二）列举式

列举式是在合同条款中明确规定出哪些意外事故是不可抗力事故，凡合同中没有列到的，均不能作为不可抗力事故处理。例如："由于战争、洪水、火灾、地震、雪灾、暴风的原因致使卖方不能全部或部分装运或延迟装运合同货物，卖方对于这种不能装运或延迟装运合同货物不负责任。但卖方须用电报或电传通知买方，并须在 15 天以内以航空挂号信件向买方提交发生此类事故的证明书，该证明书由中国国际贸易促进委员会出具。"

（三）综合式

综合式是将概括和列举两种方式结合使用。例如规定"因战争、地震、严重风灾、雪灾、水灾、火灾以及双方同意的其他人力不可抗拒的原因，致使任何一方不能在本合同规定的有效期内履行合同。如此种行为或原因在合同规定的有效期后继续存在三个月，则本合同未交货部分即视为取消。遭受事故影响的一方，不负任何责任。但应用电报通知对方，并提供发生此类事故的证明书。该证明书由卖方提供时，应由中国国际贸易促进委员会出具；

如由买方提出，应由××出具。"

以上三种规定方法，由于综合式既明确具体，又有一定灵活性，比较科学实用。在我国业务实践中，多采用这一种规定方法。此外，在实践中，无论我方还是对方援用不可抗力条款时，均应按合同规定严格进行审查，以确定其所援引的内容是否属于不可抗力范围，明确其法律后果，并及时通知另一方和提供必要的证明文件。

第四节　仲　裁

一、仲裁的含义与特点

当买卖双方产生争议后，解决争议的途径一般有四种：一是友好协商，即双方通过友好协商达成和解；二是调解，即协商不行，在双方自愿的基础上，由第三者出面从中调解解决争议；三是仲裁，即调解不成，可采用提交仲裁机构仲裁的办法；四是诉讼，即交法院处理争议。其中仲裁是解决国际贸易争议的一种重要方式。

所谓仲裁是指买卖双方在争议发生之前或争议发生之后，签订书面协议，自愿将有关争议交给双方所同意的仲裁机构进行裁决，而这个裁决是终局性的，对双方都有约束力，双方都必须遵照执行。

在国际贸易中，解决交易双方所发生的争议的方法很多，但往往都选择仲裁的办法来解决争议。这是因为协商与调解的实行有一定的限度，而仲裁与诉讼方式相比，又有其显著的特点：

第一，仲裁选用是以双方自愿为基础。受理争议的仲裁机构是属于社会民间团体所设立的组织，不是国家政权机关，不具有强制性，双方当事人可自行选定仲裁员，因此具有一定灵活性。

第二，仲裁的程序较简单，且仲裁员一般是熟悉国际贸易业务的专家和知名人士，故仲裁解决问题较快，且费用也较为低廉。

第三，仲裁对争议双方继续发展贸易关系的影响较小。

第四，仲裁的裁决是终局性的，对双方都有约束力，败诉方不得上诉，必须执行裁决，否则胜诉方可以要求法院强制执行。

司法诉讼与仲裁有很大的不同，其中包括法院是国家机器的主要组成部分，具有法定管辖权；诉讼带有强制性，只要一方的法院起诉，无须事先征得对方同意；争议双方都无权选择法官；诉讼的程序复杂，处理问题一般比仲裁慢，费用高。所以诉讼处理争议，使双方当事人关系紧张，有伤和气，不利于今后继续发展贸易关系。因此，对当事人来说，仲裁比司法诉讼具有较大的灵活性和非强制性，已成为解决争议的一个主要形式。在我国进出口合同中，一般都订有仲裁条款，以便在发生争议时通过仲裁方法解决争端。

二、仲裁协议

我国《仲裁法》规定，当事人采用仲裁方式解决纠纷，应当双方自愿，达成仲裁协议。没有仲裁协议，一方申请仲裁的，仲裁机构不予受理。据此，发生争议的双方中任何一方申请仲裁时必须提交双方当事人达成的仲裁协议。仲裁协议是双方当事人表示愿意将他们之间已经发生的或可能发生的争议交付仲裁解决的一种书面协议。

（一）仲裁协议的作用

按照我国和多数国家的仲裁法的规定，仲裁协议的作用主要有三个方面：

1. 表明双方当事人在发生争议时自愿提交仲裁。仲裁协议约束双方当事人在协商调解不成时，只能以仲裁方式解决争议，不得向法院起诉。

2. 使仲裁机构取得对争议案件的管辖权。任何仲裁机构都无权受理没有仲裁协议的案件，这是仲裁的基本原则。

3. 可排除法院对于争议案件的管辖权。世界上绝大多数国家的法律都规定法院不受理争议双方订有仲裁协议的争议案件。

上述三个方面的作用是互相联系，不可分割的。其中排除法院的管辖权是最重要的一个方面。

（二）仲裁协议的形式

仲裁协议必须是书面的，它有两种形式：

1. 合同中的仲裁条款，是指在争议发生之前，合同当事人双方在买卖合同或其他经济合同中订立的仲裁条款。

2. 提交仲裁协议，是指在争议发生之后，双方当事人订立的提交仲裁的协议。此种协议既可以是双方以正式书面文件形式订立的，也可以是通过来往函件、电报或电传达成的协议。如为传真，应补正本书面协议。

以上两种形式具有同等的法律效力。

我国仲裁规则确认了仲裁协议的独立性，明确规定，合同中的仲裁条款应视为与合同其他条款分离地、独立地存在的条款，附属于合同的仲裁协议也应视为与合同其他条款分离地、独立地存在的一个部分；合同的变更、解除、终止、失效或无效以及存在与否，均不影响仲裁条款或仲裁协议的效力。

三、仲裁程序

（一）仲裁申请

申诉人必须向仲裁机构提交仲裁申请书。仲裁申请书应当写明：申诉人和被诉人名称、地址；申诉人所依据的仲裁协议；申诉人的要求及所依据的事实和证据。仲裁申请书应由申诉人或申诉人授权的代理人签名。

申诉人向仲裁委员会提交仲裁申请书时，应当附具申诉人要求所依据的事实的证明文件。在向仲裁机构提交申请书的同时，应在仲裁委员会仲裁员名册中指定一名仲裁员，或者委托仲裁委员会主席指定，申诉人应按照仲裁规则的规定预交仲裁费。

仲裁委员会收到仲裁申请书及其附件后，经过审查认为申诉人申请仲裁的手续完备，应将申诉人的仲裁申请书及其附件，连同仲裁委员会的仲裁规则和仲裁员名册各一份，寄送给被诉人。被诉人应当在收到仲裁申请书之日起 20 日内在仲裁委员会仲裁员名册中指定一名仲裁员，或者委托仲裁委员会主席指定，并应在收到仲裁申请书之日起 45 日内向仲裁委员会提交答辩书及有关证明文件。

（二）答辩和反诉

被诉人对仲裁委员会已经受理的案件，在收到申诉人的申请书后应根据申请书提出的问题一一进行答辩，并附上有关证据材料。如被诉人有反诉，应当在收到仲裁申请书之日起 45 日内提出。被诉人应在反诉书中写明其要求及所依据的事实和证据，并附具有关的证明文件，被诉人提出反诉时，应当按照仲裁规则的规定预缴仲裁费用。

当事人向仲裁委员会提交申请书、答辩书、反诉书和有关证明材料以及其他文件，应当按照对方当事人和组成仲裁庭的仲裁员人数，备具副本。当事人可以委托代理人向仲裁委员会办理有关仲裁事项。代理人可以由中国或者外国的公民担任。接受委托的代理人应当向仲裁委员会提交授权委托书。

（三）组成仲裁庭

根据国际上的习惯做法，一般允许双方当事人在仲裁协议中规定仲裁员的人数和指定方式组成仲裁庭，进行审理。如协议无规定，则按有关国家的仲裁法或仲裁机构的程序规则组成仲裁庭，如我国《仲裁法》规定仲裁庭可以由3名仲裁员或1名仲裁员组成。由3名仲裁员组成的设首席仲裁员。

（四）审　理

仲裁审理的过程一般包括开庭、收集和审查证据或询问证人，如有必要还要采取"保全措施"，即对有关当事人的财产采用扣押等临时性强制措施。

仲裁庭审理案件的方式有书面审理和开庭审理两种。在我国一般用开庭审理的方式，即由仲裁庭召集全体仲裁员、当事人双方和有关人士，听取当事人申诉、辩论，调查案件事实、调解，直至做出裁决的审理活动。

（五）裁　决

仲裁庭经过审理后对争议案件做出处理。这是仲裁程序的最后一个步骤。裁决做出后，审理程序即告结束。

四、合同中的仲裁条款

（一）仲裁地点的选择

仲裁地点是仲裁条款中最重要的内容之一，也是双方达成仲裁条款时争议的焦点，因为仲裁地点与仲裁所适用规则有关，一般情况下，在哪个国家仲裁，往往就适用哪个国家的仲裁规则。

仲裁地点的选择通常有三种：①在外国；②在本国；③在第三国。一般来说，当事人总是首先争取在本国仲裁，其次是在被告国仲裁，最后是在双方同意的第三国仲裁。

（二）仲裁机构的选择

在签订仲裁条款时，应订明仲裁机构的名称。如在我国仲裁，为避免另一方利用名称做文章，现行《仲裁规则》第79条专门就此做了规定：仲裁协议或合同中的仲裁条款订明由仲裁委员会或其分会仲裁或由其旧名称的中国国际贸易促进委员会、对外贸易仲裁委员会或对外经济贸易仲裁委员会仲裁的,均视为双方当事人一致同意由仲裁委员会或其分会仲裁。如在外国仲裁机构仲裁,更应谨慎,务求仲裁条款详细、具体。在仲裁条款中必须写明在国外的常设机构仲裁,并写明仲裁机构的全称,避免不必要的麻烦。

（三）仲裁程序的选择

在国际商事仲裁中,选择某一国的仲裁机构,不一定使用该国关于仲裁程序的规定,当事人可以在国际通行的仲裁程序当中任意选择一个加以适用。如无事先约定,则适用审理地法律,即在哪个国家仲裁,适用哪个国家的仲裁法规。

（四）仲裁裁决的效力

各国的仲裁规则均规定仲裁裁决是终局的,即一经提交仲裁,双方当事人自愿放弃上诉法院的权力,仲裁裁决对双方均有约束力。

（五）仲裁费用的负担

通常在仲裁条款中明确规定仲裁费用由谁负担。一般规定由败诉方承担,也可规定由仲裁庭酌情裁定。仲裁的费用,一般按争议价值的 $0.1\%\sim1\%$ 收取。

（六）仲裁条款的格式

仲裁条款的格式通常有三种:

1. 规定在中国仲裁的条款格式

在中国仲裁,不仅地理位置近、方便,可以节省许多费用,而且我方对本国法律比较熟悉,对仲裁比较放心。例如:凡因执行本合同所发生的或与本合同有关的一切争议,双方应通过友好协商解决。如果协商不能解决时,应提交中国国际经济贸易仲裁委员会根据该会仲裁规则进行仲裁。仲裁裁决是终局的,对双方都有约束力。

2. 规定在被告所在国仲裁的条款格式

如果对方不同意规定在中国仲裁,则可争取规定在被告方所在国仲裁。因为在我国的出口贸易中,卖方成为被告方的可能性较大,这实际上有 50% 以上的可能性在中国仲裁。例如:凡因执行本合同所发生的或与本合同有关的一切争议,应由签订合同的双方友好协商解决。如果通过协商不能解决时，应将案件提交仲裁。仲裁在被告方所在国进行。如果在中国，则由中国国际经济贸易仲裁委员会根据该会的仲裁规则进行仲裁。如果在××（国家或地区），则由××（仲裁机构）根据该仲裁机构的仲裁程序规则进行仲裁。仲裁裁决是终局的，对双方都有约束力。

3. 规定在双方同意的第三国仲裁的条款格式

如果在中国仲裁和在被告国仲裁双方均不同意时，可选择在第三国仲裁。但第三国必须是双方都同意的，必须不是中国的敌对国家，而应是中国的友好国家，最低应是中立国家，以免将来做出对我方不公正的裁决。例如：凡因执行本合同所发生的或与本合同有关的一切争议，应由双方通过友好协商解决。如果经过协商不能解决，应将案件提交××（某国某地仲裁机构）根据该机构的仲裁程序规则进行仲裁。仲裁裁决是终局的，对双方都有约束力。

第四章 国际贸易合同的磋商与订立

第一节 合同的磋商

一、合同磋商的方式、含义、形式和内容

（一）合同磋商的方式

商品交易磋商的方式有两种：

1. 客户直接面谈，如在交易会上洽谈；

2. 双方通过信件、电报、电传、网络等工具进行洽谈。

（二）合同磋商的含义及形式

合同磋商又称交易磋商，是买卖双方就买卖某种货物的各项交易条件进行洽商，以求最后达成协议、签订合同的过程。一旦交易双方通过磋商对各项交易条件达成一致意见，合同即告成立，对双方都具有约束力。因此，合同磋商直接关系到交易双方能否顺利履行合同，关系到双方的经济效益，是进出口业务中最重要的环节之一。

合同磋商分为三种形式。第一种是口头形式，即贸易双方面对面进行洽商或通过电话进行洽商。第二种是书面形式，即贸易双方通过来往的信函、电报、电传、传真或被称之为无纸贸易的电子数据交换方式进行洽商。从表面形式上看，无纸贸易并未采用书面形式，但是，它能够根据需要转换成书面形式。第三种是行为形式，即通过行为进行交易磋商，最典型的例子就是在市场上进行拍卖或者购物。

（三）合同磋商的内容

合同磋商的内容，即订立贸易合同条款的内容，又称交易条件。交易条件通常分为：个别交易条件和一般交易条件。个别交易条件是主要的交易条件，其变动性大，即每一笔交易都可能发生变化，如品质、数量、包装、价

格、交货的时间与地点以及货款支付方式等。与之相反，一般交易条件的变动性小，相对较为固定，如商品检验的时间、地点与方法、索赔、仲裁和不可抗力等。在实际业务谈判中，对上述条款并非逐条进行协商，只就主要条款磋商即可。因为就某些商品和某些客户来说，由于已形成长期的贸易习惯，为了节约时间和费用，一般性的交易条件就没有必要一一列出。对于新客户，则应将我方印有一般交易的合同格式交给对方，如果对方接受，这些条件就可以成为今后进行交易的基础；如果对方提出异议，则也可重新商定。但无论新老客户，关于成交商品的质量、数量、价格、货款支付方式和交货期都是主要的合同磋商内容。

二、合同磋商的一般程序

在国际货物买卖合同商定过程中，一般包括询盘、发盘、还盘和接受四个环节，其中发盘和接受是达成交易、合同成立不可缺少的两个基本环节和必经的法律步骤。

（一）询　盘

询盘是准备购买或出售商品的人向潜在的供货人或买主探询该商品的成交条件或交易的可能性的业务行为，它不具有法律上的约束力。

询盘的内容可以涉及某种商品的品质、规格、数量、包装、价格和装运等成交条件，也可以索取样品，其中多数是询问成交价格，因此在实际业务中，也有人把询盘称做询价。如果发出询盘的一方，只是想探询价格，并希望对方开出估价单，则对方根据询价要求所开出的估价单，只是参考价格，它并不是正式的报价，因而也不具备发盘的条件。

在国际贸易业务中，发出询盘的目的，除了探询价格或有关交易条件外，有时还表达了与对方进行交易的愿望，希望对方接到询盘后及时做出发盘，以便考虑接受与否。这种询盘实际上属于邀请发盘。邀请发盘是当事人订立合同的准备行为，其目的在于使对方发盘，询盘本身并不构成发盘。

询盘不是每笔交易必经的程序，如交易双方彼此都了解情况，不需要向对方探询成交条件或交易的可能性，则不必使用询盘，可直接向对方做出发盘。

（二）发　　盘

1. 发盘的含义及性质

发盘是指买卖双方的一方向对方提出各项交易条件，并愿按照这些条件与对方达成交易、订立合同的一种肯定的表示。

发盘既是商业行为，又是法律行为，在合同法中称之为要约。一项发盘发出后，对发盘人便产生法律上的约束力，如果对方完全同意发盘内容，并按时答复，则双方合同关系成立交易亦达成。

《联合国国际货物销售合同公约》（以下简称《公约》）对发盘的含义及性质有严格的规定。《公约》规定"向一个或一个以上的特定的人提出订立合同的建议，如果十分确定，并且表明发盘人在得到接受时承受约束的意旨，即构成发盘。一个建议如果写明货物并且明示或暗示地规定数量和价格或规定如何确定数量和价格，即为十分确定"（第 14 条第 1 款）。《公约》还规定，凡不完全符合上列规定的，不能视为发盘，而只能起邀请对方发盘的作用。

2. 发盘的形式

在实际业务中，发盘大多是由卖方提出，但在少数情况下，也可能是由买方提出，这种由买方提出的发盘称为递盘。

3. 发盘的构成条件

（1）发盘要有特定的受盘人。受盘人可以是一个人，也可以是一个以上的人，可以是自然人，也可以是法人，但必须特定化，而不能是泛指广大的公众。因此，一方在报刊杂志上或电视广播中做商业广告，即使内容明确完整，由于没有特定的受盘人，也不能构成有效的发盘，而只能看做是邀请发盘。

（2）表明承受约束的意旨。一项发盘必须明确表示或默示表明当受盘人做出接受时发盘人承受约束的意旨。即承担按发盘的条件与受盘人订立合同的责任。这种意旨有时可以从发盘所用的有关术语加以表明。如说明是"发盘"、"发实盘"、"实盘"、"递盘"、"递实盘"、"订购"或"订货"等字样时，就表示了发盘人肯定订约的意旨。但是否使用上述词句，并不是辨别对方是否具有"得到接受时承受约束的意旨"的唯一依据。有时上述意旨也可以默示地表明，那就要分析对方所做出的表示的整个内容，考虑与该发盘有关的一切情况、当事人确立的习惯做法以及当事人随后的行为。

（3）交易条件必须十分确定。发盘中的交易条件，特别是主要交易条件必须确定。这样在它被受盘人接受时，合同才能成立。

（4）送达受盘人。《联合国国际货物销售合同公约》第15条规定："发盘于送达受盘人时生效"。就是说发盘虽已发出，但在到达受盘人之前并不产生对发盘人的约束力，即使受盘人已由某一途径获悉该发盘，也不能接受该发盘。所谓"送达"对方，是指将发盘的内容通知对方或送交对方来人，或其营业地或通信地址。

发盘在未被送达受盘人之前，如果发盘人改变主意，可以撤回发盘，即使发盘是不可撤销的，或者明确规定了发盘的有效期。如果发盘人做到：撤回通知在发盘送达受盘人之前或在送达受盘人的同时送达发盘人处，即可阻止发盘生效。

必须同时具备以上四项条件，才能构成法律上有效的发盘。否则，都不能构成有效发盘，对发盘人是没有约束力的。

4. 发盘的有效期

凡是发盘都有有效期。发盘的有效期是指发盘供受盘人接受的期限，也是发盘人对发盘承受约束的期限。有效期有两种规定方法：

（1）在发盘中明确规定有效期。在实际业务中，常见的明确规定发盘有效期的方法主要有：第一，规定最迟接受的期限。例如："发盘有效期至10日"。由于国际贸易是在不同国家的商人之间进行的，两国间往往有时差，因此发盘中应明确以何方的时间为准。在实际业务中，发盘人大都在发盘中规定以本方时间为准，也就是以发盘人所在地时间为准。第二，规定一段接受的期限。例如："发盘有效期三天……"这种方法存在一个如何计算"一段接受期间"的起讫问题，对此《公约》做出了规定，即以电报表示发盘的，从电报交到邮电局时起算。以信件表示发盘的，以信内载明的发信日期起算。如信内未载明日期，则以信封上邮戳的日期起算。以电话、电传或其他可立即传到对方的方式发盘的，从发盘到达受盘人时起算。在所规定的一段时期内，在受盘人所在地如遇假日或非营业日也应包括在内。但如该段有效期的最后一天恰逢发盘人所在地的假日或非营业日，受盘人的接受不能送达发盘人的地址时，则此段期限顺延至下一个营业日。

（2）发盘中不明确规定有效期。例如："发盘……复"；"发盘……电复"；"发盘……速复"。在这些发盘中，没有明确有效期，此种表示方法被称为在合理时间内有效，而合理时间究竟有多长，各国法律并无明确规定，要依据发盘的方式、货物的行情等因素去掌握。因此，我们在对外发盘时，一般采用明确具体有效期的方式，不采用不明确规定有效期的方式，以避免造成麻烦或损失。

5. 发盘的撤回与撤销

撤回是指一项发盘在尚未送达受盘人之前亦即尚未生效之前，由发盘人将其取消。"撤销"则是指一项发盘在已经送达受盘人之后亦即已开始生效之后，由发盘人将其取消。根据《公约》第 15 条第 2 款的规定："一项发盘，即使是不可撤销的，得予撤回，如果撤回通知于发盘送达受盘人之前或同时到达受盘人。"即发盘是可以撤回的，只要发盘人以更快捷的通信方式使撤回通知早于或同时于发盘到达受盘人。

至于发盘的撤销问题，各国合同法的规定有较大分歧。英美法系国家的法律认为，发盘一般在被接受前的任何时候得以撤销。英国法律规定，只有经受盘人付出某种对价要求发盘人在一定有效期内保证不撤销的发盘属于例外。美国《统一商法典》规定：凡是由商人以书面形式做成的发盘，在规定的有效期内不得撤销，未规定有效期的发盘在合理时间内不得撤销，但无论如何不超过三个月。

但是，大陆法系国家的法律认为：发盘在有效期内不得撤销。《德国民法典》明文规定：订有具体有效期的发盘，在有效期内不得撤销；未规定具体有效期的发盘，按通常情况在可望得到答复以前不得撤销。

《公约》协调和折中了各国法律的不同规定，在第 16 条中规定：

（1）在未订立合同之前，如果撤销的通知于受盘人发出接受通知之前送达受盘人，发盘可以撤销。

（2）但在下列情况下，发盘不得撤销：发盘中写明了发盘的有效期或以其他方式表明发盘是不可撤销的；或受盘人有理由信赖该发盘是不可撤销的，而且已本着对该发盘的信赖行事。

6. 发盘的失效

发盘在被接受之前并不产生法律效力，并可在一定条件下于任何时候被终止。发盘在下列四种情况下失效：

（1）在有效期内未被接受而过期。明确规定有效期的发盘，在有效期内如未被受盘人接受即失效；未明确规定有效期的发盘，在合理时间内未被接受亦失效。

（2）受盘人表示拒绝或还盘。只要受盘人对发盘表示拒绝或还盘，虽然规定的有效期尚未满期，发盘也告失效。

（3）发盘人对发盘依法撤回或撤销。

（4）法律的实施。发盘还可因法律的实施而终止。例如，发盘可由于发盘人或受盘人在发盘被接受前变得丧失行为能力（如死亡或精神失常），或因特定标的物的毁灭而失效。如在发盘人发盘后，政府宣告发盘中的商品禁止进口或禁止出口，该发盘即因进口或出口禁令的实施而终止有效。

（三）还　盘

还盘，又称还价，是受盘人对发盘内容不完全同意而提出修改或变更的表示。还盘既是受盘人对发盘的拒绝，也是受盘人以发盘人的地位所提出的新发盘。一方的发盘经对方还盘以后即失去效力，除非得到原发盘人同意，受盘人不得在还盘后反悔，再接受原发盘。

对还盘做再还盘，实际上是对新发盘的还盘。一方发盘，另一方如对其内容不同意，可以进行还盘。同样，一方的还盘，另一方如对其内容不同意，也可以再进行还盘。一笔交易有时不经过还盘即可达成，有时要经过还盘，甚至往返多次的还盘才能达成。

还盘不仅可以对商品价格，也可以对交易的其他条件提出意见。在还盘时，对双方已经同意的条件一般无须重复列出。进行还盘时，可用"还盘"术语，但一般仅将不同条件的内容通知对方，即意味着还盘。

（四）接　受

1. 接受的含义

接受是指受盘人接到对方的发盘或还盘后，同意对方提出的条件，并愿按这些条件与对方达成交易、订立合同的一种肯定的表示。这在法律上称为承诺，接受如同发盘一样，既属于商业行为，也属于法律行为。

一方的要约或反要约经另一方接受，交易即告达成，合同即告订立，合同双方均应承担各自的义务。表示接受，一般用"接受"、"同意"、"确认"

等术语。

2. 接受的构成要件

构成一项有效的接受，必须具备以下条件：

（1）接受必须由受盘人做出。这一条件与发盘第一个条件是相呼应的。发盘必须向特定的人发出，发盘的约束力，是约束发盘人对特定的受盘人而不是对任何其他人承担义务，即表示发盘人愿意按发盘的条件与受盘人订立合同，但并不表示其愿意按这些条件与其他任何人订立合同。因此，接受也只能由受盘人做出，才具有效力，其他任何人对发盘表示同意，不能导致合同成立，不能构成接受。

（2）接受必须表示出来。表示接受，必须以口头或书面的声明向发盘人明确表示出来，另外，还可以用行为表示接受。缄默或不行动，即不做任何方式的表示，不能构成接受。

根据《公约》规定，声明可以是书面的，也可以是口头的。一般来说，发盘人如果以口头发盘，受盘人即以口头表示接受；发盘人如果以书面形式发盘，受盘人也以书面形式来表示接受。在业务实践中，受盘人还可以以其他行为表示接受。《公约》第 18 条第 3 款对此做了说明："如果根据该项发盘或依照当事人之间确立的习惯做法或惯例，受盘人可以做出某种行为，例如用发运货物或支付价款有关的行为来表示同意，而无须向发盘人发出通知，则该接受于该行为做出时生效，但该行为必须在上一款规定的期间内。"根据这一规定，受盘人可以用发货或付款有关的行为表示对发盘的接受，而不向发盘人发出接受通知。用这种行为表示的接受，构成有效接受。比如，一进口商向一出口商发盘，由于发盘内容明确，所列条件又符合出口商的要求，其接到发盘后，马上就把货物装运出去。或者买方同意卖方在发盘中提出的交易条件并随即支付货款或开出信用证。这些做法就是属于用行为表示接受。

（3）接受必须在发盘规定的时效内做出。当发盘规定了接受的时限时，受盘人必须在发盘规定的时限内做出接受，方为有效。如发盘没有规定接受的时限，则受盘人应在合理时间内表示接受。

（4）接受通知的传递方式应符合发盘的要求。发盘人发盘时，有的具体规定接受通知的传递方式，也有未做规定的。如发盘没有规定传递方式，则受盘人可按发盘所采用的，或采用比其更快的传递方式将接受通知送达发盘人。需要强调说明的是，接受通知在规定期限内到达发盘人，对于合同的成立具有重要作用。因此，各国法律通常都对接受到达发盘人的期限做出了规定。我国《合同法》第23条也对此作了明确规定，即：承诺应当在要约确定的期限内到达要约人。要约没有确定承诺期限的，承诺应依照下列规定履行：（1）要约以对话方式做出的，应当及时做出承诺，但当事人另有约定的除外；（2）要约以非对话方式做出的，承诺应在合理期限内到达。

3. 逾期接受

如果接受通知超过发盘规定的有效期限，或发盘未具体规定有效期限而超过合理时间才传达到发盘人，这就成为一项逾期接受，或称迟到的接受。对于这种迟到的接受，发盘人不受其约束，不具有法律效力。但也有例外的情况，《公约》第21条第1款规定："逾期接受仍有接受的效力，如果发人毫不迟延地用口头或书面将此种意见通知被发价人。"《公约》第21条第2款规定："如果载有逾期接受的信件或其他书面文件表明，它是在传递正常、能及时送达发价人的情况下寄发的，则该项逾期接受具有接受的效力，除非发价人毫不迟延地用口头或书面形式通知被发价人：他认为他的发价已经失效。"按《公约》规定，如果发盘人于收到逾期接受后，毫不迟延地通知受盘人，确认其为有效，则该逾期接受仍有接受的效力。另一种情况是，一项逾期接受，从它使用的信件或其他书面文件表明，在传递正常的情况下，本能及时送达发盘人，由于出现传递不正常的情况而造成延误，这种逾期接受仍可被认为是有效的，除非发盘人毫不迟延地用口头或书面形式通知受盘人，表示他的发盘已经失效。

4. 接受的撤回

接受的撤回，是指在接受生效之前将接受予以撤回，以阻止其生效。《公约》规定："接受得以撤回，如果撤回通知先于接受生效之前或同时送达发盘人"。根据这一规定，受盘人发出接受之后，如想反悔，可撤回其接受，但必须采取比接受更加快速的传递方式，将撤回通知赶在接受通知之前送达发盘人，或者最迟与接受同时送达发盘人，才能撤回。如果撤回通知迟于接受送达发盘人，就不能撤回了。因为接受通知一经到达发盘人，立即生效。而接受通知生效后，就不存在撤回的问题了，而是属于能否撤销的问题。因为接受一经生效，合同成立，如要撤销接受，属于毁约行为，将按违约处理。

英美法系国家遵循投邮原则，自然没有撤回问题，因为按其法律规定，接受一发出就已生效，合同就已成立。这里应该指出的是接受抵达受盘人时已经生效，因而不存在撤回问题。

第二节　合同的订立

一、签订书面合同的意义

合同磋商的方式不一样，签订书面合同的意义也不一样，但不论采用哪种方式进行交易磋商，签订书面合同都有一定的实际意义。

（一）签订书面合同

它是合同成立的依据。贸易合同表明了买卖双方之间的经济关系，同时也体现了双方的法律关系。当一方违约或拒不履约时，另一方依法要求违约方继续履约或赔偿损失时，必须提供双方具有法律关系的证据。如果是通过函电方式进行磋商的，合同成立的依据就是这些函电本身。但如果是口头面谈成交，倘若没有正规的书面合同，就难以提供合同成立的证据，就无法得到法律的保护。所以，一般都要"立字为据"，签订书面合同。

（二）签订书面合同

它是合同生效的条件。一般情况下，合同的生效是以接受的生效为条件的。但在有些情况下，签订书面合同却成为合同生效的条件。《中华人民共和国涉外经济合同法》规定："通过信件、电报、电传达成协议，如一方当事人要求签订确认书的，签订确认书时，方为合同成立"。这时签订确认书就成为合同生效的条件。同时该法又规定："中华人民共和国法律、行政法规规定应由国家批准的合同，获得批准时，方为合同成立。"凡经政府批准的合同，也必须是具有一定格式的正式书面合同。

（三）签订书面合同

它是履行合同的依据。在国际贸易中，进出口合同的履行涉及企业内外众多部门，过程也很复杂。如是口头合同，几乎无法履行。即使通过信件、电报达成的交易，如不将分散于多份函电中的双方协商一致的条件，集中归纳到一份书面合同上来，也将难以得到准确的履行。所以，不论通过口头或是书面形式磋商达成的交易，必须把协商一致的交易条件综合起来，全面、清楚地列明在一份有一定格式的书面合同上，这对进一步明确双方的权利和义务，以及为合同的准确履行提供更好的依据具有重要意义。

二、书面合同的形式

国际上对货物销售合同的书面形式，没有特定的格式和限制，既有正式的合同、确认书，也有协议、备忘录等形式，此外，还有订单和委托订购单等。

在我国出口业务中，书面合同主要采用两种形式：一种是条款较完备、内容较全面的正式合同，如销售合同以及出口合同；另一种是内容较简单的简式合同，如销售确认书。

（一）出口合同

出口合同的内容比较全面，除商品的名称、规格、包装、数量、单价、装运港和目的港、交货期、付款方式、运输标识、商品检验等条款外，还有异议索赔、仲裁、不可抗力等条款。它的特点在于：内容比较全面，对双方的权利和义务以及发生争议后如何处理，均有详细的规定。签订这种形式的合同，对于明确双方的责任，避免争议的发生都是有利的。因此，对大宗商品或成交金额较大的交易，一般应采用这种合同形式。

（二）销售确认书

销售确认书属于一种简式合同，它的内容一般包括：商品名称、规格、包装、数量、单价、交货期、装运港和目的港、付款方式、运输标识、商品检验等项条款。对于异议索赔、仲裁、不可抗力等条款，一般都不予列入。这种格式的合同，适用于金额不大，批数较多的土特产品和轻工产品，或者已订有代理、包销等长期协议的交易。

上述两种形式的合同，虽然在格式、条款项目和内容的繁简上有所不同，但在法律上具有同等效力，对买卖双方均有约束力。

在我国对外贸易业务中，合同或确认书通常都制作一式两份，由双方合法代表分别签字后各执一份，作为合同订立的证据和履行合同的依据。

三、书面合同的内容

（一）约 首

约首是合同的开头部分，主要包括以下几方面的内容：

1. 合同名称：如售货合同、FOB 合同、购货确认书等。

2. 合同编号：书面合同制作方自己的编号或交易会期间的统一编号。

3. 缔约日期：即成交日期。

4. 缔约地点：一般为制作书面合同的地点。

5. 缔约双方的名称和地址：双方当事人的全称和详细通信地址。

6. 序言：如"经买卖双方同意，由买方购进、卖方出售下列货物，并按下列条款签订本合同"等类似文句。

（二）约 文

约文是合同的正文，也是合同的主体，规定了双方的权利和义务，包括合同的各项交易条款，如商品名称、品质规格、数量、包装、单价和总值、交货期限、支付条款、保险条款、检验条款、异议索赔条款、不可抗力和仲裁条款等，以及根据不同商品和不同的交易情况加列的其他条款，如保值条款、溢短装条款和合同适用的法律等。

（三）约 尾

约尾是指合同的结尾部分，主要有合同文字的效力、合同份数、授权代表签字等内容。

一项贸易合同一般用两种文字来表示，合同中要明确以何种文字为依据，或明确规定两种文字是具有同等效力。一般情况下，合同要有两份正本，各执一份，并据以执行，有时也规定副本的份数。

正规书面合同的最末端是双方法人代表的签字或盖章，一般都应签署全名。

第三节　电子商务

目前国际间通过电子计算机系统交换信息、磋商交易、订立合同、传递单据的行为不断增多，各口岸执法部门也都实行了电子执法系统，这对传统的商贸法律提出了诸多挑战。通过电子计算机系统交换的数据电文能否和传统的书面文件同样得到法律的承认，这是开展国际贸易"无纸操作"必须解决的问题。为此，联合国国际贸易法委员会于 1991 年决定进行电子商务领域的立法工作。经过大约 5 年的努力，在 1996 年 6 月 14 日联合国国际贸易法委员会第 29 届年会上通过了《电子商业示范法》。该示范法允许贸易双方通过电子手段传递信息、签订买卖合同和进行货物所有权的转让。这样，以往不具法律效力的数据电文将和书面文件一样得到法律的承认。

根据《电子商业示范法》的规定，商业包括一切契约性和非契约性的商业性质的关系所引起的种种事项。商业性质的关系包括但不限于下列交易：供应或交换货物或服务的任何贸易交易；分销协议；商业代表或代理；客账代理；租赁；工厂建造；咨询；工程设计；许可贸易；投资；融资；银行业务；保险；开发协议或特许；合营或其他形式的工业或商业合作；空中、海上、铁路或公路的客货运输。数据电文是指由电子手段、光学手段或类似手段生成、储存或传递的信息，这些手段包括但不限于电子数据交换、电子邮件、电报、电传或传真。电子数据交换（EDI）是指电子计算机之间使用某种商定标准来规定信息结构的信息电子传输。该法明确规定：采用数据电文形式的信息具有法律效力、有效性和可执行性。如法律要求信息需采用书面形式，假若一项数据电文所含信息可以调取以备日后查用，即满足了该项要求。在任何法律诉讼中，以数据电文形式表现的信息可被接受作为证据，也即具有证据力。

上述电子商业法还对合同的订立和有效性做出如下规定：就合同的订立而言，除非当事各方另有协议，一项要约以及对要约的承诺均可通过数据电文的手段表示。如使用了一项数据电文来订立合同，则不得仅仅以使用了数据电文为理由而否定该合同的有效性或可执性。据此规定并结合以上关于数据电文符合法律上采用书面形式的要求，可以认为通过以数据电文交换而订立的合同，属于法律上所要求的书面合同的性质。

随着电子计算机通信技术在国际贸易领域中的广泛应用，联合国国际贸易法委员会也已着手对数据电文的法律有效性进行立法。因此，我国应在国际贸易实际工作中，进一步推行电子数据通信，逐步实现贸易"无纸化"操作。

第五章　国际贸易合同的履行

我国对外签订的出口合同，大多数是按 FOB、CIF 或 CFR 成交，并按信用证支付方式收款。履行此类出口合同，涉及面广，工作环节多，手续复杂。为了最大限度地提高履约率，外贸各公司必须加强与有关部门的协作与配合，并且以货、证、船、款为中心，科学地安排合同的履约过程，尽量避免出现脱节情况，做到环环紧扣，井然有序。

履行出口合同的程序，一般包括备货、催证、审证、改证、租船订舱、报关、报验、保险、装船、制单、结汇等工作环节。这些工作可概括为：货（备货）、证（催证、审证、改证）、船（租船订舱、装船）、款（制单、结汇）四个环节，下面介绍履行出口合同的程序。

第一节　备　货

备货是指在订立合同之后，卖方为保证按时、按质、按量完成合同的交货义务，卖方按合同和信用证的要求，进行准备货物的工作。备货工作的内容，主要包括：筹备相应配套资金，按要求向生产、加工或仓储部门组织货源或催交货物，核实货物的加工、整理、包装和刷唛情况，并对货物进行验收和清点。

一、配套资金

从配套资金的来源方式划分，大致有以下四种情况。

（一）自有资金

多年经营出口业务的外贸公司，已建立一套生产、加工、仓储和运输体系，它们往往把自己拥有的资金，预付给生产、加工等部门。生产或加工部门按外贸公司的要求进行生产、加工，并按时将货物运往指定仓库。有时外贸出口公司也要求生产部门或供货部门先生产、加工，并将货物按时运往指定仓库，然后，外贸公司凭仓单向它们付款。

预付资金的好处是，供货部门可以随时在当地收购现货，既能在有货时及时买到货物，又能取得较为有利的价格，这一点对农副产品的收购尤为重要。但预付资金也有不利的一面，因为这部分资金通常是在订立合同之前就已支出，如果供货部门把资金挪为他用，而公司已将合同签订下来，货源却没有了着落，这种情况会使外贸公司处于相当不利的境地。究竟是先预支还是后付款，要视所交货物的数量、本公司财务状况及对方的资信状况等方面而定。

（二）出口打包贷款

出口商在订立合同或接到信用证后，可以向银行申请打包贷款。银行贷款条件是要有国外开来的信用证或履约率很高的出口成交合同。出口商申请此类贷款只能逐笔申请，以信用证正本作抵押，银行经审核后发放贷款。贷款金额按信用证或合同所列商品的销售收入计算，贷款期限是从贷款之日起到贷款收妥结汇之日止，最长不超过收汇后的一个星期。

（三）贸工农联营

外贸公司同城市中小型企业或乡镇企业，在"自愿、平等、互利"的基础上，组织各种类型的联营企业。主要形式有：合资经营、合作经营、产销协议等。通过联营合作，各方的利益以外贸出口为轴形成一体化经济组织。这样，中小型企业或乡镇企业就根据合同或协议，按外贸公司的要求组织货源，安排生产、加工。

（四）代理出口

代理出口是指生产和供货部门，在独立核算、自负盈亏前提下，组织适销的产品委托对口的外贸公司负责对外成交、出运、收汇等一系列服务，外贸公司酌情向委托单位收取一定数额的手续费。如外贸公司对外签订的合同属于代理出口性质，那么组织货物所需要的资金则由委托方负责。实行这种方式出口，生产和供货部门既为外贸公司提供了稳定、可靠的货源，又不失为扩大出口的良策。

二、核查货物

在核查货物工作中，应注意下列事项：

●交付货物的品质、规格必须与合同和信用证的规定相一致。如果不一致，应进行筛选和加工、整理，直到达到要求为准。

●交付货物的数量必须符合约定的要求，而且应留有余地，以备必要时作为调换之用。如合同和信用证中规定了溢短装条款，则应满足溢短装部分的需要。

●交付货物的包装必须符合合同和信用证的条件，还要符合运输要求。为此，应对货物的内、外包装认真进行核对和检查。如发现有包装不良或破损的情况，应及时进行修整或换装。运输标识也应按合同规定或客户要求刷制。对包装上的其他各种标识是否符合要求，也应注意。

●货物备妥的时间应严格按照合同和信用证规定的交货期限，同时结合船期进行安排。为防止出现船等货的情况，在时间上，应适当留有余地，使船货更好地衔接。

三、报　验

报验是指外贸公司在货物备妥后，根据约定条件或国家规定向商品检验机构申请对出口商品进行检验。经检验合格后，商检局签发检验合格证书，海关才予以放行。

外贸公司申请报验时，应填制出口报验申请单，向商检局申请报验手续。报验申请单的内容一般包括品名、规格、数量或重量、包装、产地等。在提交申请单时，应附上合同和信用证副本等有关文件，供商检局检验和发证时作参考。

货物经检验合格后，外贸公司应在检验证书规定的有效期内将货物装运出口。一般货物从发证日起两个月内有效，鲜果、鲜蛋类两个星期内有效，植物检疫三个星期内有效。如在规定的有效期内不能装运出口，应向商检申请延期，并由商检局进行复验，复验合格后才准许出口。

第二节　催证、审证和改证

在履行以信用证方式支付货款的合同的过程中，催证、审证和修改信用证直接关系到我国对外政策的贯彻和收汇的安全，也是履行出口合同的重要工作。

一、催　证

在按信用证付款条件成交时，买方按约定的时间开证是卖方履行合同的前提条件。尤其是大宗交易或按买方要求而特制的商品交易，买方及时开证更为必要；否则，卖方无法安排生产和组织货源。

在正常情况下，买方信用证最少应在货物装运期前 15 天（有时也规定）开到卖方手中，但在实际业务中，国外客户在遇有市场发生变化或资金短缺时，往往拖延开证，因此，我们应经常检查开证情况。为使合同顺利履行，在下列几种情况下，应及时催促对方开立信用证：

●合同规定装运期限较长（如三个月），而买方应在我方装运期前一定期限（如 15 天）内开证，我们应在通知对方预计装运期时，同时催请对方按约定时间开证。

●根据我方备货和船舶情况，如果有可能提前装运时，也可与对方商量，要求其提前开证。

●国外买方未在合同规定的期限内开证，我方可向对方要求损害赔偿；或催促对方开证；或限期对方开证；或在催证同时保留索赔权。

●开证期限未到，但发现客户资信不佳，或市场情况有变，也可催促对方开证。

二、审　证

外贸公司在收到买方开来的信用证后，应对照销售合同并依据《跟单信用证统一惯例》进行审核。审证的基本原则是，信用证的内容必须与销售合同的规定相一致，否则会直接影响我方安全收汇和履行合同。

在实际业务中，经常发现国外来证内容并不完全与合同规定相符。原因是多方面的，有的是由于某些国家、地区的习惯做法往往有特殊规定，有的是因为国外客户对我国政策不了解；有的是国外客户或开证银行工作的疏忽或差错；也有的是国外客户故意玩弄手法而在信用证中加列一些不合理的条款等。因此，对国外来证，我们必须认真审核。

审核信用证是银行和外贸公司的共同职责，但它们在审核的范围和内容上各有侧重。

（一）银行审核信用证的主要内容

1. 政治性、政策性审核。在我国对外政策的指导下，对不同国家和不同地区的来证从政治上、政策上进行审核。例如，凡国家规定不准与之有经济贸易往来的国家和地区的银行开来的信用证，不能接受。凡与我国签有政府间贸易协定、支付协定的国家，有关信用证必须符合协定的规定。来证如载入歧视性或错误性或政治性条款，应要求改正。

2. 资信情况审核。对开证银行和保兑行资信情况的审核，在经济上应要求其本身资力必须与所承担的信用证义务相适应。如发现它们资信不佳，应酌情采取适当的措施。

3. 为保证安全收汇，信用证内应有明确表示保证付款的责任文句，还要审核开证行的付款责任是否加列了限制性条款或其他保留条件。

（二）外贸公司审核信用证的主要内容

外贸公司审核信用证时侧重审查信用证的内容是否与合同一致等。由于交易不同，这些项目所载内容可能会有所差异。一般而言，主要审核下列各点：

1. 审核信用证的种类

信用证种类繁多，要审查来证是可撤销的还是不可撤销的信用证。根据《跟单信用证统一惯例》第 500 号出版物的规定，信用证应明确注明是可撤销的还是不可撤销的，如无此项注明，应视为不可撤销的信用证。所以，只要来证不明确表明是可撤销的，我们就可以接受。此外，还要审查来证是保兑的还是不保兑的信用证。如保兑，被哪家银行保兑以及保兑费用由谁负担都要审核清楚。

2. 审核开证申请人和受益人

要仔细审核开证申请人的名称和地址，以防错发错运。受益人的名称和地址也必须正确无误，而且前后要一致，否则会影响收汇。例如，我方某外贸公司印就的发票、合同上的公司名称是×××Corportion，而公司的印章上却是×××Company。恰逢市场有变，国外客户利用这一字之差拖延付款，致使我方外贸公司没能及时结汇。

3. 审核信用证的金额及其采用的货币

信用证的金额应与合同金额一致，总金额的阿拉伯数字和大写数字必须一致。如合同订有溢短装条款，那么信用证金额还应包括溢短装部分的金额。来证采用的支付货币应与合同规定的货币一致。如不一致，应按中国银行外汇牌价折算成合同货币，在不低于或相当于原合同货币总金额时方可接受。

4. 审核信用证的到期地点

根据《跟单信用证统一惯例》第 500 号出版物第 42 条的规定，所有信用证均需规定一个到期日及一个付款、承兑的交单地点。对议付信用证的还须规定一个议付到期地点。由此可见，信用证的到期日可有议付到期、承兑到期和付款到期三种不同的规定方法。议付到期日是指受益人向议付银行交单要求议付的最后期限，到期地点通常在出口国。承兑或付款到期日是指受益人或通过出口地银行向开证行或信用证指定的付款银行交单要求付款或承兑的最后期限，到期地点一般在开证行或指定银行所在地。如信用证中的议付到期地点不在我国而在国外，那么有关单据必须在到期日前寄达开证银行或指定付款银行，同时我方外贸公司要承担邮递迟延、邮件遗失等风险。所以，对议付到期地点在国外的信用证，一般应提请对方修改。

5. 审核装运期和有效期

装运期是对货物装运时间的规定，原则上必须与合同规定一致。如信用证到达太晚，不能按期装运，应及时电请国外买方推迟装运期限；如由于生产或船舶等原因，不能在装运期限内装运，也可要求对方推迟装运期。信用证的有效期与装运期应有一定的合理间隔，以便在货物装船后有足够的时间进行制单结汇等工作。如信用证有效期与装运期规定在同一天，习惯上称为"双到期"，这种规定方法不十分合理，受益人应视具体情况提请对方修改。

6. 审核有关货物的记载

审核来证中有关品名、品质、规格、数量、包装、单价、金额、佣金、目的港、保险等是否与合同规定一致，有无附加特殊条款及保留条款。如指定由某轮船公司的船只载运，或要求出具装运船只的船龄不超过 15 年的证明，商业发票或产地证书须由国外的领事签证等，这些都应慎重审核，视具体情况作出是否接受或提请修改的决策。

7. 审核转船和分批装运

转船是指货物从装运港或发运地或承运人接管货物地至卸货港或目的地运输过程中，从一种运输工具转至另一种相同类型的运输工具上。货物中途转船，不仅延误时间和增加费用开支，而且还有可能出现货损货差，一般情况下，买方都不愿意对其进口的货物转运。在审核这一条款时，应注意它是否与合同的规定一致。如允许转船，还应注意在证中允许转船后面有无加列特殊限制或要求，如指定某转运地点、船名或船公司。对这些特殊限制应考虑是否有把握办到，否则，应即时通知对方改证。

分批装运是一笔成交的货物分若干批次装运。在海运时，同一航次，同一船只在不同时间或地点分别装运，即使分别签发了若干不同内容的提单，也不作分批装运。在邮寄时，如多份邮包收据或邮寄证明，由规定发货地同一日期投寄者，也不作分批装运。通过铁路、航空或其他方式运输时，若多份运输单据由同一承运人或其代理人出具，并且表明同一出单日期、同一发运地或接管地和同一目的地者，也不作为分批装运。如合同中规定分批、定期、定量装运，那么在审核来证时，应注意每批装运的时间是否留有适当的间隔。因为按照惯例，若任何一批未按期装运，则信用证的本批和以后各批均告失效，所以审证时，应认真对待。

8. 来证规定开立汇票的内容

来证规定开立汇票的内容如即期、远期等应与合同中支付条款的规定相符。

9. 装运单据

要仔细审核来证要求提供的单据种类、份数及填制方法等，如发现有不适当的要求和规定，应酌情作出适当处理。

10. 特殊条款

审查来证中有无与合同中不符的其他特殊条款，如发现有对我方不利的附加特殊条款，一般不应接受。如该条款没有对我方不利之处，而且也能办到，则可灵活掌握。

以上是审证过程中需要注意的几个主要方面，在实际工作中，可能还会遇到各种各样意想不到的问题。如果认真仔细地逐条审核来证条款之后，仍有把握不住的内容，一定要向经验丰富的业务人员及有关方面的专家、教授咨询。因为任何疏漏都有可能影响到安全结汇。

三、改　证

对信用证进行全面细致的审核以后，如果没有发现任何问题，我们就可按信用证条款发货、装运、制单结汇。但是，审证后发现问题也是常有的事。这些问题可能会涉及包装、信用证总金额、装船期、保险乃至一些拼写方面的错误。根据问题性质的不同，就要作出不同的处理方法。一般来说，凡是属于不符合我国对外贸易方针政策，影响合同履行和安全收汇的情况，我们必须要求国外客户通过开证行进行修改；凡不违反政策原则，经过努力可以做到而又不增加太多费用的情况，可以酌情处理，或不作修改，按信用证规定发货。

修改信用证同审证一样，是保证顺利履行合同和安全迅速收汇的重要前提，所以，必须应予以足够的重视。在改证中，应注意以下几点：

●同一张信用证中，有时会发现多处地方需要修改，对此，应做到一次向国外客户提出，尽量避免由于疏忽或考虑不周而多次提出修改要求。因为，每次修改国外客户都要向开证行缴纳一定的手续费，外贸公司也要向通知行缴纳一定的修改通知费，它不仅增加了双方的手续和费用，而且对外影响不好，也影响及时履约。

●对于开证行根据客户申请发出的修改通知的内容，也要认真地进行审核，如发现修改后的内容仍不能接受时，应及时向客户声明表示拒绝，并再次提请修改。

●按《跟单信用证统一惯例》第 500 号出版物第 9 条的规定，未经开证行、保兑行以及受益人同意，不可撤销信用证既不能修改也不能撤销。如果国外客户来证后，又主动要求修改来证内容，而我方对修改内容不接受时，我们可以拒绝，但是我们应该立即发出拒绝接受修改的通知。发出该通知后，就可按原证各项条款和内容办理出运。

●按惯例的规定："对同一修改通知中的修改内容不允许部分接受，因而，对修改内容的部分接受当属无效。"国外开证行发来的修改通知中如包括两项或两项以上的内容时，我们对此通知或全部接受，或全部拒绝，不能只接受其中一部分，而拒绝另一部分。

●要求国外客户修改信用证时，为争取时间，一般都以电传通知对方，并要求对方也电改信用证。

第三节　租船、订舱和装运

当货物备妥，有关信用证经审核/修改无误后，出口合同履行即进入租船订舱和装船的阶段，在按 CFR 术语和 CIF 术语成交的情况下，外贸公司作为卖方，必须负责办理租船或订舱和装船的手续。

一、租船订舱

海洋运输的经营方式有班轮和租船两种。班轮运输是指船舶按照固定的船期，在固定的航线上，以固定的到港顺序，在各港口之间进行营运。为保证船期，提高竞争能力，班轮船舶一般设备较全、质量较高，其停靠港口均有自己的专用码头、仓库和装卸设备，并有一套专门的管理制度。此外，班轮特别适宜杂货和小额贸易货物的运输，批量小、批次多，分属不同货主的货物，只要班轮有舱位，班轮公司一般都愿意接受承运，而且从装载、运输、保管、照料直到卸载，都对货物的安全管理负责。因此，当出口货物的数量不大，不需要整船装运时，可以安排以班轮运输方式进行运输。

租船运输与班轮运输不同，它没有预定的船期表，航线、港口、船舶按租船人和船东双方签订的租船合同规定的条款营运，运价也不固定，受租船市场供求关系的制约，船多货少时运价就低，反之就高。此外，租船人可以根据自己的需要进行程租或期租。程租以整个航程为租期，按船东与租船人双方事先约定的条件按时到达装货港口，装船后开航到目的港卸装。各种承运人以及各种代理人等有着广泛的联系和密切的关系，并在世界各地建有客户网和自己的分支机构。所以，委托货运代理人去完成一项运输业务，比外贸公司亲自去处理更为有利。

货运代理人接受货主的委托并代表货主办理有关货物的报关、报验、交接、仓储、包装、转运、订舱等业务。他们与货主之间的关系是委托和被委托的关系，在办理代理业务中，他们一方面以货主的代理人身份对货主负责，同时又以所提供的服务而收取一定的代理费。比较常见的货运代理有以下几种：

●订舱揽货代理。他们既可以代表货主向承运人办理租船订舱，又可以代表承运人向货主揽货，是承运人和托运人之间构成承托关系的媒介。

●货物装卸代理。

●货物报关代理。携合同副本、发票、装箱单等有关证件及出口货物报关等，代表货主向海关申报出口。

●转运代理。

●理货代理。

●储运代理。代表货主保管、整理货物以及对货物进行包装、提取等。集装箱代理负责办理装箱、拆箱、分拨、转运以及集装箱租赁、维修等业务。业务范围较大、具有实力的货运代理人可以身兼数职，而业务范围小的货运代理人则可专门办理上述一项或两项业务。

我国最大的货运代理公司是中国对外贸易运输公司（简称"中国外运"），它在国内有 50 多家分公司，400 多个基层独立核算单位和 60 多个合资合作企业；在国外建立了 20 多个独资、合资企业和 10 多个代表处，并在 150 多个国家和地区的数百个港口或内陆城市有其代理。庞大的全球网络、雄厚的实力使中国外运成为我国经贸系统所属各进出口公司的货运总代理，同时也是许多新成立的工贸公司、技贸公司、地方贸易公司的货运代理。

目前，我国的货运代理市场竞争相当激烈，其中，中国远洋运输总公司的业务与中国外运交叉经营，而且一批新的国际货运代理企业（包括部分外商投资企业）也陆续成立，并已发展到 200 多家。货主还可以委托租船经纪人在国内外租船市场代为租船订舱。

二、租船经纪人

租船经纪人又称为租船代理，他们的主要业务是按照委托人（船东或租船人）的指示要求，在市场上为委托人寻找货运对象或合适的运输船舶，从中收取佣金。除此之外，他们还向委托人提供航运市场行情、国际航运动态及有关资料，斡旋于船东和租船人之间，为他们调解纠纷，以取得公平合理的解决。中国租船公司是我国最大的一家租船代理。其受外贸公司的委托，以代理人的身份出现在国内外租船市场，为委托人洽租所需船舶的舱位。

三、租船市场

租船市场是进行租船交易的场所，在那里船东、租船人、租船经纪人聚集在一起，互通情报，提供船舶和货源，进行租船活动。租船经纪人的作用相当重要，大宗交易往往是通过他们达成的，因为他们有广泛的业务联系渠道，能向船东提供询租消息及向租船人提供船源情况，促使双方选择合适的洽租对象。国际上最大的租船市场是伦敦租船市场，其成交量约占世界总成交量的30％。纽约租船市场也相当庞大，它的船源以油船为主，成交量约占世界同类总成交量的30％以上，货船成交量居该市场第二位。

由于租船是国际性的业务活动，船东和租船人分布各地，租船市场的发展越来越多样化，因此现代租船市场并不一定要有固定的场所，只要是有船集中供租的地方，都可以成为租船市场。

四、委托中国外运租船订舱的程序

●外运公司每月定期发布出口船期表，表内列明航线、船名、国籍、抵港日期、沿途停靠港口、截止收单期、受载日期、开航日期等，供外贸公司作为租船订舱的参考。

●外贸公司根据船期表，结合货物出运要求，填写托运单，一式七份（其中第三联、第四联分别作装船单和大副收据），连同提取货物的出仓单，在截止收单期前送外运公司，作为订舱依据。

托运单是指托运人根据贸易合同和信用证条款内容填写的，向承运人或其代理人办理货物托运的单证。它又称为订舱委托书，其内容有托运人、船名、目的港、货名、标记及号码、件数、重量等，为承运人或其代理配载提供参考。

●外运公司收到托运单后，会同中国外轮代理公司或中国远洋运输公司，或中国租船公司，根据配载原则，结合船期、货物性质、货运数量、目的港等条件进行考虑，认为合适可以接受后，在托运单上签章，退回托运人一份，此时，订舱手续即告完成，运输合同成立。

●船舶和舱位确定后，外运公司将托运单一联交外轮代理公司签发装货单。装货单也称"关单"，它是船公司或其代理人在接受托运人提出的托运申请后，发给托运人或货运代理人的凭证，同时也是命令船长将单上货物装船的单证。托运人还须凭以向海关办理出口货物申报手续，海关凭以验放货物。

●出口货物数量较大，需要整船或整舱载运的，或需用专门舱位的货物，如冷藏舱、通风舱、油舱、散载舱等，应事先与外运公司洽商，以衔接装运船只。

●货物装船之后，船长或大副便签发收货单，即大副收据。托运人凭收货单向外轮代理公司交付运费并换取正本提单。收货单上如有大副批注，则在换取提单时，将该项大副批注转注在提单上。

至此，租船订舱乃至装船都已完成。如按 CIF 条件成交，外贸公司在装运前还须及时向保险公司投保。待货物装船完毕后应向买方发装船通知。

第四节　制单结汇

制单结汇是出口合同履行的最后一个重要环节。

一、结汇的做法

出口货物装船之后，进出口公司即应按照信用证的规定，正确缮制各种单据，在信用证规定的交单有效期内，递交银行办理议付结汇手续。

我国出口结汇的办法有：收妥结汇、押汇和定期结汇三种。

（一）收妥结汇

收妥结汇又称收妥付款，是指议付行收到外贸公司的出口单据后，经审查无误，将单据寄交国外付款行索取货款，待收到付款行将货款拨入议付行账户通知书（Credit Note）时，即按当时外汇牌价，折成人民币拨给外贸公司。

（二）押　汇

押汇又称买单结汇，是指议付行在审单无误的情况下，按信用证条款买入受益人（外贸公司）的汇票和单据，从票面金额中扣除从议付日到估计收到票款之日的利息，将余款按议付日外汇牌价折成人民币，拨给外贸公司。议付行向受益人垫付资金、买入跟单汇票后，即成为汇票持有人，可凭票向付款行索取票款。银行同意做出口押汇，是为了对外贸公司提供资金融通，有利于外贸公司的资金周转。

（三）定期结汇

定期结汇是议付行根据向国外付款行索偿所需时间，预先确定一个固定的结汇期限，到期后主动将票款金额折成人民币拨付给外贸公司。

开证行在审核单据与信用证完全相符后，才承担付款的责任。开证行对我们提交的单据如发现任何不符，均有拒付货款的可能。因此，我们对各种结汇单据的缮制是否正确完备，与安全迅速收汇有着十分重要的关系。

二、结汇的主要单据

对于结汇单据，要求做到"正确、完整、及时、简明、整洁"。

（一）正　确

制作的单据只有正确，才能够保证及时收汇。单据应做到两个一致，即单据与信用证一致、单据与单据一致。此外，单据与货物也应一致。这样，单据才能真实地代表货物，以免发生错装错运事故。

（二）完　整

必须按照信用证的规定提供各项单据，不能短少。单据的份数和单据本身的项目，如产地证明书的原产国别、签章、其他单据上的货物名称、数量等内容，也必须完整无缺。

（三）及　时

应在信用证的有效期内，及时将单据送交议付银行，以便银行早日寄出单据，按时收汇。此外，在货物出运之前，应尽可能将有关结汇单据送交银行预先审核。使银行有较充裕的时间来检查单证、单单之间有无差错或问题。如发现一般差错，可以提前改正，如有重大问题，也可及早由进出口公司与国外买方联系修改信用证，以免在货物出运后不能收汇。

（四）简　明

单据的内容，应按信用证要求和国际惯例填写，力求简明，切勿加列不必要的内容，以免弄巧成拙。

（五）整　洁

单据的布局要美观、大方，缮写或打印的字迹要清楚，单据表面要清洁，对更改的地方要加盖校对图章。有些单据，如提单、汇票以及其他一些单据的主要项目，如金额、件数、重量等一般不宜更改。

第六章 报关制度

第一节 报 关

一、报关的含义

国际货物的通关往往是通过运输工具、货物、物品和人员的进出境来实现的。《中华人民共和国海关法》(以下简称《海关法》)规定:"进出境运输工具、货物、物品,必须通过设立海关的地点进境或者出境。"

报关是与运输工具、货物、物品的进出境密切相关的一个概念。《海关法》中对管理相关人办理进出境等海关事务表述为"办理报关纳税手续"、"办理报关手续"、"从事报关业务"、"进行报关活动"或者直接称为"报关"。一般而言,报关是指进出口货物收发货人、进出境运输工具负责人、进出境物品的所有人或者他们的代理人向海关办理货物、物品或运输工具进出境手续及相关海关事务的过程。

在货物进出境过程中,有时需要办理报检、报验手续。报检、报验指的是按照国家有关法律、行政法规的规定,向进出口检验、检疫部门办理进出口商品检验、卫生检疫、动植物检疫和其他检验、检疫手续。在通关业务实践中,报检、报验手续的办理要先于报关手续。

二、报关的主体和对象

报关的主体是报关行为的施动者,报关的对象是报关行为的受动者,也是报关主体报关的范围。按照法律规定,所有进出境运输工具、货物、物品都需要办理报关手续。报关的具体范围如下:

(一)进出境运输工具

主要包括用以载运人员、货物、物品进出境,并在国际间运营的各种境

国际货物与通关

内或境外船舶、车辆、航空器和驮畜等。

（二）进出境货物

主要包括一般进出口货物、保税货物、暂准进出境货物、特定减免税货物、转运和通运货物及其他进出境货物。

另外，一些特殊形态的货物，如以货品为载体的软件等也属报关的范围。

（三）进出境物品

主要包括进出境的行李物品、邮递物品和其他物品。以进出境人员携带、托运等方式进出境的物品为行李物品；以邮递方式进出境的物品为邮递物品；其他物品主要包括享有外交特权和豁免的外国机构或者人员的公务用品或自用物品等。

因此，报关的主体也是进出境运输工具的负责人，进出口货物的收发货人，进出境物品的所有人或者其代理人。

三、报关的分类

（一）按照报关的对象分类

由于海关对进出境运输工具、货物、物品的监管要求各不相同，报关可分为运输工具的报关、货物的报关和物品的报关三类。其中，进出境运输工具作为货物、人员及其携带物品的进出境载体，其报关主要是向海关直接交验随附的、符合国际商业运输惯例、能反映运输工具进出境合法性及其所承运货物、物品情况的合法证件、清单和其他运输单证，其报关手续较为简单。进出境物品由于其非贸易性质，且一般限于自用、合理数量，其报关手续也很简单。进出境货物的报关就较为复杂，为此，海关根据对进出境货物的监管要求，制定了一系列报关管理规范，并要求必须由具备一定的专业知识和技能且经海关核准的专业人员代表报关单位专门办理。

（二）按照报关的目的分类

由于海关对运输工具、货物、物品的进境和出境有不同的管理要求，运输工具、货物、物品根据进境或出境的目的分别形成了进境报关手续和出境报关手续。另外，由于运输或其他方面的需要，有些海关监管货物需要办理从一个设关地点运至另一个设关地点的海关手续，在实践中产生了"转关"

的需要，转关货物也需办理相关的报关手续。

（三）按照报关的行为性质分类

进出境运输工具、货物、物品的报关是一项专业性较强的工作，尤其是进出境货物的报关比较复杂，一些运输工具负责人、进出口货物收发货人或者物品的所有人，由于经济、时间、地点等方面的原因，不能或者不愿意自行办理报关手续，而委托代理人代为报关，从而形成了自理报关和代理报关两种报关类型。我国《海关法》对接受进出境物品所有人的委托代为办理进出境物品报关手续的代理人没有特殊要求，但对于接受进出口货物收发货人的委托代为办理进出境货物报关手续的代理人则有明确的规定。因此，我们通常所称的自理报关和代理报关主要是针对进出境货物的报关而言的。

1. 自理报关

进出口货物收发货人自行办理报关业务称为自理报关。根据我国海关目前的规定，进出口货物收发货人必须依法向海关注册登记后方能办理报关业务。

2. 代理报关

代理报关是指接受进出口货物收发货人的委托，代理其办理报关业务的行为。我国海关法律把有权接受他人委托办理报关业务的企业称为报关企业。报关企业必须依法取得报关企业注册登记许可并向海关注册登记后方能从事代理报关业务。

根据代理报关法律行为责任承担者的不同，代理报关又分为直接代理报关和间接代理报关。直接代理报关是指报关企业接受委托人（即进出口货物收发货人）的委托，以委托人的名义办理报关业务的行为。间接代理报关是指报关企业接受委托人的委托以报关企业自身的名义向海关办理报关业务的行为。在直接代理中，代理人代理行为的法律后果直接作用于被代理人；而在间接代理中，报关企业应当承担与进出口货物收发货人自己报关时所应当承担的相同的法律责任。目前，我国报关企业大都采取直接代理形式代理报关，间接代理报关只适用于经营快件业务的国际货物运输代理企业。

四、报关的基本内容

（一）进出境运输工具报关的基本内容

国际贸易的交货、国际间人员往来及其携带物品的进出境，除经其他特殊运输方式外，都要通过各种运输工具的国际运输来实现。根据我国《海关法》的规定，所有进出我国关境的运输工具必须经由设有海关的港口、车站、机场、国界孔道、国际邮件互换局（交换站）及其他可办理海关业务的场所申报进出境。进出境申报是运输工具报关的主要内容。根据海关监管的要求，进出境运输工具负责人或其代理人在运输工具进入或驶离我国关境时均应如实向海关申报运输工具所载旅客人数、进出口货物数量、装卸时间等基本情况。

根据海关监管的不同要求，不同种类的运输工具报关时所需递交的单证及所要申明的具体内容也不尽相同。总的来说，运输工具进出境报关时须向海关申明的主要内容有：运输工具进出境的时间、航次；运输工具进出境时所载运货物情况，包括过境货物、转运货物、通运货物、溢短卸（装）货物的基本情况；运输工具服务人员名单及其自用物品、货币、金银情况；运输工具所载旅客情况；运输工具所载邮递物品、行李物品的情况；其他需要向海关申报清楚的情况，如由于不可抗力原因，运输工具被迫在未设关地点停泊、降落或者抛掷、装卸货物、物品等情况。除此以外，运输工具报关时还需提交运输工具从事国际合法性运输必备的相关证明文件，如船舶国籍证书、吨税证书、海关监管簿、签证簿等，必要时还需出具保证书或缴纳保证金。

进出境运输工具负责人或其代理人就以上情况向海关申报后，有时还需应海关的要求配合海关检查，经海关审核确认符合海关监管要求的，可以上下游客、装卸货物。

（二）进出境货物报关的基本内容

进出境货物的报关比较复杂。根据海关规定，进出境货物的报关业务应由依法取得报关从业资格并在海关注册的报关员办理。进出境货物的报关业务包括：按照规定如实申报进出口货物的商品编码、实际成交价格、原产地及相应优惠贸易协定代码等，并办理填制报关单、提交报关单证等与申报有关的事宜；申请办理缴纳税费和退税、补税事宜；申请办理加工贸易合同备案、变更和核销及保税监管等事宜；申请办理进出口货物减税、免税等事宜；办理进出口货物的查验、结关等事宜；办理应当由报关单位办理的其他事宜。

海关对不同性质的进出境货物规定了不同的报关程序和要求。一般来说，进出境货物报关时，报关人员要做好以下几个方面的工作：

1. 进出口货物收发货人接到运输公司或邮递公司寄交的提货通知单，或根据合同规定备齐出口货物后，应当做好向海关办理货物报关的准备工作，或者签署委托代理协议，委托报关企业向海关报关。

2. 准备好报关单证，在海关规定的报关地点和报关时限内以书面和电子数据方式向海关申报。进出口货物报关单或海关规定的其他报关单（证）是报关单位向海关申报货物情况的法律文书，报关员必须认真、规范、如实填写，并对其所填制内容的真实性和合法性负责，承担相应的法律责任。除此之外，还应准备与进出口货物直接相关的商业单证和货运单证，如发票、装箱单、提单等；属于国家限制性的进出口货物，应准备国家有关法律、法规规定实行特殊管制的证件，如进出口货物许可证等；还要准备好其他海关可能需要查阅或收取的资料、证件，如贸易合同、原产地证明等。报关单证准备完毕后，报关人员要把报关单上的数据以电子方式传送给海关，并在海关规定的时间、地点向海关递交书面报关单证。

3. 经海关对报关电子数据和书面报关单证进行审核后，在海关认为必须时，报关人员要配合海关进行货物的察验。

4. 属于应纳税、应缴费范围的进出口货物，报关单位应在海关规定的期限内缴纳进出口税费。

5. 进出口货物经海关放行后，报关单位可以安排提取或装运货物。

除了以上工作外，对于保税加工货物、减免税进口货物等，在进出境前还需办理备案申请等手续，进出境后还需在规定时间、以规定的方式向海关办理核销、结案等手续。

（三）进出境物品报关的基本内容

根据《海关法》的规定，个人携带进出境的行李物品、邮寄进出境的物品，应当以自用合理数量为限。所谓自用合理数量，对于行李物品而言，"自用"指的是进出境旅客本人自用、赠亲友而非为出售或出租，"合理数量"是指海关根据进出境旅客旅行目的和居留时间所规定的正常数量；对于邮递物品，则指的是海关对进出境邮递物品规定的征税、免税限制。自用合理数量原则是海关对进出境物品监管的基本原则，也是对进出境物品报关的基本要求。需要注意的是，对于通过随身携带或邮政渠道进出境的物品要按货物办理进出境报关手续。

1. 进出境行李物品的报关

当今世界上大多数国家的海关法律都规定对旅客进出境采用"红绿通道"制度。我国海关也采用了"红绿通道"制度。

我国海关规定，进出境旅客在向海关申报时，可以在分别以红色和绿色作为标记的两种通道中进行选择。带有绿色标识的通道适用于携运的物品在数量和价值上均不超过免税限额，且无国家限制或禁止进出境物品的旅客；带有红色标识的通道则适用于携运有上述绿色通道适用物品以外的其他物品的旅客。对于选择红色通道的旅客，必须填写《中华人民共和国海关进（出）境旅客行李物品申报单》（以下简称《申报单》）或海关规定的其他申报单证，在进出境地向海关做出书面申报。

从航空口岸进出境的旅客，除按照规定享有免验和海关免于监管的人员以及随同成人旅行的 16 周岁以下的旅客以外，均应填写《申报单》，向海关如实申报。在《申报单》申报事项中选择"否"的进出境旅客，可以选择绿色通道通关；在《申报单》申报事项中选择"是"的进出境旅客，应在《申报单》相关项目中详细填写所携物品的品名/币别、数量/金额、型号等内容，并选择红色通道通关，海关按规定验放。

2. 进出境邮递物品的报关

进出境邮递物品的申报方式由其特殊的邮递运输方式决定。我国是《万国邮政公约》的签约国，根据《万国邮政公约》的规定，进出口邮包必须由寄件人填写"报税单"（小包邮件填写绿色标签），列明所寄物品的名称、价值、数量，向邮包寄达国家的海关申报。进出境邮递物品的"报税单"和"绿色标签"随同物品通过邮政企业或快递公司呈递给海关。

第二节　报关单位

一、报关单位的概念

报关单位是指依法在海关注册登记的进出口货物收发货人和报关企业。

《海关法》规定："进出口货物收发货人、报关企业办理报关手续，必须依法经海关注册登记，报关人员必须依法取得报关资格。未依法经海关注册登记的企业和未依法取得报关从业资格的人员，不得从事报关业务。"法律明确规定了对海关办理进出口货物报关手续的进出口货物收发货人、报关企业实行注册登记管理制度。因此，依法向海关注册登记是法人、其他组织或者个人成为报关单位的法定要求。

二、报关单位的类型

《海关法》将报关单位划分为两种类型，即进出口货物收发货人和报关企业。

（一）进出口货物收发货人

进出口货物收发货人是指依法直接进口或者出口货物的中华人民共和国关境内的法人、其他组织或者个人。

一般而言，进出口货物收发货人指的是依法向国务院对外贸易主管部门或者其委托的机构办理备案登记的对外贸易经营者。对于一些未取得对外贸易经营者备案登记表但按照国家有关规定需要从事非贸易性进出口活动的单位，如境外企业、新闻、经贸机构、文化团体等依法在中国境内设立的常驻代表机构，少量货样进出境的单位，国家机关、学校、科研院所等组织机构，临时接受捐赠、礼品、国际援助的单位，国际船舶代理企业等，在进出口货物时，海关也视其为进出口货物收发货人。

进出口货物收发货人经向海关注册登记后，只能为本单位进出口货物报关。

（二）报关企业

报关企业是指按照规定经海关准予注册登记，接受进出口货物收发货人的委托，以进出口货物收发货人的名义或者以自己的名义，向海关办理代理报关业务，从事报关服务的境内企业法人。

报关企业主要有两类：一类是经营国际货物运输代理、国际运输工具代理等业务，兼营进出口货物代理报关业务的国际货物运输代理公司等；另一类是主营代理报关业务的报关公司或报关行。

三、报关企业的注册登记

进出口货物收发货人、报关企业办理报关手续，必须依法经海关注册登记。因此，向海关注册登记是进出口货物收发货人、报关企业向海关报关的前提条件。

（一）报关注册登记制度的概念

报关注册登记制度是指进出口货物收发货人、报关企业依法向海关提交规定的注册登记申请材料，经注册地海关依法对申请注册登记材料进行审核，准予其办理报关业务的管理制度。

根据《海关法》的规定，可以向海关办理报关注册登记的单位有两类：一类是进出口货物收发货人，主要包括依法向国务院对外贸易主管部门或者其委托的机构办理备案登记的对外贸易经营者等；一类是报关企业，主要包括报关行、国际货物运输公司等。海关一般不接受其他企业和单位的报关注册登记申请。

海关对不同性质的两类报关单位，规定了不同的报关注册登记条件。对于报关企业，海关要求其必须具备规定的设立条件并取得海关报关注册登记许可。对于进出口货物收发货人则实行备案制，其办理报关注册登记的手续和条件比报关企业简单。凡是依照《中华人民共和国对外贸易法》（以下简称《对外贸易法》）经向对外贸易主管部门备案登记，有权从事对外贸易经营活动的境内法人、其他组织和个人（个体工商户）均可直接向海关办理注册登记。

（二）报关企业注册登记

1. 报关企业注册登记许可

（1）报关企业设立条件

报关企业注册登记许可应当具备的条件包括：具备境内企业法人资格条件；企业注册资本不低于 150 万元人民币；健全的组织机构和财务管理制度；报关员人数不少于 5 名；投资者、报关业务负责人、报关员均无走私记录；报关业务负责人具有 5 年以上从事对外贸易工作经验或者报关工作经验；无因走私违法行为被海关撤销注册登记许可证的记录；有符合从事报关服务所必需的固定经营场所和设施，海关监管所需要的其他条件等。

（2）报关企业注册登记许可程序

①报关企业注册登记许可申请

申请报关企业注册登记许可的申请人应当到所在地直属海关对外公布受理申请的场所向海关提出申请。

提出申请时应提交的材料包括：报关企业注册登记许可申请书；企业法人营业执照副本或者企业名称预先核准通知书复印件；企业章程；出资证明文件复印件；所聘报关从业人员的报关员资格证书复印件；从事报关服务业可行性研究报告；报关业务负责人工作简历；报关服务营业场所所有权证明、租赁证明；其他与申请注册登记许可相关的材料等。

申请人可以委托代理人提出注册登记许可申请。申请人委托代理人代为提出申请的，应当出具授权委托书。

②海关对申请的处理

对申请人提出的申请，海关应当根据下列情况分别做出处理：

●申请人不具备报关企业注册登记许可申请资格的，应当做出不予受理的决定。

●申请材料不齐全或者不符合法定形式的，应当当场或者在签收申请材料后5日内一次告知申请人需要补正的全部内容，逾期不告知的，自收到申请材料之日起即为受理。

●申请材料仅存在文字性、技术性或者装订等可以当场更正的错误的，应当允许申请人当场更正，并且由申请人对更正内容予以签章确认。

●申请材料齐全、符合法定形式，或者申请人按照海关的要求提交全部补正申请材料的，海关应当受理报关企业注册登记许可申请，并做出受理决定。

③海关对申请的审查

海关受理申请后，应当根据法定条件和程序进行全面审查，并于受理注册登记许可申请之日起20日内审查完毕，将审查意见和全部申请材料报送直属海关。直属海关应当自收到接受申请的海关报送的审查意见之日起20日内做出决定。

④行政许可的做出

申请人的申请符合法定条件的，海关应当依法做出准予注册登记许可的书面决定，并通知申请人。

申请人的申请不符合法定条件的，海关应当依法做出不准予注册登记许可的书面决定，并且告知申请人享有依法申请行政复议或者提起行政诉讼的权利。

（3）报关企业跨关区分支机构注册登记许可

报关企业如需要在注册登记许可区域外（即另一直属海关关区）从事报关服务的，应当依法设立分支机构，并且向拟注册登记地海关递交报关企业分支机构注册登记许可申请。

申请分支机构注册登记许可的报关企业应当符合的条件包括：报关企业自取得海关核发的"中华人民共和国海关报关企业报关注册登记证书"（以下简称"报关企业登记证书"）之日起满两年；报关企业自申请之日起最近两年未因走私受过处罚。同时，报关企业每申请一项跨关区分支机构注册登记许可，应当增加注册资金50万元人民币。

报关企业跨关区设立的分支机构拟取得注册登记许可的，应当具备的条件包括：符合境内企业法人分支机构设立条件；报关员人数不少于3名；有符合从事报关服务所必需的固定经营场所和设施；分支机构负责人应当具有5年以上从事对外贸易工作经验或者报关工作经验；报关业务负责人、报关员均无走私行为记录。

海关比照报关企业注册登记许可程序规定做出是否准予跨关区分支机构注册登记许可的决定。

（4）报关企业及其跨关区分支机构注册登记许可期限

报关企业及其跨关区分支机构注册登记许可期限均为两年。被许可人需要延续注册登记许可有效期的，应当办理注册登记许可延续手续。

报关企业未办理注册登记许可延续手续或者海关未准予注册登记许可延续的，自丧失注册登记许可之日起，其跨关区分支机构注册登记许可自动终止。

（5）报关企业注册登记许可的变更和延续

报关企业及其分支机构注册登记许可中的企业名称及其分支机构名称、企业注册资本、法定代表人（负责人）有变更的，应以书面形式到注册地海关申请变更注册登记许可。注册地海关对被许可人提出的变更注册登记许可申请按照注册登记许可程序进行初审，并且上报直属海关决定。直属海关依法审查后，对符合法定条件、标准的，应当准予变更，并且做出准予变更决定。海关准予变更注册登记的报关企业及其分支机构凭直属海关变更决定到相关管理部门办理变更手续。

报关企业及其分支机构注册登记许可需要进行延续的，应当在有效期届满40日前向海关提出延续申请并递交海关规定的材料。海关比照注册登记许可程序在有效期届满前对报关企业的申请予以审查，对符合注册登记许可条件的，并且符合法律、行政法规、海关规章规定的延续注册登记许可应当具备的其他条件的，依法做出准予延续的决定，延续的有效期为两年。海关对不再具备注册登记许可条件的，或者不符合法律、行政法规、海关规章规定的延续注册登记许可应具备的条件的报关企业或者其分支机构，不予延长其注册登记许可。对未按照规定申请注册登记许可延续或者海关不予延长其注册登记许可的报关企业或者其分支机构，海关不再接受其办理报关业务。

（6）报关企业注册登记许可的撤销

有下列情形之一的，做出注册登记许可决定的直属海关，根据利害关系人的请求或者依据职权，可以撤销报关企业注册登记许可：

①海关工作人员滥用职权、玩忽职守做出准予注册登记许可决定的；

②超越法定职权做出准予注册登记许可决定的；

③违反法定程序做出准予注册登记许可决定的；

④对不具备申请资格或者不符合法定条件的申请准予注册登记许可的；

⑤依法可以撤销注册登记许可的其他情形。

被许可人以欺骗、贿赂等不正当手段取得注册登记许可的，应当予以撤销。

海关依照规定撤销注册登记许可，可能对公共利益造成重大损害的，不予撤销。

（7）报关企业注册登记许可的注销

有下列情形之一的，海关应当依法注销报关企业注册登记许可：

①有效期届满未延续的；

②报关企业依法终止的；

③注册登记许可依法被撤销、撤回，或者注册登记许可证件被吊销的；

④因不可抗力导致注册登记许可事项无法实施的；

⑤法律、行政法规规定的应当注销注册登记许可的其他情形。

2. 报关企业注册登记手续

报关企业申请人经直属海关注册登记许可后，应当到工商行政管理部门办理许可经营项目登记，并且自工商行政管理部门登记之日起 90 日内到企业所在地海关办理注册登记手续。逾期，海关不予注册登记。

报关企业申请办理注册登记，应当提交的文件材料包括：直属海关注册登记许可文件复印件；企业法人营业执照副本复印件（分支机构提交营业执照）；税务登记证书副本复印件；银行开户证明复印件；组织机构代码证书副本复印件；报关单位情况登记表、报关单位管理人员情况登记表；报关企业与所聘报关员签订的用工劳动合同复印件；其他与报关注册登记有关的文件材料。

注册地海关依法对申请注册登记材料是否齐全、是否符合法定形式进行核对。申请材料齐全、符合法定形式的申请人由注册地海关核发报关企业登记证书。报关企业凭此办理报关业务。

（三）进出口货物收发货人注册登记

进出口货物收发货人应当按照规定到所在地海关办理报关单位注册登记手续。

进出口货物收发货人申请办理注册登记，应当提交的文件材料包括：企业法人营业执照副本复印件（个人独资、合伙企业或者个体工商户提交营业执照）；对外贸易经营者登记备案表复印件（法律、行政法规或者商务部规定不需要备案登记的除外）；企业章程复印件（非企业法人免提交）；税务登记证书副本复印件；银行开户证明复印件；组织机构代码证书副本复印件；报关单位情况登记表、报关单位管理人员情况登记表；其他与注册登记有关的文件材料。

注册地海关依法对申请注册登记材料是否齐全、是否符合法定形式进行核对。申请材料齐全、符合法定形式的申请人由注册地海关核发"中华人民共和国海关进出口货物收发货人报关注册登记证书"（以下简称"收发货人登记证书"）。进出口收发货人凭此办理报关业务。

（四）报关单位注册登记证书的时效及换证管理

1. 报关单位注册登记证书时效

根据海关规定，报关企业登记证书有效期限为两年，收发货人登记证书有效期限为三年。

2. 报关单位注册登记换证手续

报关企业应当在办理注册登记许可延期的同时办理换领报关企业报关登记证书手续。

进出口货物收发货人应当在收发货人登记证书有效期届满前 30 日到注册地海关办理换证手续。进出口货物收发货人办理换证手续时应当向注册地海关递交的文件材料包括：企业法人营业执照副本复印件（个人独资、合伙企业或者个体工商户提交营业执照）；对外贸易经营者登记备案表复印件（法律、行政法规或者商务部规定不需要备案登记的除外）；中华人民共和国外商投资企业批准证书、中华人民共和国台、港、澳、侨投资企业批准证书复印件（限外商投资企业提交）；报关单位情况登记表、报关员情况登记表（无报关员的免提交）、报关单位管理人员情况登记表。

材料齐全、符合法定形式的报关单位由注册地海关换发报关企业登记证书或者收发货人登记证书。

（五）报关单位的变更登记及注销登记

1. 变更登记

报关企业取得变更注册登记许可后或者进出口货物收发货人单位名称、企业性质、企业住所、法定代表人（负责人）等海关注册登记内容发生变更的，应当自批准变更之日起 30 日内，向注册地海关提交变更后的工商营业执照或者其他批准文件及复印件，办理变更手续。

2. 注销登记

报关单位有下列情形之一的，应当以书面形式向注册地海关报告。海关在办结有关手续后，依法办理注销注册登记手续：

（1）破产、解散、自行放弃报关权或者分立成两个以上新企业的；

（2）被工商行政管理部门注销登记或吊销营业执照的；

（3）丧失独立承担责任能力的；

（4）报关企业丧失注册登记许可的；

（5）进出口货物收发货人的对外贸易经营者备案登记表或者外商投资企业批准证书失效的；

（6）其他依法应当注销注册登记的情形。

四、报关单位的报关行为规则

（一）进出口货物收发货人的报关行为规则

进出口货物收发货人在海关办理注册登记后，可以在中华人民共和国关境内各个口岸或者海关监管业务集中的地点办理本单位的报关业务，但不能代理其他单位报关。进出口货物收发货人自行办理报关业务时，应当通过本单位所属的报关员向海关办理。

进出口货物收发货人可以委托海关准予注册登记的报关企业，由报关企业所属的报关员代为办理报关业务。

进出口货物收发货人不得委托未取得注册登记许可、未在海关办理注册登记的单位或者个人办理报关业务。

进出口货物收发货人办理报关业务时，向海关递交的纸质进出口货物报关单必须加盖本单位在海关备案的报关专用章。

进出口货物收发货人应对其所属报关员的报关行为承担相应的法律责任。进出口货物收发货人所属的报关员离职，报关员未按规定办理报关员注册注销的，进出口货物收发货人应当自报关员离职之日起 7 日内向海关报告并将报关员证件交注册地海关予以注销；报关员未交还报关员证件的，其所在单位应当在报刊上声明作废，并向注册地海关办理注销手续。

（二）报关企业的报关行为规则

1. 报关企业报关服务的地域范围

报关企业可以在依法取得注册登记许可的直属海关关区各口岸或者海关监管业务集中的地点从事报关服务。

报关企业如需要在注册登记许可区域以外从事报关服务的，应当依法设立分支机构，并且向拟注册登记地海关申请报关企业分支机构注册登记许可。报关企业分支机构经海关依法准予注册登记许可的，向海关办理注册登记后，可在所在地口岸或者海关监管业务集中的地点从事报关服务。报关企业对其分支机构的行为承担法律责任。

2. 报关企业从事报关服务应当履行的义务

（1）遵守法律、行政法规、海关规章的各项规定，依法履行代理人职责，配合海关监管工作，不得违法滥用报关权。

（2）依法建立账簿和营业记录。真实、正确、完整地记录其受委托办理报关业务的所有活动，详细记录进出口时间、收发货单位、报关单号、货值、代理费等内容，完整保留委托单位提供的各种单证、票据、函电，接受海关稽查。

（3）报关企业应当与委托方签订书面的委托协议，委托协议应当载明受托报关企业名称、地址、委托事项、双方责任、期限、委托人的名称、地址等内容，由双方签章确认。

（4）报关企业接受进出口货物收发货人的委托，办理报关手续时，应当承担对委托人所提供情况的真实性、完整性进行合理审查的义务。审查内容包括：证明进出口货物的实际情况的资料，包括进出口货物的品名、规格、用途、产地、贸易方式等；有关进出口货物的合同、发票、运输单据、装箱单等商业单据；进出口所需的许可证件及随附单证；海关要求的加工贸易手册（纸质或电子数据的）及其他进出口单证等。报关企业未对进出口货物收发货人提供情况的真实性、完整性履行合理审查义务或违反海关规定申报的，应当承担相应的法律责任。

（5）报关企业不得以任何形式出让其名义，供他人办理报关业务。

（6）对于代理报关的货物涉及走私违规的，应当接受或者协助海关进行调查。

3. 其他规则

（1）报关企业办理报关业务时，向海关递交的纸质进出口货物报关单必须加盖本单位在海关备案的报关专用章。报关企业的报关专用章仅限在其标明的口岸地或者海关监管业务集中地使用，每一口岸地或者海关监管业务集中地报关专用章应当只有一枚。

（2）报关企业应对其所属报关员的报关行为承担相应的法律责任。报关企业所属的报关员离职，报关员未按规定办理报关员注册注销的，报关企业应当自报关员离职之日起 7 日内向海关报告并将报关员证件交注册地海关予以注销；报关员未交还报关员证件的，其所在单位应当在报刊上声明作废，并向注册地海关办理注销手续。

五、报关单位的海关法律责任

报关单位的海关法律责任，是指报关单位违反海关法律规范所应承担的法律后果，并由海关及有关司法机关对其违法行为依法予以追究，实施法律制裁。对报关单位的法律责任进行规定的有《海关法》、《海关行政处罚实施条例》和《中华人民共和国刑法》关于走私犯罪的规定，以及《中华人民共和国行政处罚法》（以下简称《行政处罚法》）关于行政处罚的规定。

（一）报关单位海关法律责任的原则性规定

1. 报关单位有违反《海关法》及有关法律、行政法规、海关规章或海关规定程序、手续尚未构成走私的行为，海关按《海关行政处罚实施条例》的有关规定处理。

2. 报关单位违反《海关法》及有关法律、行政法规，逃避海关监管，偷逃应纳税款，逃避国家有关进出境的禁止性或者限制性管理，非法运输、携带、邮寄国家禁止、限制进出口或者依法应当缴纳税款的货物、物品进出境，或者未经海关许可并且未缴纳应纳税款、交验有关许可证件，擅自将保税货物、特定减免税货物以及其他海关监管货物、物品、进境的境外运输工具在境内销售，尚不构成犯罪的，由海关没收走私货物、物品及违法所得，可以并处罚款；对专门或者多次用于掩护走私的货物、物品，专门或者多次用于走私的运输工具，海关将予以没收；对藏匿走私货物、物品的特制设备，海关将责令拆毁或者没收。

3. 报关单位违反《中华人民共和国刑法》、海关法律法规，逃避海关监管，偷逃应纳税款，逃避国家有关进出境的禁止性或者限制性管理，情节严重、数额较大、构成犯罪的，将被依法追究刑事责任。

（二）报关单位违反海关监管规定的行为及其处罚

1. 报关单位在办理报关业务的过程中，进出口货物的品名、税则号列、数量、规格、价格、贸易方式、原产地、起运地、运抵地、最终目的地或者其他应当申报的项目未申报或者申报不实的，分别依照下列规定予以处罚，有违法所得的，没收违法所得：

（1）影响海关统计准确性的，予以警告或者处 1000 元人民币以上 1 万元人民币以下罚款；

（2）影响海关监管秩序的，予以警告或者处 1000 元人民币以上 3 万元人民币以下罚款；

（3）影响国家许可证件管理的，处货物价值 5％以上 30％以下罚款；

（4）影响国家税款征收的，处漏缴税款 30％以上两倍以下罚款；

（5）影响国家外汇、出口退税管理的，处申报价格 10％以上 50％以下罚款。

在代理报关业务中，因进出口货物收发货人未按照规定向报关企业提供所委托报关事项的真实情况，致使发生上述情形的，有关法律责任由委托人承担；因报关企业对委托人所提供情况的真实性未进行合理审查，或者因工作疏忽致使发生上述情形的，可以对报关企业处货物价值 10％以下罚款，暂停其 6 个月以内从事报关业务；情节严重的，撤销其报关注册登记。

2. 报关企业有下列情形之一的，责令改正，给予警告，可以暂停其 6 个月以内从事报关业务：

（1）拖欠税款或者不履行纳税义务的；

（2）报关企业出让其名义供他人办理进出口货物报关纳税事宜的；

（3）有需要暂停其从事报关业务的其他违法行为的。

3. 报关企业有下列情形之一的，海关可以撤销其注册登记：

（1）报关企业构成走私犯罪或者 1 年内有两次以上走私行为的；

（2）所属报关员 1 年内 3 人次以上被海关暂停执业的；

（3）被海关暂停从事报关业务，恢复从事报关业务后 1 年内再次发生上述两条规定情形的；

（4）有需要撤销其注册登记的其他违法行为的。

4. 报关企业非法代理他人报关或者超出海关准予的从业范围进行报关活动的，责令改正，处 5 万元人民币以下罚款，暂停其 6 个月以内从事报关业务；情节严重的，撤销其报关注册登记。

5. 进出口货物收发货人、报关企业向海关工作人员行贿的，撤销其报关注册登记，并处 10 万元人民币以下罚款；构成犯罪的，依法追究刑事责任，并不得重新注册登记为报关企业。

6. 提供虚假资料骗取海关注册登记的，撤销其注册登记，并处 30 万元人民币以下罚款。

7. 报关单位有下列情形之一的，海关予以警告，责令其改正，并可以处 1000 元以上 5000 元人民币以下罚款：

（1）报关企业取得变更注册登记许可后或者进出口货物收发货人单位名称、企业性质、企业住所、法定代表人（负责人）等海关注册登记的内容发生变更，未按照规定向海关办理变更手续的；

（2）未向海关备案，擅自变更或者启用"报关专用章"的；

（3）所属报关员离职，未按照规定向海关报告并办理相关手续的。

海关对于未经海关注册登记从事报关业务的，予以取缔，没收违法所得，处 10 万元人民币以下罚款。

第三节 报关活动相关人

一、报关活动相关人的概念

报关活动相关人主要指的是经营海关监管货物仓储业务的企业、保税货物的加工企业、转关运输货物的境内承运人等。这些企业、单位一般不能办理报关业务，但与报关活动密切相关，承担着相应的海关义务和法律责任。

二、报关活动相关人的类型

（一）海关监管货物仓储企业

1. 在海关监管区内存放海关监管货物的仓库、场所，一般存放海关尚未放行的进口货物和已办理申报、放行手续尚待装运离境的出口货物；

2. 保税仓库，主要存放经口岸海关放行后按海关保税制度继续监管的货物；

3. 出口监管仓库，专门存放已向海关办完全部出口手续并已对外卖断结汇的出口货物；

4. 其他经海关批准存放海关监管货物的仓库、场所。

经营海关监管货物仓储的企业必须经海关批准，办理海关注册登记手续。其仓储的海关监管货物必须按照海关的规定收存、交付。在保管期间造成海关监管货物损毁或者灭失的，除不可抗力外，仓储企业应承担相应的纳税义务和法律责任。

（二）从事加工贸易的生产加工企业

从事加工贸易的生产加工企业，主要是指接受加工贸易经营单位的委托，将进口料件按经营单位与外商签订的加工贸易合同规定加工成品后，交由其委托人即经营单位办理成品出口手续的具有法人资格的生产加工企业。

作为报关活动相关人从事加工贸易的生产加工企业有两类：一类是未向海关办理报关注册登记的企业，但因其从事保税料件的加工业务，故也须向海关办理保税加工的注册登记手续，接受海关监管；另一类是已向海关办理了报关注册登记的企业，但因其保税料件加工业务是受经营单位的委托而开展的，在这种情况下，该企业应被视为报关活动相关人，而不是报关单位。

（三）转关运输货物的境内承运人

转关运输货物的境内承运人须经海关批准，并办理海关注册登记手续。其从事转关运输的运输工具和驾驶人员也须向海关注册登记。运载转关运输货物的运输工具、装备应具备密封装置和加封条件。在运输期间转关运输货物损毁或者灭失的，除不可抗力外，承运人应承担相应的纳税义务和法律责任。

三、报关活动相关人的法律责任

报关活动相关人在从事与报关相关的活动中，违反《海关法》和有关法律、行政法规的，要承担相应的行政、刑事法律责任。

根据《海关法》的规定，海关准予从事有关业务的企业违反《海关法》有关规定的，由海关责令改正，可以给予警告、暂停其从事有关业务，直至撤销注册登记。

第四节　报关员

一、报关员的概念

报关员是指依法取得报关员从业资格，并在海关注册，向海关办理进出口货物报关业务的人员。

报关员是联系报关单位与海关之间的桥梁，在进出口货物的通关工作中起着重要作用。报关员业务水平的高低和报关质量的好坏不仅影响进出口货物的通关速度和海关的工作效率，也直接影响报关单位的经济效益。特别是对于报关企业而言，报关员的业务水平直接关系到企业的声誉，影响到企业的生存与发展。

报关员不是自由职业者。根据海关规定，只有向海关注册登记的进出口货物收发货人和报关企业才可以向海关报关，报关员必须受雇于一个依法向海关注册登记的进出口货物收发货人或者报关企业，并代表该企业向海关办理报关业务。我国海关法律规定禁止报关员非法接受他人委托从事报关业务。

二、报关员资格

随着我国对外贸易的飞速发展，企业对报关员的需求量日益增长，报关作为向社会提供专门化服务的职业已引起社会的关注。报关职业要求报关员必须具备一定的学识水平、专业知识和业务能力。为此，我国《海关法》第11条规定："未依法取得报关从业资格的人员，不得从事报关业务"，明确了报关员资格许可制度。

我国报关员资格许可是通过报关员资格全国统一考试和颁发报关员资格证书的形式进行的。海关通过对符合报名条件的人员进行全面、系统的业务知识水平和能力的考试，来检验其是否符合报关职业的基本要求，并通过行政许可的方式对其中符合条件者颁发报关员资格证书。

报关员资格全国统一考试由海关总署组织。海关总署负责确定考试原则，制定考试大纲、规则，统一命题；指导监督各地海关组织实施考试，处理考试工作中的重大问题；组织阅卷，公布考试成绩；管理各海关审核报关员资格申请、颁发报关员资格证书事宜。直属海关在海关总署指导下具体实施考试；受理、审查报关员资格申请，颁发报关员资格证书。直属海关可以委托隶属海关受理、审核报关员资格申请，并办理颁发证书等事宜。报关员资格全国统一考试每年举行一次。特殊情况下，经海关总署决定，可以进行调整。考试实行公平、公开、公正、诚信的原则，采取全国统一报名、统一命题、统一考试、统一评分标准、统一阅卷核分和统一合格标准的方式进行。考试主要测试考生从事报关业务必备的基础知识和技能，考试内容包括报关专业知识、报关专业技能、报关相关知识以及与报关业务相关的法律、行政法规及海关总署规章。海关总署在统一考试前3个月对外公告考试事宜。

（一）考试的报名条件及报名手续

我国海关规定，报关员资格考试的报名条件是具有中华人民共和国国籍；年满18周岁，具有完全民事行为能力；具有大专及以上学历。

中国香港、澳门特别行政区居民中的中国公民和台湾居民，可以报名参加考试。

有下列情形之一的，不得报名参加考试，已经办理报名手续的，报名无效：

1. 因故意犯罪，受到刑事处罚的；

2. 因在报关活动中发生走私或严重违反海关规定的行为，被海关依法取消报关从业资格的；

3. 因向海关工作人员行贿，被海关依法撤销报关注册登记、取消报关从业资格的；

4. 曾被宣布考试成绩无效，并被撤销报关员资格、吊销资格证书，不满3年的。

报关员资格考试实行网上报名和现场确认相结合。报名时应当按规定缴纳有关费用。海关对符合条件者准予报名并发放准考证，考生凭准考证及身份证件参加资格考试。

（二）报关员资格申请及报关员资格证书的颁发

海关总署核定并公布全国统一合格分数线。直属海关及受委托的隶属海关根据统一合格分数线，公布成绩合格、可以申请报关员资格的考生名单。根据海关公布的名单可以申请报关员资格的考生，应当自名单公布之日起6个月内向原报名海关申请报关员资格。海关依法对申请人授予报关员资格的申请进行受理、审查，做出决定。海关决定授予报关员资格的，应当自做出决定之日起10个工作日内颁发报关员资格证书；可以当场做出决定并颁发报关员资格证书的，海关不再制发受理决定书和准予报关员资格决定书。考生以伪造文件、冒名代考或者其他欺骗行为参加考试，取得报关员资格的，海关经查实宣布其成绩无效，并撤销其报关员资格。

报关员资格证书是从事报关工作的资格证明，由海关总署统一制作，在全国范围内有效，取得报关员资格证书者可以按规定向海关申请报关员注册。

三、报关员注册

报关员注册是指报关单位所在地直属海关或受其委托的隶属海关，对通过报关员资格考试、依法取得报关员资格证书的人员提出的注册申请，依法做出准予报关员注册的决定，并颁发报关员证的行为。

报关员注册是法律设定的海关行政许可事项之一。2006 年 3 月 8 日对外公布，自 2006 年 6 月 1 日起施行的《中华人民共和国海关报关员执业管理办法》（以下简称《执业管理办法》），专章明确规定了报关员注册制度的实体性和程序性要求。

（一）注册条件

申请报关员注册，须同时具备以下三个基本条件：①申请人必须具有中华人民共和国国籍；②申请人必须通过报关员资格全国统一考试，取得报关员资格证书；③申请人必须与所在报关单位建立劳动合同关系或者聘用合同关系。除应具备上述基本条件之外，对于首次申请报关员注册的申请人，还应当经过在一个报关单位连续 3 个月的报关业务实习；对于报关员注册有效期届满后连续两年未注册，再次申请报关员注册的申请人，还应当经过海关报关业务岗位考核合格。

申请人有下列情形之一的，海关不予报关员注册：不具有完全民事行为能力的；因故意犯罪受到刑事处罚的；被海关取消报关从业资格的。

申请人有下列情形之一的，海关暂缓报关员注册：被海关暂停执业期间注销报关员注册的；被海关暂停执业期间注册有效期届满的；记分达到《中华人民共和国海关对报关员记分考核管理办法》（以下简称《记分考核管理办法》）规定分值，未参加海关组织的报关业务岗位考核或者考核不合格，注销报关员注册的；记分达到《记分考核管理办法》规定分值，未参加海关组织的报关业务岗位考核或者考核不合格，注册有效期届满的。

（二）注册程序

申请报关员注册的，申请人本人应当到海关提出申请。本人不能到海关提出申请的，可以委托所在报关单位提出申请。申请人委托报关单位代为提出申请的，应当出具授权委托书。

1. 注册受理机关

申请人应当到报关单位所在地直属海关提出报关员注册申请。报关单位为报关企业跨关区分支机构的，应当到报关企业跨关区分支机构所在地直属海关提出报关员注册申请。直属海关可以委托隶属海关实施报关员注册。

2. 申请注册应提交的材料

申请报关员注册，应当向海关提交下列文件、材料：

（1）报关员注册申请书；

（2）申请人所在报关单位的"中华人民共和国海关报关企业报关注册登记证书"或者"中华人民共和国海关进出口货物收发货人报关注册登记证书"复印件；

（3）报关员资格证书复印件；

（4）与所在报关单位签订的合法有效的劳动合同复印件（报关单位为非企业性质的，可以提交聘用合同复印件或者人事证明）；

（5）身份证件复印件；

（6）所在报关单位为其缴纳社会保险证明复印件，但是，法律、行政法规另有规定的，依照其规定。

首次申请报关员注册的，还应当提交报关单位出具的报关业务实习证明材料。

报关员注册有效期届满之日起连续两年未注册再次申请报关员注册的，还应当提交海关报关业务岗位考核合格的证明材料。

中国台湾和香港、澳门地区居民中的中国公民提出申请的，还应当提交"台港澳人员就业证"复印件。

3. 注册决定的做出及报关员证的颁发

申请人的申请符合法定条件的，海关应当依法做出准予报关员注册的决定，并应当自做出决定之日起 10 日内向申请人颁发报关员证。可以当场做出决定并颁发报关员证的，海关不再制发受理决定书和准予报关员注册决定书。

申请人的申请不符合法定条件的，海关应当依法做出不予报关员注册的书面决定。

4. 注册的有效期

报关员注册有效期为两年。报关员需要延续报关员注册有效期的,应当办理报关员注册延续手续。报关员未办理注册延续手续或者海关未准予报关员注册延续的,自有效期届满之日起,其报关员注册自动终止。

（三）注册的变更、延续

1. 注册变更

报关员注册变更是指报关员姓名、身份证件号码等身份资料和所在报关单位名称、海关编码发生变更的情形。报关员应当在变更事实发生之日起的20日内,持报关员资格证书、报关员证和变更证明文件等材料的原件及复印件到注册地海关书面申请变更报关员注册。

对报关员提出的变更报关员注册申请,注册地海关应当按照报关员注册程序进行审核,对符合法定条件的,应当做出准予变更决定,并于做出准予变更决定后的10日内办结变更手续,换发报关员证。可以当场做出变更决定并换发报关员证的,海关不再制发受理决定书、准予变更报关员注册决定书。

应当注意的是,这里所称的报关注册变更不包括报关员更换报关单位的情形。

2. 注册延续

报关员办理报关员注册延续手续的,应当在注册有效期届满30日前向海关提出。报关员逾期提出报关员注册延续申请的,海关不予受理。

报关员注册延续应提交的文件、材料有:

（1）报关员注册延续申请书;

（2）报关员证复印件;

（3）申请人所在报关单位的中华人民共和国海关报关企业报关注册登记证书或者中华人民共和国海关进出口货物收发货人报关注册登记证书复印件;

（4）报关员资格证书复印件;

（5）与所在报关单位签订的合法有效的劳动合同复印件（报关单位为非企业性质的,可以提交聘用合同复印件或者人事证明）;

（6）身份证件复印件；

（7）所在报关单位为其缴纳社会保险证明复印件，但是，法律、行政法规另有规定的，依照其规定。

中国台湾、香港和澳门地区居民中的中国公民办理报关员注册延续手续的，还应当提交台、港、澳人员就业证复印件。

海关比照报关员注册程序在有效期届满前对报关员的延续申请予以审查，对符合报关员注册条件的，依法做出准予延续两年有效期的决定。海关应当在报关员注册有效期届满前做出是否准予延续的决定；逾期未做出决定的，视为准予延续，依法为其办理报关员注册延续手续。

海关可以当场做出决定并换领报关员证的，不再制发受理决定书、准予延续报关员注册决定书。

海关对不再具备报关员注册条件的，应当依法做出不予延续的决定，说明理由，并告知申请人享有依法申请行政复议或者提起行政诉讼的权利。

报关员在被海关暂停执业期间有效期届满，需要延续有效期的，应当在有效期届满 30 日前到海关申请暂缓办理报关员注册延续，并在暂停执业期届满后 30 日内提出延续报关员注册的申请。

（四）注册的注销

报关员不再从事报关业务、报关员辞职、报关单位解除与报关员的劳动合同关系（报关单位为非企业性质的，解除聘用合同关系或者人事关系）或者报关单位申请注销海关注册登记的情形，报关员应当到注册地海关申请报关员注册的注销。报关员未按照规定申请注销的，所在报关单位应向注册地海关办理报关员注册注销手续。

申请注销报关员注册的，应当提交注销报关员注册申请书、报关员证和报关员资格证书。不能提交报关员证的，应当提交在报刊刊登的作废声明。所在报关单位按规定办理报关员注册注销手续，不能提交报关员证和报关员资格证书的，应当提交报刊声明和说明材料。

对于报关员注册有效期届满未延续，报关员死亡或者丧失民事行为能力，报关员注册依法被撤销、撤回，报关员被海关依法取消从业资格，报关员所在报关单位被海关注销注册登记的情形，海关应当依法办理报关员注册的注销手续。

（五）其他规定

1. 报关员更换报关单位的，应当注销原报关员注册，重新申请报关员注册。

2. 报关员遗失报关员证的，应当及时向注册地海关书面说明情况，并在报刊声明作废。海关应当自收到情况说明和报刊声明证明之日起 20 日内予以补发。

3. 海关对申请人提出报关员注册申请的受理、审查、决定、撤销、注销等活动，《执业管理办法》没有规定的，应当依据《中华人民共和国行政许可法》（以下简称《行政许可法》）、《中华人民共和国海关实施〈中华人民共和国行政许可法〉办法》规定的程序进行。

四、报关员执业

取得报关员资格证书的人员，应当经海关注册并颁发报关员证后执业。报关员证是报关员执业的凭证。除法律、行政法规另有规定的外，报关单位的报关业务应当由报关员办理。

（一）报关员执业范围

报关员应当在一个报关单位执业。报关企业及其跨关区分支机构的报关员，应当在所在报关企业或者跨关区分支机构的报关服务的口岸地或者海关监管业务集中的地点执业。进出口货物收发货人的报关员，可以在中华人民共和国关境内的各口岸地或者海关监管业务集中的地点执业。

（二）报关员的权利和义务

1. 报关员的权利

（1）以所在报关单位名义执业，办理报关业务；

（2）向海关查询其办理的报关业务情况；

（3）拒绝海关工作人员的不合法要求；

（4）对海关对其做出的处理决定享有陈述、申辩申诉的权利；

（5）依法申请行政复议或者提起行政诉讼；

（6）合法权益因海关违法行为受到损害的，依法要求赔偿；

（7）参加职业培训。

2. 报关员应当履行的义务

（1）熟悉所申报货物的基本情况，对申报内容和有关材料的真实性、完整性进行合理审查；

（2）提供齐全、正确、有效的单证，准确、清楚、完整地填制海关单证，并按照规定办理报关业务及相关手续；

（3）海关查验进出口货物时，配合海关查验；

（4）配合海关稽查和对涉嫌走私违规案件的查处；

（5）按照规定参加直属海关或者直属海关授权组织举办的报关业务岗位考核；

（6）持报关员证办理报关业务，海关核对时，应当出示；

（7）妥善保管海关核发的报关员证和相关文件；

（8）协助落实海关对报关单位管理的具体措施。

（三）报关执业禁止

报关员执业不得有以下行为：

1. 故意制造海关与报关单位、委托人之间的矛盾和纠纷；

2. 假借海关名义，以明示或者暗示的方式向委托人索要委托合同约定以外的酬金或者其他财物、虚假报销；

3. 同时在两个或者两个以上报关单位执业；

4. 私自接受委托办理报关业务，或者私自收取委托人酬金及其他财物；

5. 将报关员证转借或者转让他人，允许他人持本人《报关员证》执业；

6. 涂改报关员证；

7. 其他利用执业之便谋取不正当利益的行为。

（四）报关员的海关记分考核管理

为了维护报关秩序，提高报关质量，规范报关员的报关行为，保证通关效率，海关对报关员实行记分考核管理。根据海关规定，对记分达到规定分值的报关员，海关中止其报关员证效力，不再接受其办理报关手续。报关员应当参加注册登记地海关的报关业务岗位考核，经岗位考核合格之后，方可重新上岗。

1. 记分考核管理的对象和范围

报关员记分考核管理对象是取得报关从业资格，并按照规定程序在海关注册，持有报关员证件的报关员，即在职报关员。

海关对出现报关单填制不规范、报关行为不规范，以及违反海关监管规定或者有走私行为未被海关暂停执业、撤销报关从业资格的报关员予以记分、考核。

2. 记分考核管理的性质

海关对报关员记分考核管理从性质上讲是一种教育和管理措施，而不是行政处罚。海关对记分达到一定分值的报关员实行岗位考核管理，目的是督促其增强遵纪守法意识，提高自身业务水平。海关通过对报关员记分计满至考核合格前，中止其报关员证效力、不再接受其办理报关手续的方式，来督促报关员履行义务。

报关员因为向海关工作人员行贿或有违反海关监管规定、走私行为等其他违法行为，由海关处以暂停执业、取消报关从业资格处罚的，不适用于《记分考核管理办法》，而应按照《海关行政处罚实施条例》等规定处理。

3. 记分考核的管理部门

海关企业管理部门负责对报关员记分考核的职能指导、日常监督管理以及相关协调工作。海关通关业务现场及相关业务职能部门负责具体执行记分工作。海关人员在记分时，应当将记分原因和记分分值以电子或者纸质告知单的形式告知报关员。记分的行政行为以各级海关名义做出。

4. 记分考核管理量化标准

海关对报关员的记分考核，依据其报关单填制不规范、报关行为不规范的程度和行为性质，一次记分的分值分别为 1 分、2 分、5 分、10 分、20 分、30 分。

记分周期从每年 1 月 1 日起至 12 月 31 日止，报关员在海关注册登记之日起至当年 12 月 31 日不足 1 年的，按一个记分周期计算。一个记分周期期满后，记分分值累加未达到 30 分的，该周期内的记分分值予以消除，不转入下一个记分周期。但报关员在一个记分周期内办理变更注册登记报关单位或者注销手续的，已记分分值在该记分周期内不予以消除。

（1）一次记分的分值为 1 分的情形包括：

①电子数据报关单的有关项目填写不规范，海关退回责令更正的；

②在海关签印放行前，因为报关员原因造成申报差错，报关单位向海关要求修改申报单证及其内容，经海关同意修改，但未对国家贸易管制政策的

实施、税费征收及海关统计指标等造成危害的；

③未按照规定在纸质报关单及随附单证上加盖报关专用章及其他印章或者使用印章不规范的；

④未按照规定在纸质报关单及随附单证上签名盖章或者由其他人代替签名盖章的。

（2）一次记分的分值为 2 分的情形包括：

①在海关签印放行前，因为报关员填制报关单不规范，报关单位向海关申请撤销申报单证及其内容，经海关同意撤销，但未对国家贸易管制政策的实施、税费征收及海关统计指标等造成危害的；

②海关人员审核电子数据报关单时，要求报关员向海关解释、说明情况、补充材料或者提交货物样品等有关内容的，海关告知后报关员拒不解释、说明、补充材料或者拒不提供货物样品等有关内容，导致海关退回报关单的。

（3）一次记分的分值为 5 分的情形包括：

①报关员自接到海关"现场交单"或者"放行交单"通知之日起 10 日内，没有正当理由，未按照规定持打印出的纸质报关单，备齐规定的随附单证，到货物所在地海关递交书面单证并办理相关海关手续，导致海关撤销报关单的；

②在海关签印放行后，因为报关员填制报关单不规范，报关单位向海关申请修改或者撤销报关单（因出口更换舱单除外），经海关同意且不属于走私、偷逃税等违法违规性质的；

③在海关签印放行后，海关发现因为报关员填制报关单不规范，报关单币值或者价格填报与实际不符，且两者差额在 100 万元人民币以下；数量与实际不符，且有四位数以下差值，经海关确认不属伪报，但影响海关统计的。

（4）一次记分的分值为 10 分的情形包括：

①出借本人报关员证件、借用他人报关员证件或者涂改报关员证件内容的；

②在海关签印放行后，海关发现因报关员填制报关单不规范，报关单币值或者价格填报与实际不符，且两者差额在 100 万元人民币以上；数量与实

际不符，且有四位数以上差值，经海关确认不属伪报的。

（5）因为违反海关监管规定行为被海关予以行政处罚，但未被暂停执业、取消报关从业资格的，记20分。

（6）因为走私行为被海关予以行政处罚，但未被暂停执业、取消报关从业资格的，记30分。

具体的记分项目在海关总署统一制定的报关员记分对照表中予以列明。

5. 记分考核管理的救济途径

考虑到记分考核管理作为一项与报关员的利益密切相关的行政行为，《记分考核管理办法》除了根据《行政复议法》、《行政诉讼法》的规定，对具体行政行为允许其提请行政复议或行政诉讼外，结合记分的实际情况，规定了报关员可向记分执行海关提出书面申辩的救济途径，以降低救济成本。《记分考核管理办法》规定：报关员对记分的行政行为有异议的，应当自收到电子或纸质告知单之日起7日内向做出该记分行政行为的海关部门提出书面申辩；海关应当在接到申辩申请7日内做出答复，对记分错误的应当及时予以更正。

6. 岗位考核

根据海关规定，记分达到30分的报关员，海关中止其报关员证效力，不再接受其办理报关手续。报关员应当参加注册登记地海关的报关业务岗位考核，经岗位考核合格之后，方可重新上岗。

岗位考核由报关员注册地直属海关或者直属海关委托的单位负责组织。岗位考核内容为海关法律、行政法规、报关单填制规范及相关业务知识和技能。

报关员经岗位考核合格的，可以向注册登记地海关申请将原记分分值予以消除。岗位考核不合格的，应当继续参加下一次考核。

报关员记分已达30分，拒不参加考核的，直属海关可以将报关员的姓名及所在单位等情况对外公布。

7. 报关员的海关法律责任

报关员在报关活动中，违反《海关法》和相关法律、行政法规的，由海关或其他部门给予相应的处理和行政处罚，构成犯罪的，依法移送司法机关追究其刑事责任。

报关员违反海关监管规定的行为及其处罚如下：

（1）报关员因工作疏忽或在代理报关业务中因对委托人所提供情况的真实性未进行合理审查，致使发生进出口货物的品名、税则号列、数量、规格、价格、贸易方式、原产地、起运地、运抵地、最终目的地或者其他应当申报的项目未申报或者申报不实的，海关可以暂停其 6 个月以内报关执业；情节严重的，取消其报关从业资格。

（2）报关员被海关暂停其报关执业，恢复从事有关业务后 1 年内再次被暂停报关执业的，海关可以取消其报关从业资格。

（3）报关员非法代理他人报关或者超出海关准予的从业范围进行报关活动的，责令改正，处 5 万元以下罚款，暂停其 6 个月以内报关执业；情节严重的，取消其报关从业资格。

（4）报关员向海关工作人员行贿的，取消其报关从业资格，并处 10 万元人民币以下罚款；构成犯罪的，依法追究刑事责任，并不得重新取得报关从业资格。

（5）提供虚假资料骗取海关注册登记、报关从业资格的，撤销其注册登记、取消其报关从业资格，并处 30 万元人民币以下罚款。

（6）报关员有下列情形之一的，海关予以警告，责令其改正，并可处 2000 元人民币以下罚款：

①有报关员执业禁止行为的；

②报关员海关注册内容发生变更，未按照规定向海关办理变更手续的。

海关对于未取得报关从业资格从事报关业务的，予以取缔，没收违法所得，可以并处 10 万元人民币以下罚款。

第七章　进出口货物的通关制度

第一节　海关通关制度

海关通关制度是主权国家维护本国政治、经济、文化利益，对进出口货物和物品在进出境口岸进行监督管理的基本制度。由于现代国际贸易方式的多元化，海关对不同贸易方式进出口货物的通关，在办理手续管理办法上有不同的要求。本节仅对进出境货物的基本通关程序作一介绍。

一、通关的定义

通关，是指进出境运输工具的负责人、货物的收发货人及其代理人、进出境物品的所有人向海关申请办理进出口手续，海关对其呈交的单证和申请进出境的货物、运输工具和物品依法进行审核、查验、征缴税费，批准进口或者出口的全过程。

通关这一概念有别于报关。通关与报关既有联系又有区别。两者都是对运输工具、货物、物品的进出境而言的，但报关是从海关管理相对人的角度，仅指向海关办理进出境手续及相关手续，而通关不仅包括海关管理相对人向海关办理有关手续，还包括海关对进出境运输工具、货物、物品依法进行监督管理，核准其进出境的管理过程。

二、海关通关的基本程序

进出口货物的通关，一般来说，可分为四个环节，用流程图表明，即：

通关程序＝申报──→查验──→税费计征──→放行

至于加工贸易进出口货物、经海关批准的减免税或缓期缴纳进出口税费的进出口货物，以及其他在放行后一定期限内仍需接受海关监管的货物的通关，可以划分为五个基本环节：

通关程序＝申报——→查验——→税费计征——→放行——→结关

（一）申　报

申报是指进出口货物的收发货人或其代理人，向海关交验单证，申请办理通关事宜的行为。

（二）查　验

查验是指海关依法对申报人所申报的进出口货物进行实际的查核，确定其单、证、货是否相符，有无违法事情，可否合法进出，并为下一通关程序准备条件。详细内容将在本章第三节介绍。

（三）税费计征

税费计征是海关根据国家的有关政策、法规对进出口货物征收关税及进口环节的税费。

根据《海关法》和《进出口关税条例》的有关规定，进出口货物除国家另有规定外，均应征收关税。关税由海关依照《海关进出口税则》征收。

（四）放　行

放行是口岸海关监管现场作业的最后一个环节。口岸海关在接受进出口货物的申报后，经审核报关单据、查验实际货物，依法计征进出口税费后，在有关单据上签盖放行章，海关的监管任务即告结束，在这种情况下，放行即为结关。进出口货物可由收货人凭此提取、发运，出口货物可以由发货人装船、起运。

在进出口货物放行前，海关人员还须对前期的申报、查验、税费计征等环节的工作进行核对，在核查无失误和遗漏的条件下，海关方予签章。报关员应配合海关做好上述工作。

对于保税加工贸易进口货物、经海关批准减免税或缓纳税款的进口货物、暂时进出口货物、转关运输货物以及其他在口岸海关未缴纳税款的进口货物，口岸海关接受申报以后，经审核单证符合规定的，即可放行转为后续管理。

（五）结　关

结关是指经口岸放行后仍需继续实施后续管理的货物，海关在规定的期限内进行核查，对需要补证、补税的货物作出处理，直至完全结束海关监管程序。有关后续管理的内容本教材有关章节将另作详细介绍，本章仅对结的基本概念作一简要说明。

加工贸易进口货物的结关是指海关在加工贸易合同规定的期限内对其进口、复出口及余料的情况进行核对，并经经营单位申请办理了批准内销部分货物的补证、补税手续后，对原备案的加工贸易合同予以销案。

暂时进出口货物的结关是指在海关规定的期限内（含经批准延期的）暂时进口货物复运出口或者暂时出口货物复运进口，并办理了有关纳税销案手续，完全结束海关监管的工作程序。

特定减免税货物的结关是指有关进口货物的海关监管年限期满并向海关申请解除监管，领取了主管海关核发的《海关对减免税进口货物解除监管证明》，完全结束海关监管的工作程序。

三、通关的法律责任

进出口货物的通关是由进出口货物的报关单位及其报关员遵守国家有关进出口法律法规和海关依法对进出口货物实施有效监督管理而共同完成的。因此，报关单位及其报关员和海关在进出口货物的通关过程中均要承担相应的法律责任。

（一）报关单位和报关员的法律责任

报关（即申报），是通关的必经和首要的环节。报关单位和报关员向海关报关，即与海关之间产生了法律关系。根据海关的报关管理制度，报关单位及其报关员在进出口活动中享有依法向海关报关的权利，但同时也应当依法履行法定的义务，包括：

1. 必须遵守国家有关进出口的政策、法规，如实向海关申报；

2. 按照海关指定的时间，陪同海关人员查验进出口货物，并负责搬移、开拆、重封货物包装；

3. 在规定的期限内缴纳所申报的进出口货物的税款及其他费用；

4. 配合海关对走私违规案件进行调查；

5. 报关单位要向海关申请注册登记，报关员应当经海关考核认可，报关单位和报关员都要接受海关年审；

6. 报关单位应当按照海关的要求选用报关员，并对其指派的报关员的一切报关行为负法律责任。

报关单位和报关员如不依法履行上述义务，将承担相应的法律责任，其承担法律责任的形式包括：

暂停报关权、取消报关权、取消报关资格并不准重新申请报关员资格、罚款追究刑事责任等。

（二）海关人员的法律责任

海关人员在依法对进出口货物实施监管中，必须遵守法律法规、秉公执法、忠于职守、文明服务。海关人员承担法律责任的形式包括：

1. 海关人员在查验进出境货物、物品时，损坏被查验的货物、物品的，应当赔偿实际损失；

2. 海关人员私分没收的走私货物、物品的，依照《刑法》第一百五十五条的规定追究刑事责任。海关人员购买没收的走私货物、物品的，责令退还，并可给予行政处分；

3. 海关工作人员滥用职权，故意刁难、拖延监管、查验的，给予行政处分；循私舞弊、玩忽职守或者放纵走私的，根据情节轻重给予行政处分或者依法追究刑事责任。

四、海关管理的自动化

随着改革开放的不断深入，我国对外贸易迅速发展，进出口货物量成倍增长。为适应这一新的形势，我国海关研制开发了报关自动化系统和电子数据交换报关系统，使通关工作实现了计算机管理，简化了手续，加速了通关。

（一）报关自动化系统

中国海关报关自动化系统简称"H883"系统，是海关利用电子计算机对进出口货物进行全面控制及处理，实现监管、征税、统计三大海关业务一体化管理的综合性信息应用项目。

海关 H883 系统共有 18 个子系统，其中用于直接处理通关各项业务的基本子系统有 9 个，即报关单预录入、统计初审、现场监控、审单、查验、征税、放行、理单和统计子系统。一份进（出）口货物报关单如果通过了上述9 个子系统，也就可以说基本完成了进出口通关程序。

H883 系统还包括用于许可证、征减免税、保税加工合同、舱单核销、企业档案、税收核销、单证管理等前期管理、后续管理及相关业务管理的可选子系统 9 个，另还有系统管理子系统 2 个。

H883 系统目前已在海关工作中全面推广使用，它对规范海关作业程序、简化海关手续、提高工作效率、加速通关起到了积极的作用，主要体现在：

1. 根据海关统一的业务法规和制度，通过应用相对统一的子系统，规范了海关监管、征税、统计业务的基本程序。

2. 通过计算机自动逻辑控制和文字提示，排除了作业中人为因素的影响，减轻了海关关员的劳动强度，提高了工作效率，加速了通关。

3. 通过计算机对进出口报关数据的采集、储存和判断、分析，实现了进出口数据统一处理和信息共享。

（二）电子数据交换报关系统

电子数据交换报关系统简称为"EDI 无纸报关"，EDI 是 Electronic Data Interchange 的缩写。EDI 是指按照协议，对具有一定结构特征的标准经济信息，经过电子数据通信网，在商业贸易伙伴的电子计算机系统之间进行交换和处理。

EDI 是计算机和网络通信高度结合的产物，它能快速处理传递经贸商业等信息，给经贸等各行业的业务交往带来极大便利和深刻影响。目前已形成轰动全球的"无纸贸易"浪潮。在美国，位于前 100 家大企业和前 500 家企业中，已分别有 97％和 65％的企业采用了 EDI。大的零售公司甚至开始对不使用 EDI 方式的供货者采取制裁措施。美国和欧共体国家已从 1992 年起全面采用 EDI 方式办理海关业务。在亚洲，新加坡已基本废除所有书面贸易文件。韩国也投资 5.8 亿美元，建立了韩国贸易网络，开展全国的 EDI 服务。日本、中国香港等国家和地区也在积极发展 EDI。

EDI 的应用在国际贸易及海关业务方面发展最快，这是因为随着全球贸易额的急剧上升，带来了各种贸易单证、文件数量的激增。海关作为国家对进出口货物实施监督管理的部门已逐步成为连接贸易、运输、保险和银行等行业的纽带，海关与预录入公司、报关企业、运输公司、进出口企业、国家进出口管理部门、银行等有着密切的联系，是对庞大数据和信息进行处理和传输的中枢。

EDI 技术是 20 世纪 90 年代初期被正式介绍到我国的，几年来在国家有关部门的关心和支持下，EDI技术的应用已在我国有关部门开始起步。海关总署也于1991年成立了EDI工作组，在现行的海关H883系统和已建立起的全国海关计算机数据通信网络的基础上，根据EDI技术的要求，结合我国的实际情况，提出了海关EDI通关系统的总体设计方案。1993年进入试点阶段，1995年～1996年进入扩大试点阶段，1997年～1998年进入推广阶段。实行EDI通关管理要求企业的经营管理计算机化，有健全的财务制度和经营管理制度，并与海关形成计算机网络，以便于海关了解情况和推行稽查制度。EDI通关管理系统实现以后，将大大简化口岸通关手续，加快通关速度，降低企业货物通关成本，提高企业的经济效益。

第二节　进出口货物的申报

申报是指进出口货物收发货人、受委托的报关企业，依照《海关法》以及有关法律、行政法规的要求，在规定的期限、地点，采用电子数据报关单和纸质报关单形式，向海关报告实际进出口货物的情况，并接受海关审核的行为。申报是进出口货物通关的第一个环节，也是关键的环节。

一、申报资格

申报人必须是经海关审核准予注册的专业报关企业、代理报关企业和自理报关企业及其报关员。

二、申报地点

根据现行海关法规的规定，进出口货物的报关地点，应遵循以下三个原则：

（一）进出境地原则

在一般正常情况下，进口货物应当由收货人或其代理人在货物的进境地向海关申报，并办理有关进口海关手续；出口货物应当由发货人或其代理人在货物的出境地向海关申报，并办理有关出口海关手续。

（二）转关运输原则

由于进出口货物的批量、性质、内在包装或其他一些原因，经收发货人或其代理人申请，海关同意，进口货物也可以在设有海关的指运地，出口货物也可以在设有海关的起运地向海关申报，并办理有关进出口海关手续。这些货物的转关运输，应当符合海关监管要求，必要时，海关可以派员押运。

（三）指定地点原则

经电缆、管道或其他特殊方式输送进出境的货物，经营单位应当按海关的要求定期向指定的海关申报并办理有关进出口海关手续。这些以特殊方式输送进出境的货物，输送路线长，往往需要跨越几个海关甚至几个省份；输送方式特殊，一般不会流失；有固定的计量工具，如电表、油表等。因此，上一级海关的综合管理部门协商指定其中一个海关管理，经营单位或其代理人直接与这一海关联系报关即可。

三、申报时间与滞报金

（一）申报期限

进口货物的申报期限为自装载货物的运输工具申报进境之日起 14 日内。申报期限的最后一天是法定节假日或休息日的，顺延至法定节假日或休息日后的第一个工作日。

出口货物的申报期限为货物运抵海关监管区后、装货的 24 小时以前。

经海关批准准予集中申报的进口货物，自装载货物的运输工具申报进境之日起 1 个月内办理申报手续。

经电缆、管道或其他特殊方式进出境的货物，进出口货物收发货人或其代理人应当按照海关的规定定期申报。

进口货物自装载货物的运输工具申报进境之日起超过 3 个月仍未向海关申报的，货物由海关提取依法变卖处理。对属于不宜长期保存的货物，海关可以根据实际情况提前处理。

（二）申报日期

申报日期是指申报数据被海关接受的日期。

进出口货物收发货人或其代理人的申报数据自被海关接受之日起，其申报的数据就产生法律效力，即进出口货物收发货人或其代理人应当向海关承担"如实申报"、"如期申报"等法律责任。因此，海关接受申报数据的日期非常重要。不论以电子数据报关单方式申报还是以纸质报关单方式申报，海关接受申报数据的日期即为接受申报的日期。

以电子数据报关单方式申报的，申报日期为海关计算机系统接受申报数据时记录的日期，该日期将反馈给原数据发送单位，或公布于海关业务现场，或通过公共信息系统发布。电子数据报关单经过海关计算机检查被退回的，视为海关不接受申报，进出口货物收发货人或其代理人应当按照要求修改后重新申报，申报日期为海关接受重新申报的日期。

在采用电子数据报关单申报后提交纸质报关单申报的情况下，海关接受申报的时间以海关接受电子数据报关单申报的日期为准。在不使用电子数据报关单只提供纸质报关单申报的情况下，海关工作人员在报关单上作登记处理的日期，为海关接受申报的日期。

（三）滞报金

进口货物收货人未按规定期限向海关申报产生滞报的，由海关按规定征收滞报金。进口货物滞报金应当按日计征。计征起始日为运输工具申报进境之日起第 15 日，截止日为海关接受申报之日（即申报日期）。起始日和截止日均计入滞报期间。

进口货物收货人在向海关传送报关单电子数据申报后，未在规定期限或核准的期限内提交纸质报关单，海关予以撤销电子数据报关单处理、进口货物收货人重新向海关申报产生滞报的，滞报金的征收，以自运输工具申报进境之日起第 15 日为起始日，以海关重新接受申报之日为截止日。

进口货物收货人申报并经海关依法审核，必须撤销原电子数据报关单重新申报，产生滞报的，经进口货物收货人申请并经海关审核同意，滞报金的征收，以撤销原电子数据报关单之日起第 15 日为起始日，以海关重新接受申报之日为截止日。

进口货物因收货人在运输工具申报进境之日起超过 3 个月未向海关申报，被海关提取做变卖处理后，收货人申请发还余款的，滞报金的征收，以自运输工具申报进境之日起第 15 日为起始日，以该 3 个月期限的最后一日为截止日。

滞报金的日征收金额为进口货物完税价格的 0.5‰，以人民币"元"为计征单位，不足 1 元人民币的部分免征。

征收滞报金的计算公式：

滞报金金额＝进口货物完税价格×0.5‰×滞报期间（滞报天数）

滞报金的起征点为 50 元人民币。滞报金的计征起始日如遇法定节假日，则顺延至其后第一个工作日。根据海关规定，因不可抗力等特殊情况产生的滞报可以向海关申请减免滞报金。

四、申报单证

申报单证可以分为主要单证、随附单证两大类，其中随附单证包括基本单证、特殊单证和预备单证。

主要单证就是报关单（证）。报关单（证）是由报关员按照海关规定格式填制的申报单。有关报关单（证）的种类和填制规范详见第六章有关内容。

基本单证是指进出口货物的货运单据和商业单据，主要有进口提货单据、出口装货单据、商业发票、装箱单等。

特殊单证主要是指进出口许可证件、加工贸易登记手册（包括纸质手册和电子账册）、特定减免税证明、作为有些货物进出境证明的原进出口货物报关单证、出口收汇核销单、原产地证明书等。

预备单证主要是指贸易合同、进出口企业的有关证明文件等。这些单证，海关在审单、征税时可能需要调阅或者收取备案。

进出口货物收发货人或其代理人应向报关员提供基本单证、特殊单证、预备单证，报关员审核这些单证后据此填制报关单。准备申报单证的原则是：基本单证、特殊单证、预备单证必须齐全、有效、合法；填制报关单必须真实、准确、完整；报关单与随附单证数据必须一致。

五、申报程序

（一）接到进口提货通知或备齐出口货物通知单

1. 进口货物的收货人或代理人接到运输或邮递公司寄交的"提货通知单"，即表示欲进口的货物已经到达港口、机场、车站或邮局，收货人应当立即准备向海关办理报关手续；

2. 出口货物的发货人在根据出口合同的规定，按时、按质、按量备齐出口货物后，即应向运输公司办理租船订舱手续，准备向海关办理报关手续。

（二）办理（接受）报关委托

海关把报关企业分为自理报关企业、专业报关企业和代理报关企业三种，没有报关资格的进出口货主需在货物进出口之前，在进出口口岸就近委托专业或代理报关企业办理报关手续，并出具报关委托书。委托书应载明委托人和被委托人双方的企业名称、海关注册登记编码、地址、法定代理人姓名以及代理事项、权限、期限、双方责任等内容，并加盖双方单位的公章。

（三）准备报关单证

在向海关办理报关手续前，应准备好海关必备的单证。申报单证前面已介绍过主要有报关单、基本单证、特殊单证、预备单证。

1. 进口货物报关需提供的单证：

（1）由报关员自行填写或由自动化报关预录入人员录入后打印的报关单；

（2）进口货物属于国家限制或控制进口的，应交验对外经济贸易管理部门签发的进口货物许可证或其他批准文件；

（3）进口货物的发票、装箱单（装箱清单）；

（4）进口货物的提货单（或运单）；

（5）减税、免税或免验的证明文件；

（6）对应实施商品检验、文物鉴定、动植物检疫、食品卫生检验或其他受管制的进口货物还应交验有关主管部门签发的证明；

（7）海关认为必要时，可以调阅的贸易合同、原产地证明和其他有关单证、账册等；

（8）其他有关文件。

2. 出口货物报关时需提供的单证：

（1）由报关员自行填写或由自动化报关预录入人员录入打印的报关单一式多份，其所需份数根据各部门需要而定，出口退税时加填一份黄色出口退税专用报关单；

（2）出口货物属于国家限制出口或配额出口的应提供许可证件或其他证明文件；

（3）货物的发票、装箱清单、合同等；

（4）商检证明等；

（5）对方要求的产地证明；

（6）出口收汇核销单（指创汇企业）；

（7）其他有关文件。

（四）申报前看货取样

进口货物的收货人，在向海关申报前，为了确定货物的品名、规格、型号等，可以向海关提出查看货物或者提取货样的书面申请。海关审核同意的，派员到场监管。

涉及动植物及其产品以及其他须依法提供检疫证明的货物，如需提取货样，应当按照国家的有关法律规定，事先取得主管部门签发的书面批准证明。提取货样后，到场监管的海关工作人员与进口货物的收货人在海关开具取样记录和取样清单上签字确认。

（五）申 报

1. 电子数据申报

进出口货物收发货人或其代理人可以选择终端申报方式、委托 EDI 方式、自行 EDI 方式、网上申报方式四种电子申报方式中适用的一种，将报关单内容录入海关电子计算机系统，生成电子数据报关单。

进出口货物收发货人或其代理人在委托录入或自行录入报关单数据的计算机上接收到海关发送的"不接受申报"报文后，应当根据报文提示修改报关单内容后重新申报。一旦接收到海关发送的"接受申报"报文和"现场交单"或"放行交单"通知，即表示电子申报成功。

2. 提交纸质报关单及随附单证

海关审结电子数据报关单后，进出口货物收发货人或其代理人应当自接到海关"现场交单"或"放行交单"通知之日起 10 日内，持打印的纸质报关单，备齐规定的随附单证并签名盖章，到货物所在地海关提交书面单证，办理相关海关手续。

3. 修改申报内容或撤销申报

海关接受进出口货物申报后，电子数据和纸质的进出口货物报关单不得修改或者撤销；确有正当理由的，经海关审核批准，可以修改或撤销。

进出口货物收发货人或其代理人确有如下正当理由的，可以向原接受申报的海关申请修改或者撤销进出口货物报关单：

（1）由于报关人员操作或书写失误造成所申报的报关单内容有误，并且未发现有走私违规或者其他违法嫌疑的；

（2）出口货物放行后，由于装运、配载等原因造成原申报货物部分或全部退关、变更运输工具的；

（3）进出口货物在装载、运输、存储过程中因溢短装、不可抗力的灭失、短损等原因造成原申报数据与实际货物不符的；

（4）根据贸易惯例先行采用暂时价格成交、实际结算时按商检品质认定或国际市场实际价格付款方式需要修改申报内容的；

（5）由于计算机、网络系统等方面的原因导致电子数据申报错误的；

（6）其他特殊情况经海关核准同意的。

海关已经决定布控、查验的，以及涉及有关案件的进出口货物的报关单在"办结"前不得修改或者撤销。

进出口货物收发货人或其代理人申请修改或者撤销进出口货物报关单的，应当向海关提交"进出口货物报关单修改/撤销申请表"，并相应提交下列有关单证：

（1）可以证明进出口实际情况的合同、发票、装箱单等相关单证；

（2）外汇管理、国税、检验检疫、银行等有关部门出具的单证；

（3）应税货物的"海关专用缴款书"、用于办理收付汇和出口退税的进出口货物报关单证明联等海关出具的相关单证。

海关发现进出口货物报关单需要进行修改或者撤销，但进出口货物收发货人或者其代理人未提出申请的，海关应当通知进出口货物的收发货人或者其代理人。进出口货物收发货人或者其代理人应当填写"进出口货物报关单修改/撤销确认书"，对进出口货物报关单修改或者撤销的内容进行确认，确认后海关完成对进出口货物报关单的修改或者撤销。

因修改或者撤销进出口货物报关单导致需要变更、补办进出口许可证件的，进出口货物收发货人或其代理人应当向海关提交相应的进出口许可证件。

六、进出口货物报关的填制规范

（一）填写进出口货物报关单须知

进出口货物报关单是向海关报告进出口货物情况，申请海关审查、放行

国际货物与通关

货物的法律文书。它在对外经济贸易活动中具有十分重要的法律地位。它既是海关监管、征税、统计以及开展稽查和调查的重要依据，又是加工贸易进出口货物核销，以及出口退税和外汇管理的重要凭证，也是海关处理走私、违规案件，及税务料汇管理部门查处骗税和套汇犯罪活动的重要书证。报关单填写的质量如何，直接关系到报关效率，企业的经济效益和海关的征、减、免验、放等工作环节。因此，填写进出口货物报关单时，要注意以下几点：

1. 报关单的填报必须真实，不得出现差错，更不能伪报、瞒报及虚报。要做到两个相符：一是单证相符，即报关单与合同、批文、发票、装箱单等相符；二是单货相符，即报关单中所报内容与实际进出口货物情况相符。

2. 报关单填报要准确、齐全，尽可能使用打印稿，如用笔写，字迹要清楚、整洁，不可用铅笔和红墨水。若有更改，必须在更改项目上加盖校对章。

3. 不同合同、不同运输工具名称、不同征免性质、不同许可证号的货物，不能填在同一份报关单上。同一张报关单上可以填写不超过五项海关统计商品编号的货物，但需逐项填报清楚。

4. 不同贸易方式的货物，须用不同颜色的报关单填报。一般贸易进出口货物采用白色报关单；来料加工、补偿贸易货物采用浅绿色的专用报关单；进料加工货物采用粉红色专用报关单；外商投资企业进出口货物采用浅蓝色专用报关单；出口退税采用黄色专用报关单。上述各种报关单只是颜色有别，报关单中所列项目及格式完全相同。

5. 报关单有关项目有海关规定的统计代码的，除填写有关项目外，还应填写有关项目的海关统计代码。这是为实行报关自动化的需要而须填写的。

6. 预录入的报关单与手工报关单具有同样的法律效力，报关员在打印报关单上签字盖章前，应认真核对，防止录错。

7. 向海关申报的进出口货物报关单，若事后由于各种原因，出现原来填写的内容与实际货物有出入时，需向海关办理更正手续，填写报关单更正单，对原来填写的项目进行更改，更改内容必须清楚，一般情况下，只修改错项。但是，如果更改的项目涉及货物数量的变化，则除应对有关货物的数量进行更改外，与数量有关的项目也应作相应的更改，如件数、重量、金额、体积等。如一张报关单上有两种以上的不同货物，更正单应具体列明更改哪一项货物。

8. 进出口货物报关单的基本联由一式三联组成，第一联供海关留存；第二联供海关统计；第三联供企业留存。一般贸易进口货物（付汇的）填制一式四联报关单，分别供海关留存、海关统计、企业留存、进口付汇核销；出口货物（需退税和收汇的）填制一式五联报关单，分别供海关留存、海关统计、企业留存、出口收汇核销、出口退税专用。来料加工贸易进口货物应填制一式四联报关单，分别供海关留存、海关统计、企业留存、海关核销；出口（收汇的）填制一式五联报关单，分别供海关留存、海关统计、企业留存、出口收汇核销、海关核销。进料加工贸易出口货物（需退税和收汇的）填制一式六联报关单，分别供海关留存、海关统计、企业留存、海关核销、出口收汇核销、出口退税专用。

总之，报关员必须按照《海关法》、《海关统计制度》和《海关报关员管理规定》等有关规定，完整、准确地填制报关单。报关员对进出境货物的品名、数量、规格、价格、原产国别、贸易方式、消费国别、贸易国别或者其他应当申报的项目填写不准确或不填报，影响海关统计准确性的，按申报不实处以 5 万元人民币以下的罚款，并可暂停或取消报关员的报关资格。对构成走私、偷逃税的，按《海关法》的有关规定给予处理。

（二）进出口货物报关单填制规范

为统一进出口货物报关单填报要求，保证报关单数据质量，《海关法》及有关法规制定了货物报关单填制规范。该规范在一般情况下采用"报关单"或"进口报关单"、"出口报关单"的提法，需要分别说明不同要求时，则分别采用以下用语：

1. 报关单录入凭单。指申报单位按海关规定的格式填写的凭单，用作报关单预录入的依据（可将现行报关单放大后使用）。

2. 预录入报关单。指预录入公司录入、打印，并联网将录入数据传送到海关，由申报单位向海关申报的报关单。

3. EDI 报关单。指申报单位采用 EDI 方式向海关申报的电子报文形式的报关单及事后打印、补交备核的书面报关单。

4. 报关单证明联。指海关在核实货物实际入、出境后按报关单格式提供的证明，用作企业向税务方、外汇管理部门办结有关手续的证明文件。

进出口货物报关单各栏目的填制规范如下所述：

1. 预录入编号。预录入编号指申报单位或预录入单位对该单位填制录入的报关单的编号，用于该单位与海关之间引用其申报后尚未批准放行的报关单。

报关单录入凭单的编号规则由申报单位自行决定。预录入报关单及 EDI 报关单的预录入编号接受申报的海关决定编号规则，计算机自动打印。

2. 海关编号。海关编号指海关接受申报时给予报关单的编号。海关编号由各海关在接受申报环节确定，应标识在报关单的每一联上。

报关单海关编号为九位数码，其中前两位为分关（办事处）编号，第三位由各关自定义，后六位根据顺序编号。各直属海关对进口报关单和出口报关单应分别编号，并确保在同一公历年度内，能按进口和出口唯一地标识本关区的每一份报关单。

各直属海关的理单岗位可以对归档的报关单另行编制理单归档编号。理单归档编号不得在部门以外用于报关单标识。

3. 进口口岸/出口口岸。进口口岸/出口口岸指货物实际进（出）我国关境口岸海关的名称。本栏目应根据货物实际进（出）口的口岸海关选择填报《关区代码表》中相应的口岸海关名称及代码。

加工贸易合同项下货物必须在海关核发的《登记手册》限定或指定的口岸海关办理报关手续，《登记手册》限定或指定的口岸不符的，应向合同备案主管海关办理《登记手册》的变更手续后填报。

进口转关运输货物应填报货物进境地海关名称及代码，出口转关运输货物应填报货物出境地海关名称及代码。按转关运输方式监管的跨关区深加工结转货物，出口报关单填报转出地海关名称及代码，进口报关单填报转入地海关名称及代码。

其他未实际进出境的货物，填报接受申报的海关名称及代码。

4. 备案号。备案号指进出口企业在海关办理加工贸易合同备案或征、减、免税审批备案等手续时，海关给予《中华人民共和国海关加工贸易手册》、《中华人民共和国海关加工贸易设备登记手册》、电子账册及其分册、《中华人民共和国进出口货物征免税证明》或其他有关备案审批文件的编号。

185

一份报关单只允许填报一个备案号。

具体填报要求如下：

（1）加工贸易合同项下货物，除少量低价值辅料按规定不使用《登记手册》的外，必须在报关单备案栏目填报《登记手册》的十二位编号。

加工贸易成品凭《征免税证明》转为享受减免税进口货物的，进口报关单填报《征免税证明》编号，出口报关单填报《登记手册》编号。

（2）凡涉及减免税备案审批的报关单，本栏目填报《征免税证明》编号，不得为空。

（3）无备案审批文件的报关单，本栏目免予填报。

备案号长度为十二位，其中第一位是标记代码。加工贸易手册第一位B、C、D，分别表示来料加工、进料加工、加工贸易设备（包括作价和不作价的）；征免税证明的第一位是Z；备案号的标记代码必须与贸易方式、征免性质、征免方式、用途、项号等栏目相协调。

5. 进口日期/出口日期。进口日期指运载所申报货物的运输工具申报进境的日期。本栏目填报的日期必须与相应的运输工具进境日期一致。出口日期指运载所申报货物的运输工具办结出境手续的日期。本栏目供海关打印报关单证明联用，预录入报关单及 EDI 报关单均免予填报。无实际进出境的报关单填报办理申报手续的日期。本栏目为八位数，顺序为年（四位）、月（两位）、日（两位）。

6. 申报日期。申报日期指海关接受进（出）口货物的收、发货人或其代理人申请办理货物进（出）口手续的日期。预录入及 EDI 报关单填报向海关申报的日期与实际情况不符时，由审单关员按实际日期修改批注。本栏目为八位数，顺序同上。

7. 经营单位。经营单位指对外签订并执行进出口贸易合同的中国境内企业、单位或个人。本栏目应填报经营单位名称及经营单位编码。经营单位编码为十位数字，指进出口企业在所在地主管海关办理注册登记手续时，海关给企业设置的注册登记编码。其中，第一位至第四位数为进出口单位属地的行政区划代码。

第五位数为市经济区代码：

1—经济特区

2—经济技术开发区和上海浦东新区、海南洋浦开发区

3—高新技术产业开发区

4—保税区

5—出口加工区

7—物流园区

9—其他

第六位数为进出口企业经济类型代码：

1—有进出口经营权的国有企业

2—中外合作企业

3—中外合资企业

4—外商独资企业

5—有进出口经营权的集体企业

6—有进出口经营权的私营企业

7—有进出口经营权的个体工商户

8—有报关权而没有进出口经营权的企业

9—其他

第七位至第十位数为顺序代码。

经营单位确定原则如下：

(1) 援助、赠送、捐赠的货物，填报直接接受货物的单位；

(2) 进出口企业之间相互代理进出口，或没有进出口经营权的企业委托有进出口经营权的企业代理进出口的，填报代理方。

(3) 外商投资企业委托外贸企业进口投资设备、物品的，填报外商投资企业。

(4) 合同的签订者和执行者不是同一个企业的，经营单位应按执行合同的企业填报。

8. 运输方式。运输方式指载运货物进出关境所使用的运输工具的分类。本栏目应根据实际运输方式按海关规定的《运输方式代码表》选择填报相应的运输方式。特殊情况下运输方式的填报原则如下：

(1) 非邮政方式进出口的快递货物，按实际运输方式填报；

(2) 进出境旅客随身携带的货物，按旅客所乘运输工具填报；

（3）进口转关运输货物，按载运货物抵达进境地的运输工具填报，出口转关运输货物，按载运货物驶离出境地的运输工具填报；

（4）无实际进出境的，根据实际情况选择填报。《运输方式代码表》中，运输方式"0"代表非保税区运入保税区和保税区退区，"1"代表境内存入出口监管仓库和出口监管仓库退仓，"7"代表保税区运往非保税区，"8"代表保税仓库转内销，"9"代表其他运输。

9. 运输工具名称。运输工具名称指载运货物进出境的运输工具的名称或运输工具编号。本栏目填制内容应与运输部门向海关申报的载货清单所列相应内容一致。一份报关单只允许填报一个运输工具名称。具体填报要求如下：

（1）江海运输填报船舶呼号（来往港澳小型船舶为监管簿编号）＋"/"＋航次号；

（2）汽车运输填报该跨境运输车辆的国内行驶车牌号码＋"/"＋进出境日期（八位数字，即年年年年月月日日，下同）；

（3）铁路运输填报车次（或车厢号）＋"/"＋进出境日期；

（4）对航空运输填报航班号；

（5）邮政运输填报邮政包裹单号＋"/"＋进出境日期；

（6）进口转关运输填报转关标识"@"＋转关运输申报单编号，出口转关运输只需填报转关运输标识"@"；

（7）其他运输填报具体运输方式名称，例如：管道、驮畜等；

（8）无实际进出境的加工贸易报关单按以下要求填报：加工贸易深加工结转及料件结转货物，应先办理结转进口报关，并在结转出口报关单本栏目填报转入方关区代码（两位）及进口报关单号，即"转入××（关区代码）××××××××××（进口报关单号）"。按转关运输货物办理结转手续的，按上列第（6）项规定填报。

加工贸易成品凭《征免税证明》转为享受减免税进口的货物，应先办理进口报关手续，并在出口报关单本栏目填报进口方关区代码（前两位）及进口报关单号。

上述规定以外无实际进出境的，本栏目为空。

10. 提运单号。提运单号指进出口货物提单或运单的编号。本栏目填报的内容与运输部门向海关申报的载货清单所列内容一致。一份报关单只允许填报一个提运单号，一票货物对应多个提运单时，应分单填报。

具体填报要求如下：

（1）江海运输填报进口提单号或出口运单号；

（2）汽车运输免予填报；

（3）铁路运输填报运单号；

（4）航空运输填报总运单号＋"_"＋分运单号，无分运单的填报总运单号；

（5）邮政运输填报邮运包裹单号；

（6）无实际进出境的，本栏目为空；

（7）进出口转关运输免于填报。

11. 收货单位/发货单位。

（1）收货单位指已知的进口货物在境内的最终消费、使用单位。包括：自行从境外进口货物的单位；委托有外贸进出口经营权的企业进口货物的单位。

（2）发货单位指出口货物在境内的生产或销售单位。包括：自行出口货物的单位；委托有外贸进出口经营权的企业出口货物的单位。

本栏目应填报收、发货单位的海关注册编码，否则填其中文名称。加工贸易报关单的收、发货单位应与《登记手册》的"货主单位"一致。

12. 贸易方式（监管方式）。贸易方式栏目应根据实际情况，并按海关规定的《贸易方式代码表》选择填报相应的贸易方式简称或代码。一份报关单只允许填报一种贸易方式。

在特殊情况下，加工贸易报关单填报要求如下：

（1）少量低值辅料（即5000美元以下，78种以内的低值辅料）按规定不使用《登记手册》的，辅料进口报关单填报"低值辅料"。使用《登记手册》的，按《登记手册》上的贸易方式填报。

（2）三资企业按内外销比例为加工内销产品而进口的料件或进口供加工内销产品的料件，进口报关单填报"一般贸易"。

三资企业为加工出口产品全部使用国内料件的出口合同，成品出口报关单填报"一般贸易"。

（3）加工贸易料件结转或深加工结转货物，按批准的贸易方式填报。

（4）加工贸易料件转内销货物（及按料件补办进口手续的转内销成品）应填制进口报关单，本栏目填报（来料或进料）料件内销；加工贸易成品凭《征免税证明》转为享受减免税进口货物的，应分别填制进出口报关单，本栏目填报（来料或进料）成品减免。

（5）加工贸易出口成品因故退运进口及复出口，以及复运出境的原进口料件退换后复运进口的，填报与《登记手册》备案相应的退运（复出）贸易方式简称或代码。

（6）备料《登记手册》中的料件结转入加工出口《登记手册》的，进出口报关单均填报为"进料余料结转"。

（7）保税工厂加工贸易进出口货物，根据《登记手册》填报相应的来料或进料加工贸易方式。

13. 征免性质。征免性质指海关对进出口货物实施征、减、免税管理的性质类别。本栏目应按照海关核发的《征免税证明》中批注的征免性质填报，或根据实际情况，按海关规定的《征免性质代码表》选择填报相应的征免性质简称或代码。

加工贸易报关单本栏目应按海关核发的《登记手册》中批注的征免性质填报相应的征免性质或代码。特殊情况下填报要求如下：

（1）保税工厂经营的加工贸易，根据《登记手册》填报"进料加工"或"来料加工"；

（2）三资企业按内外销比例为加工内销产品而进口料件，填报"一般征税"或其他相应征免性质；

（3）加工贸易转内销货物，按实际应享受的征免性质填报（如一般征税、科教用品、其他法定等）；

（4）料件退运出口、成品退运进口货物填报"其他法定"；

（5）加工贸易结转货物本栏目为空。

一份报关单只允许填报一种征免性质。

14. 征税比例/结汇方式。征税比例仅用于"非对口合同进料加工"贸易方式下进口料件的进口报关单，填报海关规定的实际应征税比率。出口报关单应填报结汇方式，即出口货物的发货人或其代理人收结外汇的方式。本栏目应按海关规定的《结汇方式代码表》选择填报相应的结汇方式名称或代码。

15. 许可证号。应申领进（出）口许可证的货物，必须在许可证号栏目填报外经贸部及其授权发证机关签发的进（出）口货物许可证的编号，不得为空。一份报关单只允许填报一个许可证号。

16. 起运国（地区）/运抵国（地区）。起运国（地区）指进口货物起始发出的国家（地区）。运抵国（地区）指出口货物直接运抵的国家（地区）。

对发生运输中转的货物，如中转地未发生任何商业性交易，则起、抵地不变；如中转地发生商业性交易，则以中转地作为起运/运抵国（地区）填报。

本栏目应按海关规定的《国别（地区）代码表》选择填报相应的起运国（地区）或运抵国（地区）中文名称或代码。无实际进出境的，本栏目填报"中国"（代码"142"）。

17. 装货港/指运港。装货港指进口货物在运抵我国关境前的最后一个境外装运港。指运港指出口货物运往境外的最终目的港；最终目的港不可预知的，可按尽可能预知的目的港填报。

本栏目应根据实际情况按海关规定的《港口航线代码表》选择填报相应的港口中文名称或代码。无实际进出境的，本栏目填报"中国境内"（代码"0142"）。

18. 境内目的地/境内货源地。境内目的地指已知的进口货物在国内的消费地、使用地或最终运抵地。境内货源地指出口货物在国内的产地或原始发货地。

本栏目应根据进口货物的收货单位、出口货物生产厂家或发货单位所属国内地区，并按海关规定的《国内地区代码表》选择填报相应的国内地区名称或代码。

19. 批准文号。进口报关单本栏目用于填报《进口付汇核销单》编号。出口报关单本栏目用于填报《出口收汇核销单》编号。

20. 成交方式。成交方式栏目应根据实际成交价格条款，按海关规定的《成交方式代码表》选择填报相应的成交方式代码。无实际进出境的，进口填报 CIF 价，出口填报 FOB 价。

21. 运费。运费栏目用于成交价格中不包含运费的进口货物或成交价格中含有运费的出口货物,应填报该份报关单所含全部货物的国际运输费用。可按运费单价、总价或运费率三种方式之一填报,同时注明运费标记,并按海关规定的《货币代码表》选择填报相应的币种代码。运保费合并计算的,运保费填报在本栏目。

运费标记"1"表示运费率,"2"表示每吨货物的运费单价,"3"表示运费总价。例如:5%的运费率填报为 5/1;24 美元的运费单价填报为 502/24/2;7000 美元的运费总价填报为 502/7000/3。

22. 保费。保费栏目用于成交价格中不包含保险费的进口货物或成交价格中含有保险费的出口货物,应填报该份报关单所含全部货物国际运输的保险费用。可按保险费总价或保险费率两种方式之一填报,同时注明保险费标记,并按海关规定的《货币代码表》选择填报相应的币种代码。运保费合并计算的,运保费填报在运费栏目中。

保险费标记"1"表示保险费率,"3"表示保险费总价。例如:3‰的保险费率填报为 0.3/1;10000 港元保险费总价值填报为 110/10000/3。

23. 杂费。杂费指成交价格以外的,应计入完税价格或应从完税价格中扣除的费用,如手续费、佣金、回扣等,可按杂费总价或杂费率两种方式之一填报,同时注明杂费标记,并按海关规定的《货币代码表》选择填报相应的币种代码。

应计入完税价格的杂费填报为正值或正率,应从完税价格中扣除的杂费填报为负值或负率。杂费标记"1"表示杂费率,"3"表示杂费总价。例如:应计入完税价格的 1.5%的杂费率填报为 1.5/1;应从完税价格中扣除的 1%的回扣率填报为-1/1;应计入完税价格的 500 英镑杂费总价填报为 303/500/3。

24. 合同协议号。合同协议号栏目应填报进(出)口货物合同(协议)的全部字头和号码。

25. 件数。件数栏目应填报有外包装的进(出)口货物的实际件数。特殊情况下填报要求如下:

(1)有关单据仅列明托盘件数,或者既列明托盘件数,又列明单件包装件数的,本栏填报托盘件数。

（2）舱单件数仅列明集装箱个数的，填报集装箱个数。

本栏目不得填报为零，裸装、散装货物填报为1。

26．包装种类。包装种类栏目应填报进（出）口货物的实际外包装种类，按海关规定的《包装种类代码表》选择填报相应的包装种类代码。

27．毛重（千克）。毛重（千克）指货物及其包装材料的重量之和。本栏目填报进（出）口货物实际毛量，计量单位为千克，不足1千克的填报为1，如果货物的重量在1千克以上且非整数，其小数点后保留四位，第五位及以后略去。

28．净重（千克）。净重（千克）指货物的毛重减去外包装材料后的重量，即商品本身的实际重量。本栏目填报进（出）口货物的实际净重，填法同上。

29．集装箱号。集装箱号是在每个集装箱箱体两侧标示的全球唯一的编号，其组成规则是：箱主代号（三位字母）＋设备识别号（U）＋顺序号（六位数字）＋校验码（一位数字）。

本栏目用于填报和打印集装箱编号及数量。集装箱数量四舍五入填报整数，非集装箱货物填报为0。在填制纸制报关单时，按照集装箱号/规格/自重的方式填报。

在多于一个集装箱的情况下，其余集装箱编号打印在备注栏或随附清单上。

30．随附单据。随附单据指随进（出）口货物报关单一并向海关递交的单证或文件。合同、发票、装箱单、许可证等必备的随附单证不在本栏目填报。本栏目应按海关规定的《监管证件名称代码表》选择填报相应证件的代码。

31．用途/生产厂家。进口货物填报用途，应根据进口货物的实际用途按海关规定的《用途代码表》选择填报相应的用途代码。如"以产顶进"填报"13"。生产厂家指出口货物的境内生产企业。本栏目必要时供手工填写。

32．标记唛码及备注。标记唛码及备注栏目上部用于打印以下内容：

（1）标记唛码中除图形以外的文字、数字；

（2）受外商投资企业委托，代理其进口投资设备、物品的外贸企业名称；

（3）加工贸易结转货物及凭《征免税证明》转内销货物，其对应的备案号应填报在本栏目，即"转至（自）××××××××××手册"；

（4）其他申报时必须说明的事项。本栏目下部供填报随附单据栏中监管证件的编号，具体填报要求为：监管证件代码＋"："＋监管证件号码。一份报关单多个监管证件的，连续填写。一票货物多个集装箱的，在本栏打印其余的集装箱号。

33. 项号。项号栏目分两行填报及打印。第一行打印报关单中的商品排列序号。第二行专用于加工贸易等已备案的货物，填报和打印该项货物在《登记手册》中的项号。加工贸易合同项下进出口货物，必须填报与《登记手册》一致的商品项号，所填报项号用于核销对应项号下的料件或成品数量。

特殊情况下填报要求如下：

（1）深加工结转货物，分别按照《登记手册》中的进口料件项号和出口成品项号填报。

（2）料件结转货物，出口报关单按照转出《登记手册》中进口料件的项号填报；进口报关单按照转进《登记手册》中进口料件的项号填报。

（3）料件复出货物，出口报关单按照《登记手册》中进口料件的项号填报。

（4）成品退运货物，退运进境报关单和复运出境报关单按照《登记手册》原出口成品的项号填报。

（5）加工贸易料件转内销货物（及按料件补办进口手续的转内销成品），应填制进口报关单，本栏目填报《登记手册》进口料件的项号。

（6）加工贸易成品凭《征免税证明》转为享受减免税进口货物的，应先办理进口报关手续。进口报关单栏目填报《征免税证明》中的项号，出口报关单栏目填报《登记手册》中原出口成品项号，进出口货物报关单货物数量应一致。

34. 商品编号。商品编号指按海关规定的商品分类编码规则确定的进（出）口货物的商品编号。加工贸易《登记手册》中商品编号与实际商品编号不符的，应按实际商品编号填报。

35. 商品名称、规格型号。商品名称、规格型号栏目分两行填报及打印。

第一行打印进（出）口货物规范的中文商品名称，第二行打印规格型号，必要时可加注原文。具体填报要求如下：

（1）商品名称及规格型号应据实填报，并与所提供的商业发票相符；

（2）商品名称应当规范，规格型号应当足够详细，以能满足海关归类、审价以及监管的要求为准。禁止、限制进出口等实施特殊管制的商品，其名称必须与交验的批准证件上的商品名称相符；

（3）加工贸易等已备案的货物，本栏目填报录入的内容必须与备案登记中同项号下货物的名称与规格型号一致。

36. 数量及单位。数量及单位指进（出）口商品的实际数量及计量单位。本栏目分三行填报及打印。具体填报要求如下：

（1）进出口货物必须按海关法定计量单位填报。法定第一计量单位及数量打印在本栏目第一行；

（2）凡海关列明第二计量单位的，必须报明该商品第二计量单位及数量，打印在本栏目第二行。无第二计量单位的，本栏目第二行为空；

（3）成交计量单位与海关法定计量单位不一致时，还须填报成交计量单位及数量，打印在商品名称、规格型号栏下方（第三行）。成交计量单位与海关法定计量单位一致时，本栏目第三行为空。

加工贸易等已备案的货物，成交计量单位必须与备案登记中同项号下货物的计量单位一致，不相同时必须修改备案或转换一致后填报。

37. 原产国（地区）/最终目的国（地区）。原产国（地区）指进口货物的生产、开采或加工制造国家（地区）。最终目的国（地区）指已知的出口货物的最终实际消费、使用或进一步加工制造国家（地区）。本栏目应按海关规定的《国别（地区）代码表》选择填报相应的国家（地区）名称或代码。

加工贸易报关单特殊情况下填报要求如下：

（1）料件结转货物，出口报关单填报"中国"（代码"142"），进口报关单填报原料件生产国；

（2）深加工结转货物，进出口报关单均填报"中国"（代码"142"）；

（3）料件复运出境货物，填报实际最终目的国；加工出口成品退运境内的，填报"中国"（代码"142"）；复运出境时填报实际最终目的国。

38. 单价。单价栏目应填报同一项号下进（出）口货物实际成交的商品单位价格。无实际成交价格的，本栏目填报货值。

39. 总价。总价栏目应填报同一项号下进（出）口货物实际成交的商品总价。无实际成交价格的，本栏目填报货值。

40. 币制。币制指进（出）口货物实际成交价格的币种。本栏目应根据实际成交情况，按海关规定的《货币代码表》选择填报相应的货币名称或代码，如《货币代码表》中无实际成交币种，需转换后填报。

41. 征免。征免指海关对进（出）口货物进行征税、减税、免税或特案处理的实际操作方式。本栏目应按照海关核发的《征免税证明》或有关政策规定，对报关单所列每项商品选择填报海关规定的《征减免税方式代码表》中相应的征减免税方式。加工贸易报关单应根据《登记手册》中备案的征免规定填报。

42. 税费征收情况。税费征收情况栏目供海关批注进（出）口货物税费征收及减免情况。

43. 录入员。录入员栏目用于预录入和 EDI 报关单，打印录入人员的姓名。

44. 录入单位。录入单位栏目用于预录入和 EDI 报关单，打印录入单位名称。

45. 申报单位。申报单位栏目指报关单左下方用于填报申报单位有关情况的总栏目。申报单位指对申报内容的真实性直接向海关负责的企业或单位。自理报关的，应填报进（出）口货物的经营单位名称及代码；委托代理报关的，应填报经海关批准的专业或代理报关企业名称及代码。本栏目还包括报关单位地址、邮编和电话等分项目，由申报单位的报关员填报。

46. 填制日期。填制日期指报关单的填制日期。预录入和 EDI 报关单由计算机自动打印。本栏目为八位数，顺序同申报日期。

47. 海关审单批注栏。海关审单批注栏指供海关内部作业时签注的总栏目，由海关关员手工填写在预录入报关单上。其中，"放行"栏填写海关对接受申报的进出口货物做出放行决定的日期。

第三节　进出口货物的查验

根据《海关法》第十九条的规定，进出口货物除经收发货人申请、海关总署特准可以免验的以外，都应接受海关的查验。

一、海关查验的概念

海关查验是指海关为确定进出境货物收发货人向海关申报的内容是否与进出口货物的真实情况相符，或者为确定商品的归类、价格、原产地等，依法对进出口货物进行实际核查的执法行为。

二、海关查验的目的

海关查验，一方面是要复核申报环节中所申报的单证及查证单货是否一致，通过实际的查验发现审单环节不能发现的无证进出问题及走私、违规、逃漏关税等问题；另一方面通过查验货物才能保证关税的依率计征。因为进口货物税则分类号列及适用税率的确定，申报的货价海关是否予以接受，都决定于查验的结果。如查验不实，税则分类及估价不当，不仅适用的税率可能发生差错，且估价亦或高或低，因而使税负不公，国家或进口厂商将蒙受损失。

如某市外运分公司申报进口制冷机，应归入税号8415，但该税号有8个子目，子目84158210税率为130%，子目84158220税率为90%，所附单据看不出制冷机的制冷温度和容量。通过实际查验，确定该机应归入税号84158220，按税率90%计征关税，从而避免了进口厂商负担其不应负担的关税额，体现了海关征税工作的严肃性，维护了集体的利益。

三、查验地点

海关查验货物一般在海关监管区内的进出口口岸码头、车站、机场、邮局或海关的其他监管场所进行。为了加速验放，方便外贸运输，根据货物性质，海关对海运进出口的散装货物（如矿砂、粮食、原油、原木等）、大宗货物（如化肥、水泥、食糖、钢材等）、危险品和鲜活商品等，结合装卸环节，在作业现场予以验放。对于成套设备、精密仪器、贵重物资、急需急用的物资和"门对门"运输的集装箱货物等，在海关规定地区进行查验有困难的，经进出口货物收发货人的申请，海关核准，海关可以派员到监管区域以外的地点进行查验，就地查验放行货物。但申请单位应按规定缴纳查验费用，并提供往返交通工具、住宿等方便条件。

四、查　验

（一）查验方法

海关实施查验可以彻底查验，也可以抽查。彻底查验是指对一票货物逐件开拆包装、验核货物实际状况；抽查是指按照一定比例有选择的对一票货物中的部分货物验核实际状况。

查验操作可以分为人工查验和设备查验。

1. 人工查验

人工查验包括外形查验、开箱查验。外形查验是指对外部特征直观、易于判断基本属性的货物的包装、运输标识和外观等状况进行验核；开箱查验是指将货物从集装箱、货柜车箱等箱体中取出并拆除外包装后对货物实际状况进行验核。

2. 设备查验

设备查验是指利用技术检查设备对货物实际状况进行验核。海关可以根据货物情况以及实际执法需要，确定具体的查验方式。

海关查验进出口货物后，均要填写一份《海关进/出口货物查验记录》。货物查验记录由执行查验任务的海关关员填写。验货记录一般包括查验时间、地点、进出口货物的收发货人或其代理人名称、申报的货物情况、货物的运输包装情况（如运输工具名称、集装箱号、尺码和封志号）、货物的名称、规格型号、原产国别、自然属性（品质）、新旧程度、数（重）量、进出口时状态（原材料、半成品、整机、全套组装件、全套散件和关键件等）、查验过程中存在的货物残损情况及造成残损的原因、提取货样的情况以及查验结论等内容。查验关员和陪同查验的报关员应在货物查验记录上签具全名。

（二）径行开验

径行开验是指海关在进出口货物收发货人或其代理人不在场的情况下对

货物进行开拆包装查验。有下列情形之一的，海关可以径行开验：

1. 进出口货物有违法嫌疑的；

2. 经海关通知查验，进出口货物收发货人或其代理人届时未到场的。

海关径行开验时，存放货物的海关监管场所经营人、运输工具负责人应当到场协助，并在查验记录上签名确认。

（三）复　验

海关可以对已查验货物进行复验。有下列情形之一的，海关可以复验：

1. 经初次查验未能查明货物的真实属性，需要对已查验货物的某些性状做进一步确认的；

2. 货物涉嫌走私违规，需要重新查验的；

3. 进出口货物收发货人对海关查验结论有异议，提出复验要求并经海关同意的；

4. 其他海关认为必要的情形。

已经参加过查验的查验人员不得参加对同一票货物的复验。

五、配合查验

海关查验货物时，进出口货物收发货人或其代理人应当到场，配合海关查验。进出口货物收发货人或其代理人配合海关查验应当做好如下工作：

（一）负责按照海关要求搬移货物，开拆包装以及重新封装货物；

（二）预先了解和熟悉所申报货物的情况，如实回答查验人员的询问以及提供必要的资料；

（三）协助海关提取需要作进一步检验、化验或鉴定的货样，收取海关出具的取样单；

（四）查验结束后，认真阅读查验人员填写的"海关进出境货物查验记录单"，注意以下情况的记录是否符合实际：

1. 开箱的具体情况；

2. 货物残损情况及造成残损的原因；

3. 提取货样的情况；

4. 查验结论。

查验记录准确清楚的，应立即签名确认。配合查验人员如不签名的，查验人员应当在查验记录中予以注明，并由货物所在监管场所的经营人签名证明。

六、《海关法》对货物查验损失赔偿的规定

海关查验进出口货物造成损失时，进出口货物的收、发货人或其代理人可以要求海关予以赔偿。

（一）赔偿的范围

按《海关法》第54条规定："海关查验进出境货物、物品时，损坏被查验的货物、物品的，应赔偿实际损失。"这里所说的"实际损失"是指："由于海关关员的责任造成被查验货物、物品损坏的，海关应当依照本办法的规定赔偿当事人的直接经济损失。"赔偿直接经济损失的金额，根据被损坏的货物、物品或其他部件受损程度或修理费用确定。必要时，可凭公证机构出具的鉴定证明确定。

（二）不予赔偿的范围

在下述情况下，海关对被查验货物造成的损失不予赔偿：

1. 进出口货物的收发货人或其代理人搬移、开拆、封装货物或保管不善造成的损失；

2. 易腐、易失效货物在海关正常工作程序所需时间内（含扣留或代管期间）所发生的变质或失效；

3. 海关正常查验时产生的不可避免的磨损；

4. 在海关查验之前已发生的损坏和海关查验之后发生的损坏；

5. 由于不可抗力的原因造成货物的损坏、损失。

进出口货物的收发货人或其代理人在海关查验时对货物是否受损坏未提出异议，事后发现货物有损坏的，海关不负赔偿责任。

（三）海关赔偿的程序和方式

1. 若海关关员在查验货物、物品时，损坏被查验的货物、物品，应如实填写《中华人民共和国海关查验货物、物品损坏报告书》一式两份，由查验人员和当事人双方签字，一份交当事人，一份留海关存查。海关依法进行开验、复验或者提取货样时，应会同有关货物、物品保管人共同进行，如造成货物、物品损坏，查验人员应请在场的保管人员作为见证人在《损坏报告

书》上签字，并及时通知货主。

2. 进出口货物的收发货人或其代理人在收到《损坏报告书》后，可与海关共同协商确定货物、物品的受损程度。受损程度确定后，以海关审定的完税价格为基数，确定赔偿金额。报关人和海关对赔偿金额有争议时，可向法院起诉，由法院裁定和判决赔偿金额。

3. 赔偿金额确定后，由海关填发《中华人民共和国海关损坏货物、物品赔偿通知单》报关人自收到《赔偿通知单》之日起 3 个月内凭单向海关领取赔款，或将银行账号通知海关划拨，逾期海关不予赔偿。赔款一律用人民币支付。

4. 赔偿的方式通常有：金钱赔偿、恢复原状、返还原物，以及消除影响、恢复名誉和赔礼道歉等。

第四节　进出口货物的征税和放行

一、进出口货物的征税

进出口货物收发货人或其代理人将报关单及随附单证提交给货物进出境地指定海关，海关对报关单进行审核，对需要查验的货物先由海关查验，然后核对计算机计算的税费，开具税款缴款书和收费票据。进出口货物收发货人或其代理人在规定时间内，持缴款书或收费票据向指定银行办理税费交付手续；在试行中国电子口岸网上缴税和付费的海关，进出口货物收发货人或其代理人可以通过电子口岸接收海关发出的税款缴款书和收费票据，在网上向指定银行进行税费电子支付。一旦收到银行缴款成功的信息，即可报请海关办理货物放行手续。

关于海关征税在下面章节将详细介绍，这里不再多述。

二、进出口货物的放行

放行是口岸海关监管现场作业的最后环节。口岸海关在接受进出口货物的申报后，经审核报关单据、查验实际货物，并依法办理进出口税费计征手续并缴纳税款后，在有关单据上签盖放行章，海关的监管行为结束，在这种情况下，放行即为结关。进出口货物可由收货人凭此提取、发运，出口货物可以由发货人装船、起运。放行的基本形式有以下几种：

（一）征税放行

进出口货物在取得海关放行前，如属于应税货物，应由海关的税收部门，按照《中华人民共和国关税条例》和《中华人民共和国进出口税则》的规定，并根据一票一证的方式对这些货物收发货人征收有关关税和代征税，然后签印放行。

海关征税工作的基本方针是：依率计征、依法减免、科学归类、严肃退补、及时入库。其工作重点是：抓好对一般贸易的审价，对特定减免的审批，对加工贸易的稽查，对缉私、稽查办案要杜绝以罚代税的现象。

在征税环节，海关做出的征税决定，对纳税义务人具有强制性。因此，纳税义务人必须按时缴纳，不得拖延。

海关征税的依据是货物的"完税价格"。通常情况下，进口货物的 CIF价、出口货物的 FOB 价即可作为海关征税的依据价格，但对 CIF 或 FOB 价明显低于同期货物进口价格，或买卖双方存在特殊经济关系影响了进口成交价格，或根据海关掌握的市场情况，海关有权规定"完税价格"。

（二）担保放行

担保就是以向海关交纳保证金或提交保证函的方式，保证在一定期限内履行其承诺的义务的法律行为。其目的是为了确保海关监管货物的安全性，避免因纳税人无偿付能力或不履行义务而对海关造成的风险。

1. 海关接受担保的范围

根据《中华人民共和国海关关于进出口货物申请担保的管理办法》的规定，海关对符合下列情况的进出口货物实行担保放行制度：

（1）暂时进出口货物；

（2）国家限制进出口货物，已经领取了进出口许可证，但因故不能及时提供的；

（3）进出口货物亟待提取或发运，报关时交验有关单证（如发票、合同、装箱清单等）暂时不全，后予补交的；

（4）进出口货物亟待提取或发运，正在海关办理减免税手续，报关时暂时不能提供的；

（5）经海关同意，将海关未放行的货物暂缓办理进出口纳税手续的；

（6）进出口货物因特殊情况经海关总署同意或批准的。

对下列情况，海关不接受担保：

（1）进出口国家限制进出口的货物，未领到进出口货物许可证件的；

（2）进出口金银、濒危动植物、文物、中西药品、食品、体育及狩猎枪支弹药和民用爆破器材、无线电器材、保密机等受国家有关规定管理的进出口货物，不能向海关交验有关主管部门批准文件或证明的。

2. 担保的形式

进出口货物担保的形式有缴纳保证金和提交保证函两种。保证金是由担保人向海关缴纳现金以确保担保人履行义务的一种担保形式。对要求减免的进口货物在未办结有关海关手续之前，担保人申请先期放行货物的只能以担保金的形式申请担保，保证金的金额应相当于有关货物的税费之和。

在担保期限内，申请担保人要求办理有关货物的进口手续的，经海关同意，可将保证金抵作税费，并补征不足部分或退还多余部分。保证函是由担保人按照海关的要求向海关提交的、订有明确权利义务的一种担保文件。出具保证函的担保人必须是中国法人，也可由缓税单位的开户银行担保。

3. 担保的程序和期限

（1）担保人按海关规定格式，事先向到货口岸海关提出担保申请，并在申请表上加盖印章。以保证金形式申请担保的，由报关人向海关缴纳相当于有关货物的进口税费等额的保证金。海关收取保证金后，向报关人出具《中华人民共和国海关保证金收据》；以保证函形式申请担保的，由担保人按照海关规定的格式填写保证函一式两份，并加盖担保人的公章，一份留海关备案，另一份由担保人留存。

（2）经海关批准后填报进出口货物报关单一式三份，其中两份留存海关，一份由报关人留存，凭此办理销案手续。

（3）持经海关审核的报关单到海关货物监管现场提取或发运货物。

（4）在一般情况下，担保期不得超过20日，否则，海关对有关进出口货物，按规定进行处理。

4. 担保的销案

当事人办理进出口担保申请时，应在担保期满前，主动向海关办理销案手续。销案是指在规定期限内履行了事先承诺的义务后，海关退还担保人已缴纳的保证金或注销已提交的保证函，以终止所承担的义务。

5. 担保人的法律责任

担保人应在担保期限届满以前，履行向海关承诺的义务。如将暂时进出口货物复运出境或进境，或补办进口手续向海关缴纳进口税款、向海关提供进出口许可证或其他单证等，在规定的时限内向海关办理销案手续。

对未能在担保期限内向海关办理销案手续的，由海关区分不同情况，按下列规定处理：

（1）将保证金抵作税款，责令报关人按规定补办进口手续，并处以罚款；

（2）责令担保人缴纳税款或通知银行扣缴税款，并处以罚款；

（3）暂停或取消报关人的资格。

（三）信任放行

信任放行是海关为适应外向型经济发展的需要，在有效监管的前提下，对监管模式进行改革的一项措施。海关根据进出口企业的通关信誉、经营情况、管理水平等因素，对其进行评估分类。对被海关授予"信得过企业"称号的各类企业给予通关便利，采取集中报关、预先报关、信任放行等优惠措施，使这些企业的进出口货物在口岸进出口时径直放行，事后在一定时期内，通过分批或集中定期纳税来完备海关手续。这种放行制度是建立在海关与企业、报关人相互信任的前提下的。但在方便企业的同时，也给海关构成一定的管理风险。为此，各地海关采取与企业签订"信任放行"的谅解备忘录，实行"义务监管员"制度，即企业按海关要求推荐义务监管员，经海关培训合格后发证上岗，代替海关行使权力。有的海关还开辟了"信得过企业窗口"，对这些企业的货物随到随放，由业务监管员代替海关查验。这些措施，为企业节省了通关费用，同时也缓解了海关监管力量不足的矛盾。当然，经海关批准的"信得过企业"，如发现违反海关规定的情事，海关可以提出警告。情节严重的，可立即取消其优惠企业资格，并依法从严惩处。

三、申请签发报关单证明联

进出口货物收发货人或其代理人，办理完提取进口货物或装运出口货物的手续以后，如需要海关签发有关的货物进口、出口证明联的，均可向海关提出申请。常见的证明主要有：

1. 进口付汇证明

对需要在银行或国家外汇管理部门办理进口付汇核销的进口货物，报关员应当向海关申请签发"进口货物报关单"付汇证明联。海关经审核，对符合条件的，即在"进口货物报关单"上签名、加盖海关验讫章，作为进口付汇证明联签发给报关员。同时，通过电子口岸执法系统向银行和国家外汇管理部门发送证明联电子数据。

2. 出口收汇证明

对需要在银行或国家外汇管理部门办理出口收汇核销的出口货物，报关员应当向海关申请签发"出口货物报关单"收汇证明联。海关经审核，对符合条件的，即在"出口货物报关单"上签名、加盖海关验讫章，作为出口收汇证明联签发给报关员。同时，通过电子口岸执法系统向银行和国家外汇管理部门发送证明联电子数据。

3. 出口收汇核销单

对需要办理出口收汇核销的出口货物，报关员应当在申报时向海关提交由国家外汇管理部门核发的"出口收汇核销单"。海关放行货物后，由海关工作人员在出口收汇核销单上签字、加盖海关单证章。出口货物发货人凭"出口货物报关单"收汇证明联和"出口收汇核销单"办理出口收汇核销手续。

4. 出口退税证明

对需要在国家税务机构办理出口退税的出口货物，报关员应当向海关申请签发"出口货物报关单"退税证明联。海关经审核，对符合条件的，予以签发并在证明联上签名、加盖海关验讫章，交给报关员。同时，通过电子口岸执法系统向国家税务机构发送证明联电子数据。

5. 进口货物证明书

对进口汽车、摩托车等，报关员应当向海关申请签发"进口货物证明书"，进口货物收货人凭此向国家交通管理部门办理汽车、摩托车的牌照申领手续。海关放行汽车、摩托车后，向报关员签发"进口货物证明书"。同时，将"进口货物证明书"上的内容通过计算机发送给海关总署，再传输给国家交通管理部门。

第八章 保税进出口货物的通关

第一节 保税加工货物

一、保税加工货物概述

（一）保税加工货物的含义

保税加工货物，是指经海关批准未办理纳税手续进境，在境内加工、装配后复运出境的货物。保税加工货物包括专为加工、装配出口产品而从国外进口且海关准予保税的原材料、零部件、元器件、包装物料、辅助材料（简称料件）以及用上述料件生产的成品、半成品。

保税加工货物就是通常所说的加工贸易保税货物。加工贸易俗称"两头在外"的贸易，料件从境外进口在境内加工装配后成品运往境外的贸易。

加工贸易通常有两种形式：

1. 来料加工

来料加工是指由关境外企业提供料件，经营企业不需要付汇进口，按照境外企业的要求进行加工或装配，只收取加工费，制成品由境外企业销售的经营活动。

2. 进料加工

进料加工是指经营企业用外汇购买料件进口，制成成品后外销出口的经营活动。经营加工贸易的企业可以是对外贸易经营企业和外商投资企业。经营加工贸易企业可以根据需要申请设立保税工厂、保税集团。

保税工厂是指由海关批准的专门从事保税加工的工厂或企业。这是在来料加工、进料加工和外商投资企业履行产品出口合同的基础上，发展形成的一种保税加工的监管形式。

保税集团是指经海关批准，由一个具有进出口经营权的企业牵头，在同一关区内，同行业若干个加工企业联合对进口料件进行多层次、多工序连续加工，直至最终产品出口的企业联合体。

（二）海关对保税加工货物的监管模式

海关对保税加工货物的监管模式有两大类：一类是物理围网的监管模式，包括出口加工区和跨境工业园区，采用子账册管理；另一类是非物理围网的监管模式，采用纸质手册管理或计算机联网监管。

1. 物理围网监管

所谓物理围网监管，是指经国家批准，在境内或边境线上划出一块地方，实现物理围网，让企业在围网内专门从事保税加工业务，由海关进行封闭式的监管。在境内的保税加工封闭式监管模式称为出口加工区，已经施行了多年，形成一套完整的监管制度；在边境线上的保税加工封闭式监管模式称为跨境工业园区，尚没有形成完整的制度。

2. 非物理围网监管

（1）纸质手册管理

纸质手册管理是一种传统的监管方式，主要是用加工贸易纸质登记手册进行加工贸易合同内容的备案，凭以进出口，并记录进口料件出口成品的实际情况，最终凭以办理核销结案手续。这种监管方式在海关对保税加工货物监管中曾经起过相当大的作用，但随着对外贸易和现代科技的高速发展，已经不再适应，将逐渐被其他监管模式所替代。目前仍在较普遍的范围内使用。

（2）计算机联网监管

计算机联网监管是一种高科技的监管方式，主要是应用计算机将海关和加工贸易企业联网，建立电子账册或电子手册，备案、进口、出口、核销全部通过计算机进行。海关管理科学严密，企业通关便捷高效，受到普遍欢迎，将成为海关对保税加工货物监管的主要模式。

这种监管模式又分为两种：一种是针对大型企业的，以建立电子账册为主要标识，以企业为单元进行管理，不再执行银行"保证金台账"制度，已经实施了多年，形成了完整的监管制度；另一种是针对中小型企业的，以建立电子手册为主要标识，继续以合同为单元，执行银行"保证金台账"制度，现在还在试行之中，今后将取代纸质手册管理。

本节将主要介绍纸质手册管理和物理围网监管中的出口加工区管理及有关货物的报关程序。

（三）海关对保税加工货物监管的基本特征

1. 备案保税

国家规定，加工贸易料件经海关批准才能保税进口。海关批准保税是通过受理备案来实现的。凡是准予备案的加工贸易料件一律可以不办理纳税手续，即保税进口。

纸质手册管理和计算机联网监管下的保税加工货物报关有备案程序，海关通过受理备案实现批准保税。出口加工区管理下的保税加工货物报关虽然没有备案程序，但是进境报关使用"中华人民共和国出口加工区进境备案清单"，把备案和进境申报融合在一起，简化了手续，也带有备案的性质。

海关受理加工贸易料件备案的原则是：

（1）合法经营

所谓合法经营，是指申请保税的料件或申请保税的形式或保税申请人本身不属于国家禁止的范围，并且获得有关主管部门的许可，有合法进出口的凭证。

（2）复运出境

所谓复运出境，是指申请保税的货物流向明确，进境加工、装配后的最终流向表明是复运出境，而且申请保税的单证能够证明进出基本是平衡的。

（3）可以监管

所谓可以监管，是指申请保税的货物无论在进出口环节，还是在境内加工、装配环节，海关都可以监管，不会因为某种不合理因素造成监管失控。

2. 纳税暂缓

国家规定专为加工出口产品而进口的料件，按实际加工复出口成品所耗用料件的数量准予免缴进口关税和进口环节增值税、消费税。这里所指的免税，是指用在出口成品上的料件可以免税。但是在料件进口的时候无法确知用于出口成品上的料件的实际数量，因此也无法免税。海关只有先准予保税，在产品实际出口并最终确定使用在出口成品上的料件数量后，再确定征免税的范围，即用于出口的免税，不出口的征税，然后再由企业办理纳税手续。因此，保税加工的料件纳税时间被推迟到了加工成品出口后。也正是因为这个原因，保税加工货物（出口加工区除外）经批准内销要征收缓税利息。

3. 监管延伸

保税加工货物的海关监管无论是地点，还是时间，都必须延伸。

从地点上说，保税加工的料件离开进境地口岸海关监管场所后进行加工、装配的地方，都是海关监管的场所。

从时间上说，保税加工的料件在进境地被提取，不是海关监管的结束，而是海关保税监管的开始，海关一直要监管到加工、装配后复运出境或者办结正式进口手续为止。

（1）准予保税的期限

准予保税的期限是指经海关批准保税后在境内加工、装配、复运出境的时间限制。

纸质手册管理的保税加工期限，原则上不超过 1 年，经批准可以申请延长，延长的最长期限原则上也是 1 年。具体执行中要根据合同期限、加工期限和其他情况有所变化。计算机联网监管模式中纳入电子账册管理的料件保税期限从企业的电子账册记录第一批料件进口之日起到该电子账册被撤销止。出口加工区保税加工的期限原则上是从加工贸易料件进区到加工贸易成品出区办结海关手续止。

（2）申请核销的期限

申请核销的期限是指加工贸易经营人向海关申请核销的最后日期。

纸质手册管理的保税加工报核期限是在手册有效期到期之日起或最后一批成品出运后 30 日内。计算机联网监管模式中纳入电子账册管理的保税加工报核期限，一般以 6 个月为 1 个报核周期，首次报核是从海关批准电子账册建立之日起算，满 6 个月后的 30 日内报核；以后则从上一次的报核日期起算，满 6 个月后的 30 日内报核。出口加工区经营保税加工业务的企业每 6 个月向海关申报 1 次保税加工货物的进出境、进出区的实际情况。

企业向海关报核是法定义务，报核的期限是一种法定期限，如果企业不按时报核，海关有权依法处理。

4. 核销结关

保税加工货物（出口加工区的除外）经过海关核销后才能"结关"。保税加工货物的报核必须如实申报实际单耗。

保税加工货物的核销是非常复杂的工作。保税加工的料件进境后要进行加工、装配，改变原进口料件的形态，复出口的商品不再是原进口的商品。这样，向海关的报核，不仅要确认进出数量是否平衡，而且还要确认成品是否由进口料件生产。在报核的实践中，数量往往是不平衡的。正确处理报核中发生的数量不平衡问题，是企业报核必须解决的问题。

二、保税加工货物及其报关程序

本书主要介绍纸质手册管理模式。该模式主要是以合同为单元进行监管，适用于来料加工、进料加工、外商投资企业履行产品出口合同、保税工厂、保税集团等形式下进出口的保税加工货物，其基本程序是合同备案、货物报关、合同报核。

（一）合同备案

1. 合同备案的含义

加工贸易合同备案，是指加工贸易企业持合法的加工贸易合同到主管海关备案，申请保税并领取"加工贸易登记手册"或其他准予备案凭证的行为。

海关受理合同备案，是指海关根据国家规定在接受加工贸易合同备案后，批准合同约定的进口料件保税，并把合同内容转化为登记手册内容或作必要的登记，然后核发"加工贸易登记手册"或其他准予备案凭证的海关行政许可事项。

海关受理备案的加工贸易合同必须合法有效。加工贸易合同是否合法有效的标识主要是商务主管部门合同审批是否通过，以及合同所涉及的加工贸易进出口国家管制商品是否获得许可。经商务主管部门审批通过并获得加工贸易业务批准证和必需的许可证件的加工贸易合同，应当视为合法有效的合同。

对符合规定的加工贸易合同，海关应当在规定的期限内予以备案，并核发"加工贸易登记手册"或其他准予备案的凭证。对不予备案的合同，海关应当书面告知经营企业。

2. 合同备案的企业

国家规定开展加工贸易业务应当由经营企业到加工企业的所在地主管海关办理加工贸易合同备案手续。经营企业和加工企业有可能是同一个企业，也可能不是同一个企业。

（1）经营企业

经营企业，是指负责对外签订加工贸易进出口合同的各类进出口企业和外商投资企业，以及经批准获得来料加工经营许可的对外加工装配服务公司。

（2）加工企业

加工企业，是指接受经营企业委托，负责对进口料件进行加工或者装配，且具有法人资格的生产企业，以及由经营企业设立的虽不具有法人资格，但实行相对独立核算并已经办理工商营业证（执照）的工厂。

3. 合同备案的步骤

企业办理加工贸易合同备案的步骤为：

（1）报商务主管部门审批合同，领取"加工贸易业务批准证"和"加工企业经营状况和生产能力证明"；

（2）需要领取其他许可证件的，向有关主管部门领取许可证件；

（3）将合同相关内容预录入与主管海关联网的计算机；

（4）由海关审核确定是否准予备案，准予备案的，还要由海关确定是否需要开设"加工贸易银行保证金台账"，需要开设台账的，在海关领取"台账开设联系单"；

（5）不需要开设台账的，直接向海关领取"加工贸易登记手册"或其他准予备案凭证；

（6）需要开设台账的，凭"台账开设联系单"到银行开设台账，领取"台账登记通知单"，凭"台账登记通知单"到海关领取"加工贸易登记手册"。

4. 合同备案的内容

（1）备案单证

①商务主管部门按照权限签发的"加工贸易业务批准证"和"加工贸易

企业经营状况和生产能力证明";

②加工贸易合同或合同副本；

③加工合同备案申请表及企业加工合同备案呈报表；

④属于加工贸易国家管制商品的，需交验主管部门的许可证件或许可证件复印件；

⑤为确定单耗和损耗率所需的有关资料；

⑥其他备案所需要的单证。

（2）备案商品

①加工贸易禁止类商品不准备案。加工贸易禁止类商品主要有：列入国家明令禁止进出口的商品目录中的商品；列入"加工贸易禁止类的商品目录"中的商品；为种植、养殖等出口产品而进口的种子、种苗、种畜、化肥、饲料、添加剂、抗生素等；列名商品，如：冷冻鸡翅尖、鸡爪、鸡肝及其他冷冻鸡杂碎，冷冻鱼翅、干鱼翅、湿鱼翅，燕窝，西洋参，鹿茸及其粉末；煤炭，烧制木炭的木材；加工贸易仿真枪支的原材料；列名的废机电产品和废料；列名的旧机电产品，等等。

②备案时需要提供进口许可证或两用物项进口许可证复印件的商品：消耗臭氧层物质；易制毒化学品；监控化学品。

③备案时需要提供其他许可证件或许可证件复印件的商品：进出口音像制品、印刷品，提供新闻出版总署印刷复制司的批准文件；进出口地图产品及附有地图的产品，提供国家测绘局的批准文件，并附有关样品；进口工业再生废料，提供国家环境保护总局的"进口废物批准证书"。

（3）保税额度

加工贸易合同项下海关准予备案的料件，全额保税。加工贸易合同项下海关不予备案的料件，以及试车材料、未列名消耗性物料等，不予保税，进口时按照一般进口办理。

（4）台账制度

所有的加工贸易合同，包括来料加工合同、进料加工合同、外商投资企业履行产品出口合同、保税工厂及保税集团的加工贸易合同，都要按"加工贸易银行保证金台账"制度的规定办理，或不设台账，即"不转"；或设台账不付保证金，即"空转"；或设台账并付保证金，即"实转"。

"加工贸易银行保证金台账"制度的核心内容是对企业和商品实行分类管理，对部分企业进口的开展加工贸易的部分料件，银行要按照有关料件的进口税额征收保证金。

海关根据企业分类管理标准对加工贸易企业设定A、B、C、D四类管理措施。具体适用范围如下：

适用A类企业管理的，是指在海关注册登记两年以上，无不良记录，信誉良好并且符合下列7条标准的企业：

①在半年内无走私违规行为记录，连续两年无拖欠海关税收情事，连续两年加工贸易合同按期核销，签订进口海关必检商品免验协议后两年内无申报不实记录；

②向海关提供的单据、证件真实、齐全、有效；

③有正常的进出口业务（年进出口额在100万美元以上）；

④会计制度完善，财务账册健全，科目设置合理，业务记录真实可信；

⑤指定专人负责海关事务；

⑥连续两年报关单差错率在5％以下；

⑦设有海关监管仓库的企业，其仓库管理制度健全，仓库明细账目清楚，入库单、出库单（包括领料单）等实行专门管理，做到单货相符、账单相符。

适用B类企业管理的，是指依法开展加工贸易、无走私违规行为的企业。

适用C类企业管理的，是指依据商务部、海关总署有关批文，经海关认定1年内有两次以上违规行为，及有其他信誉不良记录的企业。企业有下列情形之一者，海关实施C类管理：

①1年内出现两次违规行为，或逃税5万元以上50万元人民币以下的；

②拖欠海关税款100万元人民币以下的；

③账册管理混乱，账簿、资料不能真实、有效地反映进出口业务情况的；

④遗失重要业务单证或拒绝提供有关账簿、资料致使海关无法监管的；

⑤不按规定办理加工贸易合同核销手续的；

⑥1年内报关单差错率在10％以上的；

213

⑦出借企业名义，供他人办理进出口货物报关纳税等事宜的；

⑧在进出口经营活动中被商务主管部门给予通报批评或警告等行政处罚的。

适用 D 类企业管理的，是指有走私违法行为以及 2 年内逃税 50 万元人民币以上，或者拖欠海关税款 100 万元人民币以上的企业。企业有下列情形之一者，海关实施 D 类管理：

①2 年内有走私逃税 50 万元人民币以上的（多次走私应累计）；

②伪造、涂改进出口许可证件的；

③走私国家禁止进出口物品的；

④拖欠海关税款 100 万元人民币以上的；

⑤利用假手册、假报关单、假许可证件骗取加工贸易税收优惠的；

⑥在承运监管货物的运输工具上私设夹层、暗格的；

⑦被商务主管部门暂停或撤销对外经营许可的；

⑧已构成走私罪并经司法机关依法追究刑事责任的。

商品分为禁止类、限制类、允许类三类。加工贸易禁止类商品参见本节合同备案内容中的"备案商品"。加工贸易限制类商品主要有：塑料原料中的初级形状的聚乙烯、聚酯切片，化纤原料中的涤纶长丝、化学短纤维，棉花，棉纱，棉坯布和钢材中的铁及非合金钢材、不锈钢，食糖，植物油（未经化学改性），天然橡胶，羊毛，冻鸡等。其他商品为允许类商品。

分类管理的具体内容如下：

①任何企业都不得开展禁止类商品的加工贸易。

②适用 AA 类管理，又是从事飞机、船舶等特殊行业加工贸易的企业，或者年进出口总额 3000 万美元（自营生产企业出口额 1000 万美元）及以上，或者年加工出口额 1000 万美元以上的企业（俗称 AA 类企业），经申请由海关批准，可以不设台账（俗称"不转"）。

③适用 A 类管理企业设台账，无论限制类商品还是允许类商品都不需付保证金（俗称"空转"）。

④适用 B 类管理企业设台账，限制类商品按进口料件应征税款的 50％付保证金（俗称"半实转"），允许类商品不付保证金。

⑤适用 C 类管理企业设台账，无论限制类商品还是允许类商品都要按进

口料件应征税款付保证金（俗称"实转"）。

⑥适用 D 类管理的企业不得开展加工贸易。

为了简化手续，国家还规定对列名的拉链、纽扣、鞋扣、扣襻、摁扣、垫肩、胶袋、花边等 78 种客供服装辅料，即一般出口合同中订明的由境外厂商提供的辅料以及其他零星进口料件金额在 1 万美元及以下的，适用 A 类、B 类管理的加工贸易企业可以不设台账，因此也不必向银行交付保证金。适用 A 类、B 类管理加工贸易企业进口金额在 5000 美元及以下的列名的 78 种客供服装辅料不仅可以不设台账，还可以免申领登记手册，但必须凭出口合同向主管海关备案（见下表）。

"加工贸易银行保证金台账"分类管理表

分 类	禁止类	限制类	允许类	1 万美元及以下零星料件	5000 美元及以下78 种客供服装辅料
AA 类	不 准	不转/领册	不转/领册	不转/领册	不转/免册
A 类	不 准	空转/领册	空转/领册	不转/领册	不转/免册
B 类	不 准	半实转/领册	空转/领册	不转/领册	不转/免册
C 类	不 准	实转/领册	实转/领册	实转/领册	实转/领册
D 类	不 准	不 准	不 准	不 准	不 准

凡是需要开设台账的合同，由受理备案的海关开出有台账金额和保证金金额内容的"银行保证金台账开设联系单"，企业凭以到银行开设台账，交付保证金，收取银行开出的"银行保证金台账登记通知单"，再到海关申领登记手册。

5. 合同备案的凭证

海关受理并准予备案后，企业应当领取海关签章的"加工贸易登记手册"或其他准予备案的凭证。

（1）加工贸易登记手册

按规定可以不设台账的合同，在准予备案后，由企业直接向受理合同备案的主管海关领取海关签章的"加工贸易登记手册"。按规定在银行开设了台账的合同，由企业凭银行签发的"银行保证金台账登记通知单"，到合同备案主管海关领取海关签章的"加工贸易登记手册"。

经海关批准，企业在领取"加工贸易登记手册"的基础上，可以根据不同的情况，申领"加工贸易登记手册"分册。"加工贸易登记手册"分册，是指海关在企业多口岸报关周转困难或异地深加工结转需要的情况下，由企业申请并经主管海关核准，在"加工贸易登记手册"（总册）的基础上，将"总册"的部分内容重新登记备案，载有该部分内容、有独立编号的另一本登记手册。"加工贸易登记手册"分册进出口报关时可以与原手册分开使用，但必须同时报核。

（2）其他准予备案的凭证

为了简化手续，对为生产出口产品而进口的属于国家规定的 78 种列名客供服装辅料金额不超过 5000 美元的合同，除适用 C 类管理加工贸易企业外可以免申领登记手册，直接凭出口合同备案准予保税后，凭海关在备案出口合同上的签章和编号直接进入进出口报关阶段。

6. 合同备案的变更

已经由海关登记备案的加工贸易合同，其品名、规格、金额、数量、加工期限、单损耗、商品编码等发生变化的，须向主管海关办理合同备案变更手续，开设台账的合同还须变更台账。

合同变更应在合同有效期内报商务原审批部门批准。为简化合同变更手续，对贸易性质不变、商品品种不变，变更金额小于 1 万美元（含 1 万美元）和延长不超过 3 个月的合同，企业可直接到海关和银行办理变更手续，不需再经商务主管部门重新审批。

原 1 万美元及以下备案合同，变更后进口金额超 1 万美元的，A 类、B 类管理企业，需重新开设台账，其中适用 B 类管理的企业合同金额变更后，进口料件如果涉及限制类商品的，由银行加收相应的保证金。

因企业管理类别调整，合同从"空转"转为"实转"的，应对原备案合同交付台账保证金。经海关批准，可只对原合同未履行出口部分收取台账保证金。

管理类别调整为 D 类的企业，已备案合同，经海关批准，允许交付全额台账保证金后继续执行，但合同不得再变更和延期。

对允许类商品转为限制类商品的，已备案的合同不再交付台账保证金。对原限制类商品或允许类商品转为禁止类的，已备案合同，按国家即时发布的规定办理。

7. 与合同备案相关的事宜

（1）异地加工贸易合同备案申请

异地加工贸易，是指一个直属海关的关区内加工贸易经营企业，将进口料件委托另一个直属海关的关区内加工生产企业加工，成品回收后，再组织出口的加工贸易。

开展异地加工贸易应在加工企业所在地设立台账，由加工贸易经营企业向加工企业所在地主管海关办理合同备案手续。

海关对开展异地加工贸易的经营企业和加工企业实行分类管理，如果两者的管理类别不相同，按其中较低类别管理。

异地加工贸易合同备案的步骤如下：

①经营企业凭所在地商务主管部门核发的"加工贸易业务批准证"和加工企业所在地县级以上商务主管部门出具的"加工贸易企业的经营状况和生产能力证明"，填制"异地加工贸易申请表"，向经营企业所在地主管海关提出异地加工贸易申请，经海关审核后，领取经营企业所在地主管海关的"关封"。

②经营企业持"关封"和合同备案的必要单证，到加工企业所在地主管海关办理合同备案手续。

（2）加工贸易单耗申报

加工贸易单耗申报，是指加工贸易企业在备案和报核中向海关如实申报加工贸易单耗的行为。加工贸易单耗，是指加工贸易企业在正常生产条件下加工生产单位成品所耗用进口料件的数量。单耗包括净耗和工艺损耗。净耗是指物化在单位成品中的料件的数量。工艺损耗是指因加工生产工艺要求，在正常生产过程中必须耗用而并不物化在成品中的料件数量。

单耗申报的计算公式如下：

$$单耗 = 净耗 \div (1 - 工艺损耗率)$$
$$工艺损耗率 = (工艺损耗数量 \div 全部进口料件数量) \times 100\%$$
$$耗用料件数量 = 单耗 \times 成品数量$$

（3）加工贸易外发加工申请

外发加工，是指加工贸易企业因受自身生产工序限制，经海关批准并办理有关手续，委托承揽企业对加工贸易出口产品生产环节中的个别工序进行加工，在规定期限内将加工后的产品运回本企业并最终复出口的行为。

经营企业申请开展外发加工业务，应当向海关提交下列单证：

①经营企业签章的"加工贸易货物外发加工申请表"；

②经营企业与承揽企业签订的加工合同或者协议；

③承揽企业营业执照复印件；

④经营企业签章的"承揽企业经营状况和生产能力证明"；

⑤海关需要收取的其他单证和材料。

经营企业申请开展外发加工业务，应当如实填写"加工贸易货物外发加工申请审批表"及"加工贸易外发加工货物外发清单"，经海关审核批准后，方可进行外发加工。外发加工完毕，加工贸易货物应当运回经营企业，并如实填写"加工贸易外发加工货物运回清单"。

（4）加工贸易串料申请

经营企业因加工出口产品急需，申请本企业内部进行料件串换的，需提交书面申请并符合下列条件：

①保税进口料件和保税进口料件之间以及保税进口料件和征税进口料件之间的串换，必须符合同品种、同规格、同数量的条件；

②保税进口料件和国产料件（不含深加工结转料件）之间的串换必须符合同品种、同规格、同数量、关税税率为零，且商品不涉及进出口许可证件管理的条件。

经海关批准的保税进口料件和征税进口料件之间以及保税进口料件和国产料件之间发生串换，串换下来的同等数量的保税进口料件，由企业自行处置。

（二）货物报关

1. 保税加工货物进出境报关

加工贸易企业在主管海关备案的情况在计算机系统中已生成电子底账，有关电子数据通过网络传输到相应的口岸海关，因此企业在口岸海关报关时提供的有关单证内容必须与电子底账数据相一致。也就是说，报关数据必须与备案数据完全一致，一种商品报关的商品编码号、品名、规格、计量单位、数量、币制等必须与备案数据无论在字面上还是计算机格式上都完全一致。只要在某一方面不一致，报关就不能通过。要做到完全一致，首先必须做到报关数据的输入十分准确。

加工贸易保税货物进出境由加工贸易经营单位或其代理人申报。加工贸易保税货物进出境申报必须持有"加工贸易登记手册"或其他准予合同备案的凭证。

加工贸易保税货物进出境报关的许可证件管理和税收征管要求如下：

(1) 关于进出口许可证件管理

①进口料件，除"易制毒"化学品、监控化学品、消耗臭氧层物质、原油、成品油等个别规定商品外，均可以免予交验进口许可证件；

②出口成品，属于国家规定应交验出口许可证件的，在出口报关时必须交验出口许可证件。

(2) 关于进出口税收征管

准予保税的加工贸易料件进口，暂缓纳税。加工贸易项下出口应税商品，如系全部使用进口料件加工生产的产（成）品，不征收出口关税。加工贸易项下出口应税商品，如系部分使用进口料件部分使用国产料件加工的产（成）品，则按海关核定的比例征收出口关税。

具体计算公式是：

$$\frac{出口}{关税} = \frac{出口货物}{完税价格} \times \frac{出口关税}{税率} \times \frac{出口产（成）品中使用的}{国产料件和全部料件的价值比例}$$

出口货物完税价格由海关根据《中华人民共和国海关审定进出口货物完税价格办法》的规定审核确定。

加工贸易出口的特殊商品，应征出口关税的，按照有关规定办理。如：

①加工贸易出口"未锻铝"按一般贸易出口货物从价计征出口关税；

②加工贸易出口属于列名的服装从量计征出口关税。

2. 加工贸易保税货物深加工结转报关

加工贸易保税货物深加工结转，是指加工贸易企业将保税进口料件加工的产品转至另一海关关区内的加工贸易企业进一步加工后复出口的经营活动。其程序分为计划备案、收发货登记、结转报关三个环节。

(1) 计划备案

加工贸易企业开展深加工结转，转入、转出企业应当向各自主管海关提交加工贸易保税货物深加工结转申请表，申报结转计划：

①转出企业在申请表（一式四联）中填写本企业的转出计划并签章，凭申请表向转出地海关备案；

②转出地海关备案后，留存申请表第一联，其余三联退转出企业交转入企业；

③转入企业自转出地海关备案之日起20日内，持申请表其余三联，填写本企业的相关内容后，向转入地海关办理报备手续并签章。转入企业在20日内未递交申请表，或者虽向海关递交但因申请表的内容不符合海关规定而未获准的，该份申请表作废。转出、转入企业应当重新填报和办理备案手续；

④ 转入地海关审核后，将申请表第二联留存，第三、四联交转入、转出企业凭以办理结转发货登记及报关手续。

（2）收发货登记

转出、转入企业办理结转计划申报手续后，应当按照经双方海关核准后的申请表进行实际收发货。转入、转出企业的每批次收发货记录应当在保税货物实际结转情况登记表上进行如实登记，并加盖企业结转专用名章。结转货物退货的，转入、转出企业应当将实际退货情况在登记表中进行登记，同时注明"退货"字样，并各自加盖企业结转专用名章。

（3）结转报关

转出、转入企业实际收发货后，应当按照以下规定办理结转报关手续：

①转出、转入企业分别在转出地、转入地海关办理结转报关手续。转出、转入企业可以凭一份申请表分批或者集中办理报关手续。转出（人）企业每批实际发（收）货后，在90日内办结该批货物的报关手续；

②转入企业凭申请表、登记表等单证向转入地海关办理结转进口报关手续，并在结转进口报关后的第二个工作日内将报关情况通知转出企业；

③转出企业自接到转入企业通知之日起10日内，凭申请表、登记表等单证向转出地海关办理结转出口报关手续；

④结转进口、出口报关的申报价格为结转货物的实际成交价格；

⑤一份结转进口报关单对应一份结转出口报关单，两份报关单之间对应的申报序号、商品编号、数量、价格和手册号应当一致；

⑥结转货物分批报关的，企业应当同时提供申请表和登记表的原件及复

印件。

3. 其他保税加工货物的报关

其他保税加工货物是指履行加工贸易合同过程中产生的剩余料件、边角料、残次品、副产品和受灾保税货物。

剩余料件，是指加工贸易企业在从事加工复出口业务过程中剩余的可以继续用于加工制成品的加工贸易进口料件。

边角料，是指加工贸易企业从事加工复出口业务，在海关核定的单耗标准内，加工过程中产生的，无法再用于加工该合同项下出口制成品的数量合理的废料、碎料及下脚料。

残次品，是指加工贸易企业从事加工复出口业务，在生产过程中产生的有严重缺陷或者达不到出口合同标准，无法复出口的制成品（包括完成品和未完成品）。

副产品，是指加工贸易企业从事加工复出口业务，在加工生产出口合同规定的制成品（主产品）过程中同时产生的，且出口合同未规定应当复出口的一个或一个以上的其他产品。

受灾保税货物，是指加工贸易企业从事加工出口业务中，因不可抗力原因或其他经海关审核认可的正当理由造成损毁、灭失、短少等导致无法复出口的保税进口料件和加工制成品。

对于履行加工贸易合同中产生的上述剩余料件、边角料、残次品、副产品、受灾保税货物，企业必须在手册有效期内处理完毕。处理的方式有内销、结转、退运、放弃、销毁等。除销毁处理外，其他处理方式都必须填制报关单报关。有关报关单是企业报核的必要单证。

（1）内销报关

保税加工货物转内销应经商务主管部门审批，加工贸易企业凭"加工贸易保税进口料件内销批准证"办理内销料件正式进口报关手续，缴纳进口税和缓税利息。

经批准允许转内销的加工贸易保税货物属进口许可证件管理的，企业还应按规定向海关补交进口许可证件；申请内销的剩余料件，如果金额占该加工贸易合同项下实际进口料件总额3％及以下且总值在人民币1万元（含1万元）以下的，免审批，免交许可证件。

内销征税，应当遵循如下规定：

①关于征税的数量。剩余料件和边角料内销，直接按申报数量计征进口税；制成品和残次品根据单耗关系折算耗用掉的保税进口料件数量计征进口税；副产品内销，按报验状态的数量计征进口税。

②关于征税的完税价格。进料加工进口料件或者其制成品（包括残次品）内销时，根据料件的原进口成交价格为基础确定完税价格。料件的原进口成交价格不能确定的，以接受内销申报的同时或者大约同时进口的与料件相同或者类似的货物的进口成交价格为基础确定完税价格。来料加工进口料件或者其制成品（包括残次品）内销时，以接受内销申报的同时或者大约同时进口的与料件相同或者类似的货物的进口成交价格为基础确定完税价格。加工企业内销加工过程中产生的副产品或者边角料，以内销价格作为完税价格。

③关于征税的税率。经批准正常的转内销征税，适用海关接受申报办理纳税手续之日实施的税率。如内销商品属关税配额管理而在办理纳税手续时又没有配额证的，应当按该商品配额外适用的税率缴纳进口税。

④关于征税的缓税利息。剩余料件、制成品、残次品、副产品内销均应交付缓税利息，边角料内销免交付缓税利息。缓税利息根据海关填发税款缴款书的上年度12月31日中国人民银行公布的活期存款储蓄利息按日征收。计息期限从"加工贸易登记手册"记录首次进口料件之日起至征税之日。

（2）结转报关

加工贸易企业可以向海关申请将剩余料件结转至另一个加工贸易企业生产出口，但必须在同一经营单位、同一加工厂、同样的进口料件和同一加工贸易方式的情况下结转。

加工贸易企业申请办理剩余料件结转时应当向海关提供以下单证：

①企业申请剩余料件结转的书面材料；

②企业拟结转的剩余料件清单；

③海关按规定需收取的其他单证和材料。

海关依法对企业结转申请予以审核，对不符合规定的应当做出不予结转决定，并告知企业按照规定将不予结转的料件退出境外、征税内销、放弃或者销毁；对符合规定的应当做出准予结转剩余料件的决定，并对准予结转企业将剩余料件结转到另一个加工厂的，收取相当于拟结转料件应缴税款金额的保证金或银行保函（对海关收取担保后备案的手册或者已实行银行保证金台账实转的手册，担保金额或者台账实转金额不低于拟结转保税料件应缴税款金额的，可免收取保证金或银行保函），向企业签发加工贸易剩余料件结转联系单，由企业在转出手册的主管海关办理出口报关手续，在转入手册的主管海关办理进口报关手续。

加工贸易企业因合同变更、外商毁约等原因无法履行原出口合同，申请将尚未加工的剩余保税料件结转到另一个加工贸易合同项下加工复出口的，可以比照上述剩余料件结转的办法办理报关手续。

（3）退运报关

加工贸易企业因故申请将剩余料件、边角料、残次品、副产品等保税加工货物退运出境的，应持登记手册等有关单证向口岸海关报关，办理出口手续，留存有关报关单证，准备报核。

（4）放弃报关

企业放弃剩余料件、边角料、残次品、副产品等，交由海关处理，应当提交书面申请。经海关核定，有下列情形的将做出不予放弃的决定，并告知企业按规定将有关货物退运、征税内销、在海关或者有关主管部门监督下予以销毁或者进行其他妥善处理：

①申请放弃的货物属于国家禁止或限制进口的；

②申请放弃的货物属于对环境造成污染的；

③法律、行政法规、规章规定不予放弃的其他情形。

对符合规定的，海关应当做出准予放弃的决定，开具加工贸易企业放弃加工贸易货物交接单。企业凭以在规定的时间内将放弃的货物运至指定的仓库，并办理货物的报关手续，留存有关报关单证准备报核。

主管海关凭接受放弃货物的部门签章的加工贸易企业放弃加工贸易货物交接单以及其他有关单证核销企业的放弃货物。

（5）销毁

被海关做出不予结转决定或不予放弃决定的加工贸易货物或涉及知识产权等原因企业要求销毁的加工贸易货物，企业可以向海关提出销毁申请，海关经核实同意销毁的，由企业按规定销毁，必要时海关可以派员监督。货物销毁后，企业应当收取有关部门出具的销毁证明材料，准备报核。

（6）受灾保税加工货物的报关

对于受灾保税加工货物，加工贸易企业应在灾后 7 日内向主管海关做出书面报告，并提供如下证明材料，海关可视情况派员核查取证：

①商务主管部门的签注意见；

②有关主管部门出具的证明文件；

③保险公司出具的保险赔款通知书或检验检疫部门出具的有关检验检疫证明文件。

不可抗力受灾保税加工货物灭失，或者已完全失去使用价值无法再利用的，可由海关审定，并予以免税。不可抗力受灾保税货物需销毁处理的，同其他加工贸易保税货物的销毁处理一样。不可抗力受灾保税加工货物虽失去原使用价值但可再利用的，应按海关审定的受灾保税货物价格，按对应的进口料件适用的税率，缴纳进口税和缓税利息。其对应进口料件属于实行关税配额管理的，按照关税配额税率计征税款。

对非不可抗力因素造成的受灾保税加工货物，海关应当按照原进口货物成交价格审定完税价格照章征税，属于实行关税配额管理的，无关税配额证，应当按关税配额外适用的税率计征税款。

因不可抗力造成的受灾保税货物对应的原进口料件，如属进口许可证件管理的，免交许可证件，反之，应当交验进口许可证件。

（三）合同报核

1. 报核和核销的含义

加工贸易合同报核，是指加工贸易企业在加工贸易合同履行完毕或终止合同并按规定对未出口部分货物进行处理后，按照规定的期限和规定的程序，向加工贸易主管海关申请核销要求结案的行为。

加工贸易合同核销，是指加工贸易企业加工复出口并对未出口部分货物办妥有关海关手续后，凭规定单证向海关申请解除监管，海关经审查、核查属实且符合有关法律、行政法规的规定，予以办理解除监管手续的海关行政许可事项。

2. 报核的时间

经营企业应当在规定的期限内将进口料件加工复出口，并自加工贸易手册项下最后一批成品出口或者加工贸易手册到期之日起 30 日内向海关报核。

经营企业对外签订的合同因故提前终止的，应当自合同终止之日起 30日内向海关报核。

3. 报核的单证

(1) 企业合同核销申请表；

(2) "加工贸易登记手册"；

(3) 进出口报关单；

(4) 核销核算表；

(5) 其他海关需要的资料。

4. 报核的步骤

企业报核的步骤如下：

(1) 合同履约后，及时将登记手册和进出口报关单进行收集、整理、核对；

(2) 根据有关账册记录、仓库记录、生产工艺资料等查清此合同加工生产的实际单耗，并据以填写核销核算表（产品的实际单耗如与合同备案单耗不一致的，应在最后一批成品出口前进行单耗的变更）；

(3) 填写核销预录入申请单，办理报核预录入手续；

(4) 携带有关报核需要的单证，到主管海关报核，并填写报核签收回联单。

5. 特殊情况的报核

(1) 遗失登记手册的合同报核

企业遗失"加工贸易登记手册"应当及时向主管海关报告。主管海关及时移交缉私部门按规定进行处理。缉私部门处理后，企业应当持以下单证向主管海关报核：

①经营企业关于"加工贸易登记手册"遗失的书面报告；

②经营企业申请核销的书面材料；

③加工贸易货物进出口报关单；

④缉私部门出具的"行政处罚决定书"；

⑤海关按规定需要收取的其他单证和材料。

(2) 遗失进出口报关单的合同报核

按规定企业应当用报关单留存联报核，在遗失报关单的情况下，可以报关单复印件向原报关地海关申请加盖海关印章后报核。

(3) 无须申领登记手册的 5000 美元及以下的 78 种列名客供服装辅料合

同的报核

　　企业直接持进出口报关单、合同、核销核算表报核。报核的出口报关单应当是注明备案编号的一般贸易出口报关单。

　　（4）撤销合同报核

　　加工贸易合同备案后因故提前终止执行，未发生进出口而申请撤销的，应报商务主管部门审批，企业凭审批件和手册报核。

　　（5）有违规走私行为的加工贸易合同核销

　　加工贸易企业因走私行为被海关缉私部门或者法院没收加工贸易保税货物的，海关凭相关证明材料，如"行政处罚决定书"、"行政复议决定书"、"判决书"、"裁决书"等办理核销手续。

　　加工贸易企业因违规等行为被海关缉私部门或法院处以警告、罚款等处罚但不没收加工贸易保税货物的，不予免除加工贸易企业办理相关海关手续的义务。

　　6. 海关受理报核和核销

　　海关对企业的报核应当依法进行审核，不符合规定不予受理的应当书面告知理由，并要求企业重新报核；符合规定的，应当受理。

　　海关自受理企业报核之日起 20 个工作日内，应当核销完毕，情况特殊，可以由直属海关的关长批准或者由直属海关的关长授权的隶属海关关长批准延长 10 个工作日。

　　经核销情况正常的，未开设台账的，海关应当立即签发"核销结案通知书"；经核销情况正常的，开设台账的，应当签发"银行保证金台账核销联系单"，企业凭以到银行核销台账，其中"实转"的台账，企业应当在银行领回保证金和应得的利息或者撤销保函，并领取"银行保证金台账核销通知单"，凭以向海关领取核销结案通知书。

　　三、出口加工区及其货物的报关程序

　　（一）出口加工区概述

　　1. 含义

　　出口加工区是指由省、自治区、直辖市人民政府报国务院批准在中华人民共和国境内设立的，由海关对保税加工进出口货物进行封闭式监管的特定区域。出口加工区原则上应当设立在已经国务院批准的现有经济技术开发区内。

2. 功能

出口加工区的主要业务是保税加工，以及为加工区内保税加工服务的储运业务。加工区内设置加工区管理委员会和出口加工企业、专为出口加工企业生产提供服务的仓储企业以及经海关核准专门从事加工区内货物进、出的运输企业。加工区内不得经营商业零售、一般贸易、转口贸易及其他与加工区无关的业务，不得建立营业性的生活消费设施。除安全人员和企业值班人员外，其他人员不得在加工区内居住。

3. 海关监管

加工区是海关监管的特定区域。加工区与境内其他地区之间设置符合海关监管要求的隔离设施及闭路电视监控系统，在进出区通道设立卡口。海关在加工区内设立机构，并依照有关法律、行政法规，对进出加工区的货物及加工区内相关场所实行 24 小时监管。加工区内企业建立符合海关监管要求的电子计算机管理数据库，并与海关实行电子计算机联网，进行电子数据交换。

从境外运入出口加工区的加工贸易货物应全额保税。出口加工区内企业从境外进口的自用的生产、管理所需设备、物资，除交通车辆和生活用品外，予以免税，属于特定减免税货物的范围，见本章第五节的有关内容。出口加工区运往区外的货物，海关按照对进口货物的有关规定办理报关手续，并按制成品征税。如属于许可证件管理商品，还应向海关出具有效的进口许可证件。境内区外进入出口加工区的货物视同出口，办理出口报关手续，可以办理出口退税手续。

（二）报关程序

出口加工区内企业在进出口货物前，应向出口加工区主管海关申请建立电子账册。出口加工区企业电子账册包括"加工贸易电子账册"和"企业设备电子账册"。出口加工区进出境货物和进出加工区货物通过电子账册办理报关手续。

1. 出口加工区与境外之间进出货物的报关

出口加工区企业从境外运进货物或运出货物到境外，由收发货人或其代理人填写进、出境货物备案清单，向出口加工区海关报关。

对于跨越关区进出境的出口加工区货物，除邮递物品、个人随身携带物

227

品、跨越关区进口车辆和出区在异地口岸"拼箱"出口货物以外，可以按转关运输中的直转转关方式办理转关。对于同一直属海关的关区内进出境的出口加工区货物，可以按直通式报关。

按转关运输中直转转关方式转关的报关程序如下：

（1）境外货物运入出口加工区

货物到港后，收货人或其代理人向口岸海关录入转关申报数据，并持"进口转关货物申报单"、"汽车载货登记簿"向口岸海关物流监控部门办理转关手续；口岸海关审核同意企业转关申请后，向出口加工区海关发送转关申报电子数据，并对运输车辆进行加封。

货物运抵出口加工区后，收货人或其代理人向出口加工区海关办理转关核销手续，出口加工区海关物流监控部门核销"汽车载货登记簿"，并向口岸海关发送转关核销电子回执；同时收货人或其代理人录入"出口加工区进境货物备案清单"，向出口加工区海关提交运单、发票、装箱单、电子账册编号、相应的许可证件等单证办理进境报关手续；出口加工区海关审核有关报关单证，确定是否查验，对不需查验的货物予以放行；对须查验的货物，由海关实施查验后，再办理放行手续，签发有关备案清单证明联。

（2）出口加工区货物运出境外

发货人或其代理人录入"出口加工区出境货物备案清单"，向出口加工区海关提交运单、发票、装箱单、电子账册编号等单证办理出口报关手续，同时向出口加工区海关录入转关申报数据，并持"出口加工区出境货物备案清单"、"汽车载货登记簿"向出口加工区海关物流监控部门办理出口转关手续；出口加工区海关审核同意企业转关申请后，向口岸海关发送转关申报电子数据，并对运输车辆进行加封。

货物运抵出境地海关后，发货人或其代理人向出境地海关办理转关核销手续，出境地海关核销"汽车载货登记簿"，并向出口加工区海关发送转关核销电子回执；货物实际离境后，出境地海关核销清洁载货清单并反馈出口加工区海关，出口加工区海关凭以签发有关备案清单证明联。

2. 出口加工区与境内区外其他地区之间进出货物报关

（1）出口加工区货物运往境内区外

出口加工区货物运往境内区外的，由区外企业录入进口货物报关单，凭发票、装箱单、相应的许可证件等单证向出口加工区海关办理进口报关手续。进口报关结束后，区内企业填制出口加工区出境货物备案清单，凭发票、装箱单、电子账册编号等单证向出口加工区海关办理出区报关手续。

出口加工区海关放行货物后，向区外企业签发"进口货物报关单"付汇证明联，向区内企业签发"出口加工区出境货物备案清单"收汇证明联。

（2）境内区外货物运入出口加工区

境内区外货物运入出口加工区的，由区外企业录入"出口货物报关单"，凭购销合同（协议）、发票、装箱单等单证向出口加工区海关办理出口报关手续。出口报关结束后，区内企业填制"出口加工区进境货物备案清单"，凭购销发票、装箱单、电子账册编号等单证向出口加工区海关办理进区报关手续。

出口加工区海关查验、放行货物后，向区外企业签发"出口货物报关单"收汇证明联，向区内企业签发"出口加工区进境货物备案清单"付汇证明联。

（3）出口加工区货物出区深加工结转报关

出口加工区货物出区深加工结转，是指加工区内企业按照《中华人民共和国海关对出口加工区监管的暂行办法》和《中华人民共和国海关出口加工区货物出区深加工结转管理办法》的有关规定，将本企业加工生产的产品直接或者通过保税仓库转入其他出口加工区、保税区等海关特殊监管区域内及区外加工贸易企业进一步加工后复出口的经营活动。

出口加工区企业开展深加工结转时，转出企业凭出口加工区管委会批复向所在地的出口加工区海关办理海关备案手续后方可开展货物的实际结转。对转入其他出口加工区、保税区等海关特殊监管区域的，转入企业凭其所在区管委会的批复办理结转手续，对转入出口加工区、保税区等海关特殊监管区域外加工贸易企业的，转入企业凭商务主管部门的批复办理结转手续。

对结转至海关特殊监管区域外的加工贸易企业的货物，海关按照对加工贸易进口货物的有关规定办理手续，结转产品如果属于加工贸易项下进口许可证件管理商品的，企业应当向海关提供相应的有效进口许可证件。

对转入特殊监管区域的，转出、转入企业分别在自己的主管海关办理结转手续，对转入特殊监管区域外加工贸易企业的，转出、转入企业在转出地

229

主管海关办理结转手续。

对转入特殊监管区域的深加工结转除特殊情况外，比照转关运输方式办理结转手续；不能比照转关运输方式办理结转手续的，在主管海关提供相应的担保后，由企业自行运输。

对转入特殊监管区域外加工贸易企业的深加工结转报关程序如下：

①转入企业在"中华人民共和国海关出口加工区出区深加工结转申请表"（一式四联）中填写本企业的转入计划，凭申请表向转入地海关备案。

②转入地海关备案后，留存申请表第一联，其余三联退还转入企业，由转入企业送交转出企业。

③转出企业自转入地海关备案之日起 30 日内，持申请表其余三联，填写本企业的相关内容后，向主管海关办理备案手续。

④转出地海关审核后，留存申请表第二联，将第三、四联分别交给转出企业、转入企业。

⑤转出企业、转入企业办理结转备案手续后，凭双方海关核准的申请表进行实际收发货。转出企业的每批次发货记录应当在一式三联的"出口加工区货物实际结转情况登记表"上如实登记，转出地海关在"卡口"签注登记表后，货物出区。

转出企业、转入企业每批实际发货、收货后，可以凭申请表和转出地卡口海关签注的登记表分批或者集中办理报关手续。转出企业、转入企业每批实际发货、收货后，应当在实际发货、收货之日起 30 日内办结该批货物的报关手续。转入企业填报结转进口报关单，转出企业填报结转出口备案清单。一份结转进口报关单对应一份结转出口备案清单。

区内转出的货物因质量不符等原因发生退运、退换的，转入企业为特殊监管区以外的加工贸易企业的，按"退运"、"退换"货物办理相关手续。

（三）监管和报关要点

1. 加工区与境外之间进、出的货物，除国家另有规定的外，不实行进出口许可证件管理。

国家禁止进、出口的货物，不得进、出加工区。因国内技术无法达到产品要求，须将国家禁止出口商品运至加工区内进行某项工序加工的，应报经商务主管部门批准，海关比照出料加工管理办法进行监管，其运入加工区的

国际货物与通关

货物，不予签发出口退税报关单。

2. 对加工区运往境内区外的货物，按进口货物报关，属许可证件管理的，出具有效的进口许可证件，缴纳进口关税、增值税、消费税，免交付缓税利息。

区内企业在保税加工过程中产生的边角料、残次品、废品等应当复运出境。因特殊情况需要运往区外时，由企业申请，经主管海关核准后，按内销时的状态确定归类并征税。如属于进口许可证件管理商品，免交验进口许可证件。如属于"限制进口类可用作原料的废物目录"所列商品，应按规定向环保部门申领进口许可证件。对无商业价值的边角料和废品，需运往区外销毁的，应凭加工区管理委员会和环保部门的批件，向主管海关办理出区手续，海关予以免税、免交验进口许可证件。

出口加工区内加工企业内销的制成品（包括残次品），以接受内销申报的同时或者大约同时进口的相同货物或者类似货物的进口成交价格为基础确定完税价格。出口加工区内的加工企业内销加工过程中产生的边角料或者副产品，以内销价格作为完税价格。

3. 出口加工区内企业开展加工贸易业务不实行"加工贸易银行保证金台账"制度，适用电子账册管理，实行备案电子账册的滚动累加、扣减，每 6 个月核销一次。

4. 出口加工区内企业在需要时，可将有关模具、半成品运往区外进行加工，经加工区主管海关的关长批准，由接受委托的区外企业，向加工区主管海关缴纳货物应征关税和进口环节增值税等值的保证金或银行保函后方可办理出区手续。加工完毕后，加工产品应按期（一般为 6 个月）运回加工区，区内企业向加工区主管海关提交运出加工区时填写的"委托区外加工申请书"及有关单证，办理验放核销手续；加工区主管海关办理验放核销手续后，应及时退还保证金或撤销保函。

5. 从境内区外运进加工区供区内企业使用的国产机器、设备、原材料、零部件、元器件、包装物料、基础设施、加工企业和行政管理部门生产、办公用房合理数量的基建物资等，按照对出口货物的管理规定办理出口报关手续，海关签发出口退税报关单。境内区外企业依据"报关单出口退税联"向税务部门申请办理出口退（免）税手续。

6. 出口加工区内企业经主管海关批准，可在境内区外进行产品的测试、检验和展示活动。测试、检验和展示的产品，应比照海关对暂时进口货物的管理规定办理出区手续。

出口加工区内企业使用的机器、设备、模具和办公用品等，须运往境内区外进行维修、测试或检验时，区内企业或管理机构应向主管海关提出申请，并经主管海关核准、登记、查验后，方可将机器、设备、模具和办公用品等运往境内区外维修、测试或检验。区内企业将模具运往境内区外维修、测试或检验时，应留存模具所生产产品的样品，以备海关对运回加工区的模具进行核查。运往境内区外维修、测试或检验的机器、设备、模具和办公用品等，不得用于境内区外加工生产和使用。

运往境内区外维修、测试或检验的机器、设备、模具和办公用品等，应自运出之日起 2 个月内运回加工区。因特殊情况不能如期运回的，区内企业应于期限届满前 7 日内，向主管海关说明情况，并申请延期。申请延期以 1 次为限，延长期限不得超过 1 个月。

运往境内区外维修的机器、设备、模具和办公用品等，运回加工区时，要以海关能辨认其为原物或同一规格的新零件、配件或附件为限，但更换新零件、配件或附件的，原零件、配件或附件应一并运回加工区。

第二节　保税物流货物

一、保税物流货物概述

（一）含　义

保税物流货物，是指经海关批准未办理纳税手续进境在境内储存后复运出境的货物，也称做保税仓储货物。保税物流货物在境内储存后的流向除出境外，还可以留在境内按照其他海关监管制度办理相应的海关手续，如保税加工、正式进口等。

已办结海关出口手续尚未离境，经海关批准存放在海关专用监管场所或特殊监管区域的货物带有保税物流货物的性质。

（二）监管模式

海关对保税物流货物的监管模式有两大类：一类是物理围网的监管模

国际货物与通关

式，包括保税物流中心 B 型、保税物流园区、保税区、保税港区；另一类是非物理围网的监管模式，包括保税仓库、出口监管仓库、保税物流中心 A 型。

保税港区还在试点运行，还没有形成完整的海关监管制度。本节就已经或者初步形成监管制度的保税仓库、出口监管仓库、保税物流中心 A 型、保税物流中心 B 型、保税物流园区、保税区等六种监管模式及其对所存货物的报关程序逐一进行介绍。

（三）监管特征

1. 设立审批

保税物流货物必须存放在经过法定程序审批设立的专用场所或者特殊区域。其中保税仓库、出口监管仓库、保税物流中心 A 型、保税物流中心 B 型，都要经过海关审批，并核发批准证书，凭批准证书设立及存放保税物流货物；保税物流园区，保税区、保税港区要经过国务院审批，凭国务院同意设立的批复设立，并经海关等部门验收合格才能存放保税物流货物。

未经法定程序审批同意设立的任何场所或者区域都不得存放保税物流货物。

2. 准入保税

保税物流货物报关，在任何一种监管模式下，都没有备案程序，因此不能像对保税加工货物那样通过备案实现法律规定的批准保税，而只能通过准予进入来实现批准。这样，准予进入成为海关保税物流货物监管目标之一。这个监管目标只有通过对专用场所或者特殊区域的监管来实现。

对专用场所或者特殊区域实施监管成为海关对保税物流货物监管的重要职责，海关应当依法监管场所或者区域，按批准存放范围准予货物进入监管场所或者区域，不符合规定存放范围的货物不准进入。

除自用物资外，凡按照批准范围进入经过法定程序审批而设立的专用监管场所或者特殊监管区域的进境货物，或者已办结海关出口手续尚未离境的货物，就意味着已经保税。

3. 监管延伸

（1）监管地点延伸

进境货物从进境地海关监管现场，已办结海关出口手续尚未离境的货物从出口申报地海关现场，延伸到专用监管场所或者特殊监管区域。

（2）监管时间延伸

①保税仓库存放保税物流货物的时间是1年，可以申请延长，延长的时间最长为1年；

②出口监管仓库存放保税物流货物的时间是6个月，可以申请延长，延长的时间最长为6个月；

③保税物流中心A型存放保税物流货物的时间是1年，可以申请延长，延长的时间最长为1年；

④保税物流中心B型存放保税物流货物的时间是2年，可以申请延长，延长的时间最长为1年；

⑤保税物流园区存放保税物流货物的时间没有限制；

⑥保税区存放保税物流货物的时间没有限制。

4. 运离结关

根据规定，保税物流货物报关同保税加工货物报关一样有报核程序，有关单位应当定期以电子数据和纸质单证向海关申报规定时段保税物流货物的进、出、存、销等情况。但是实际结关的时间，除外发加工和暂准运离（维修、测试、展览等）需要继续监管以外，每一批货物运离专用监管场所或者特殊监管区域，都必须根据货物的实际流向办结海关手续；办结海关手续后，该批货物就不再是运离的专用监管场所或者特殊监管区域范围的保税物流货物。在这里规定时间的报核已经不具备最终办结海关手续的必要程序。

二、保税仓库及其所存货物的报关程序

（一）保税仓库概述

1. 含义

保税仓库，是指经海关批准设立的专门存放保税货物及其他未办结海关手续货物的仓库。我国的保税仓库主要是根据使用对象、范围来分类，即分为公用型和自用型两种。但根据所存货物的特定用途，公用型保税仓库和自用型保税仓库下面还衍生出一种专用型保税仓库。所以目前我国大体上有三种保税仓库：

（1）公用型保税仓库

公用型保税仓库由主营仓储业务的中国境内独立企业法人经营，专门向社会提供保税仓储服务。

（2）自用型保税仓库

自用型保税仓库由特定的中国境内独立企业法人经营，仅存储供本企业自用的保税货物。

（3）专用型保税仓库

专门用来存储具有特定用途或特殊种类的商品的保税仓库称为专用型保税仓库。专用型保税仓库包括液体危险品保税仓库、备料保税仓库、寄售维修保税仓库和其他专用保税仓库。

2. 存放货物的范围

经海关批准可以存入保税仓库的货物有：

（1）加工贸易进口货物；

（2）转口货物；

（3）供应国际航行船舶和航空器的油料、物料和维修用零部件；

（4）供维修外国产品所进口寄售的零配件；

（5）外商进境暂存货物；

（6）未办结海关手续的一般贸易进口货物；

（7）经海关批准的其他未办结海关手续的进境货物。

保税仓库不得存放国家禁止进境货物，不得存放未经批准的影响公共安全、公共卫生或健康、公共道德或秩序的国家限制进境货物以及其他不得存入保税仓库的货物。

3. 保税仓库的设立

保税仓库应当设立在设有海关机构、便于海关监管的区域。经营保税仓库的企业，应当具备下列条件：

（1）经工商行政管理部门注册登记，具有企业法人资格；

（2）注册资本最低限额为 300 万元人民币；

（3）具备向海关缴纳税款的能力；

（4）经营特殊许可商品存储的，应当持有规定的特殊许可证件；

（5）经营备料保税仓库的加工贸易企业，年出口额最低为 1000 万美元；

（6）具有专门存储保税货物的营业场所并达到：

①符合海关对保税仓库布局的要求；

②具备符合海关监管要求的安全隔离设施、监管设施和办理业务必需的其他设施；

③具备符合海关监管要求的保税仓库计算机管理系统并与海关联网；

④具备符合海关监管要求的保税仓库管理制度、符合会计法要求的会计制度；

⑤符合国家土地管理、规划、交通、消防、安全、质检、环保等方面法律、行政法规及有关规定；

⑥公用保税仓库面积最低为 2000 平方米，液体危险品保税仓库容积最低为 5000 立方米，寄售维修保税仓库面积最低为 2000 平方米。

企业申请设立保税仓库的，应向仓库所在地主管海关提交书面申请，提供能够证明上述条件已经具备的有关文件。

主管海关在审核申请文件后，对材料齐全有效的，予以受理；对材料不齐全或者不符合法定形式的，在 5 个工作日内一次告知申请人需要补正的全部内容。

主管海关自受理申请之日起 20 个工作日内提出初审意见并将有关材料报送直属海关审批。直属海关自接到材料之日起 20 个工作日内审查完毕，对符合条件的，出具批准文件，批准文件的有效期为 1 年；对不符合条件的，书面告知申请人理由。直属海关自批准设立保税仓库之日起 30 日内报海关总署备案。受理保税仓库设立申请的审批属于海关行政许可，应当按照海关行政许可的程序进行。

（二）保税仓库货物报关程序

保税仓库货物的报关程序可以分为进库报关和出库报关。

1. 进库报关

货物在保税仓库所在地进境时，除国家另有规定的外，免领进口许可证件，由收货人或其代理人办理进口报关手续，海关进境现场放行后存入保税仓库。

货物在保税仓库所在地以外其他口岸入境时，经海关批准，收货人或其代理人可以按照转关运输的报关程序办理手续，也可以直接在口岸海关办理异地传输报关手续。

2. 出库报关

保税仓库货物出库可能出现进口报关和出口报关两种情况。保税仓库货物出库根据情况可以逐一报关，也可以集中报关。

（1）进口报关

①保税仓库货物出库用于加工贸易的，由加工贸易企业或其代理人按加工贸易货物的报关程序办理进口报关手续。

②保税仓库货物出库用于可以享受特定减免税的特定地区、特定企业和特定用途的，由享受特定减免税的企业或其代理人按特定减免税货物的报关程序办理进口报关手续。

③保税仓库货物出库进入国内市场或使用于境内其他方面，由收货人或其代理人按一般进口货物的报关程序办理进口报关手续。

（2）出口报关

保税仓库货物为转口或退运到境外而出库的，保税仓库经营企业或其代理人按一般出口货物的报关程序办理出口报关手续，但可免缴纳出口关税，免交验出口许可证件。

（3）集中报关

保税货物出库批量少、批次频繁的，经海关批准可以办理定期集中报关手续。

（三）保税仓库监管和报关要点

1. 保税仓库所存货物的储存期限为1年。如因特殊情况需要延长储存期限，应向主管海关申请延期，经海关批准可以延长，延长的期限最长不超过1年。

2. 保税仓库所存货物是海关监管货物，未经海关批准并按规定办理有关手续，任何人不得出售、转让、抵押、质押、留置、移作他用或者进行其他处置。

3. 货物在仓库储存期间发生损毁或者灭失，除不可抗力原因外，保税仓库应依法向海关缴纳损毁、灭失货物的税款，并承担相应的法律责任。

4. 保税仓库货物可以进行包装、分级分类、印刷运输标识、分拆、拼装等简单加工，不得进行实质性加工。

5. 保税仓库经营企业应于每月5日之前以电子数据和书面形式向主管海

关申报上一个月仓库收、付、存情况，并随附有关的单证，由主管海关核销。

三、出口监管仓库及其所存货物的报关程序

（一）出口监管仓库概述

1. 含义

出口监管仓库，是指经海关批准设立，对已办结海关出口手续的货物进行存储、保税货物配送、提供流通性增值服务的海关专用监管仓库。

出口监管仓库分为出口配送型仓库和国内结转型仓库。出口配送型仓库，是指存储以实际离境为目的的出口货物的仓库。国内结转型仓库，是指存储用于国内结转的出口货物的仓库。

2. 存放货物的范围

经海关批准可以存入出口监管仓库的货物有：

（1）一般贸易出口货物；

（2）加工贸易出口货物；

（3）从其他海关特殊监管区域、场所转入的出口货物；

（4）其他已办结海关出口手续的货物。

另外，出口配送型仓库还可以存放为拼装出口货物而进口的货物。

出口监管仓库不得存放下列货物：

（1）国家禁止进出境货物；

（2）未经批准的国家限制进出境货物；

（3）海关规定不得存放的货物。

3. 出口监管仓库的设立

（1）申请设立的条件

出口监管仓库的设立应当符合区域物流发展和海关对出口监管仓库布局的要求，符合国家土地管理、规划、交通、消防、安全、环保等有关法律、行政法规的规定。申请设立出口监管仓库的经营企业，应当具备下列条件：

①经工商行政管理部门注册登记，具有企业法人资格；

②具有进出口经营权和仓储经营权；

③注册资本在300万元人民币以上；

④具备向海关缴纳税款的能力；

⑤具有专门存储货物的场所，其中出口配送型仓库的面积不得低于 5000 平方米，国内结转型仓库不得低于 1000 平方米。

（2）申请设立和审批

企业申请设立出口监管仓库，应当向仓库所在地主管海关提交书面申请，提供能够证明上述条件已经具备的有关文件。海关受理、审查设立出口监管仓库的申请属于海关行政许可，应当按照行政许可的法定程序，对符合条件的，做出准予设立的决定，并出具批准文件；对不符合条件的，做出不予设立的决定，并书面告知申请企业。

（3）验收和运营

申请设立出口监管仓库的企业应当自海关出具批准文件之日起 1 年内向海关申请验收出口监管仓库。

申请验收应当符合以下条件：

①符合申请设立出口监管仓库的五项条件；

②具备符合海关监管要求的安全隔离设施、监管设施和办理业务必需的其他设施；

③具备符合海关监管要求的计算机管理系统，并与海关联网；

④建立了出口监管仓库的章程、机构设置、仓储设施及账册管理和会计制度等仓库管理制度；

⑤自有仓库的企业应具有出口监管仓库的产权证明，租赁仓库的企业应具有租赁期限 5 年以上的租赁合同；

⑥消防验收合格。

企业无正当理由逾期未申请验收或者验收不合格的，该出口监管仓库的批准文件自动失效。

出口监管仓库验收合格后，经直属海关注册登记并核发"中华人民共和国出口监管仓库注册登记证书"，可以投入运营。"中华人民共和国出口监管仓库注册登记证书"有效期为 3 年。

（二）出口监管仓库货物报关程序

出口监管仓库货物报关，大体可以分为进仓报关、出仓报关、结转报关和更换报关。

1. 进仓报关

出口货物存入出口监管仓库时，发货人或其代理人应当向主管海关办理出口报关手续，填制出口货物报关单。按照国家规定应当提交出口许可证件和缴纳出口关税的，发货人或其代理人必须提交出口许可证件和缴纳出口关税。发货人或其代理人按照海关规定提交报关必需单证和仓库经营企业填制的"出口监管仓库货物入仓清单"。经主管海关批准，对批量少、批次频繁的入仓货物，可以办理集中报关手续。

对经批准享受入仓即退税政策的出口监管仓库，海关在货物入仓办结出口报关手续后予以签发"出口货物报关单"退税证明联；对不享受入仓即退税政策的出口监管仓库，海关在货物实际离境后不予签发"出口货物报关单"退税证明联。

2. 出仓报关

出口监管仓库货物出仓可能出现出口报关和进口报关两种情况。

（1）出口报关

出口监管仓库货物出仓货物出口时，仓库经营企业或其代理人应当向主管海关申报。仓库经营企业或其代理人按照海关规定提交报关必需的单证，并提交仓库经营企业填制的"出口监管仓库货物出仓清单"。

出仓货物出境口岸不在仓库主管海关的，经海关批准，可以在口岸所在地海关办理相关手续，也可以在主管海关办理相关手续。

入仓没有签发"出口货物报关单"退税证明联的，出仓离境海关按规定签发"出口货物报关单"退税证明联。

（2）进口报关

出口监管仓库货物转进口的，应当经海关批准，按照进口货物的有关规定办理相关手续。

①用于加工贸易的，由加工贸易企业或其代理人按加工贸易货物的报关程序办理进口报关手续。

②用于可以享受特定减免税的特定地区、特定企业和特定用途的，由享受特定减免税的企业或其代理人按特定减免税货物的报关程序办理进口报关手续。

③进入国内市场或使用于境内其他方面，由收货人或其代理人按一般进口货物的报关程序办理进口报关手续。

3. 结转报关

经转入、转出方所在地主管海关批准，并按照转关运输的规定办理相关手续后，出口监管仓库之间、出口监管仓库与保税区、出口加工区、保税物流园区、保税物流中心、保税仓库等特殊监管区域、专用监管场所之间可以进行货物流转。

4. 更换报关

对已存入出口监管仓库因质量等原因要求更换的货物，经仓库所在地主管海关批准，可以更换货物。被更换货物出仓前，更换货物应当先行入仓，并应当与原货物的商品编码、品名、规格型号、数量和价值相同。

（三）监管和报关要点

1. 出口监管仓库必须专库专用，不得转租、转借给他人经营，不得下设分库。

2. 出口监管仓库经营企业应当如实填写有关单证、仓库账册，真实记录并全面反映其业务活动和财务状况，编制仓库月度进、出、转、存情况表和年度财务会计报告，并定期报送主管海关。

3. 出口监管仓库所存货物的储存期限为 6 个月。如因特殊情况需要延长储存期限，应在到期之前向主管海关申请延期，经海关批准可以延长，延长的期限最长不超过 6 个月。货物存储期届满前，仓库经营企业应当通知发货人或其代理人办理货物的出境或者进口手续。

4. 出口监管仓库货物所存货物，是海关监管货物，未经海关批准并按规定办理有关手续，任何人不得出售、转让、抵押、质押、留置、移作他用或者进行其他处置。

5. 货物在仓库储存期间发生损毁或者灭失，除不可抗力原因外，保税仓库应当依法向海关缴纳损毁、灭失货物的税款，并承担相应的法律责任。

6. 经主管海关同意，可以在出口监管仓库内进行品质检验、分级分类、分拣分装、印刷运输标识、改换包装等流通性增值服务。

四、保税物流中心（A 型）及其所存货物的报关程序

（一）保税物流中心（A 型）概述

1. 含义

241

保税物流中心（A型），是指经海关批准，由中国境内企业法人经营、专门从事保税仓储物流业务的海关监管场所。按服务范围分，保税物流中心（A型）可以分为公用型和自用型两类。

公用型物流中心，是指专门从事仓储物流业务的中国境内企业法人经营，向社会提供保税仓储物流综合服务的海关监管场所。

自用型物流中心，是指中国境内企业法人经营，仅向本企业或者本企业集团内部成员提供保税仓储物流服务的海关监管场所。

2. 存放货物的范围

（1）国内出口货物；

（2）转口货物和国际中转货物；

（3）外商暂存货物；

（4）加工贸易进出口货物；

（5）供应国际航行船舶和航空器的物料、维修用零部件；

（6）供维修外国产品所进口寄售的零配件；

（7）未办结海关手续的一般贸易进口货物；

（8）经海关批准的其他未办结海关手续的货物。

3. 开展业务的范围

保税物流中心（A型）经营企业可以开展以下业务：

（1）保税存储进出口货物及其他未办结海关手续货物；

（2）对所存货物开展流通性简单加工和增值服务；

（3）全球采购和国际分拨、配送；

（4）转口贸易和国际中转业务；

（5）经海关批准的其他国际物流业务。

但不得开展以下业务：

（1）商业零售；

（2）生产和加工制造；

（3）维修、翻新和拆解；

（4）存储国家禁止进出口货物，以及危害公共安全、公共卫生或者健康、公共道德或者秩序的国家限制进出口货物；

（5）存储法律、行政法规明确规定不能享受保税政策的货物；

（6）其他与物流中心无关的业务。

（二）保税物流中心（A 型）的设立与管理

1. 经营保税物流中心（A 型）的必要条件

（1）选址

保税物流中心（A 型）应当设在国际物流需求量较大，交通便利且便于海关监管的地方。

（2）经营企业的资格条件

①经工商行政管理部门注册登记，具有独立的企业法人资格；

②注册资本不低于 3000 万元人民币；

③具备向海关缴纳税款和履行其他法律义务的能力；

④具有专门存储货物的营业场所，拥有营业场所的土地使用权；租赁他人土地、场所经营的，租期不得少于 3 年；

⑤经营特殊许可商品存储的，应当持有规定的特殊经营许可证件；

⑥经营自用型物流中心的企业，年进出口金额（含深加工结转）东部地区不低于 2 亿美元，中西部地区不低于 5000 万美元；

⑦具有符合海关监管要求的管理制度和符合会计法规定的会计制度。

（3）申请设立的条件

①符合海关对物流中心的监管规划建设要求；

②公用型物流中心的仓储面积，东部地区不低于 2 万平方米，中西部地区不低于 5000 平方米；

③自用型物流中心的仓储面积（含堆场），东部地区不低于 4000 平方米，中西部地区不低于 2000 平方米；

④建立符合海关监管要求的计算机管理系统，提供海关查阅数据的终端设备，并按照海关规定的认证方式和数据标准，通过"电子口岸"平台与海关联网，以便海关在统一平台上与国税、外汇管理等部门实现数据交换及信息共享；

⑤设置符合海关监管要求的安全隔离设施、视频监控系统等监管、办公设施；

⑥符合国家土地管理、规划、消防、安全、质检、环保等方面的法律、行政法规、规章及有关规定。

2. 保税物流中心（A 型）的设立申请、受理审批、延期审查和变更

（1）申请设立保税物流中心（A 型）的经营企业应当向所在地直属海关提交书面审请，提供能够证明上述条件已经具备的有关文件。

（2）保税物流中心（A 型）的申请由直属海关受理，报海关总署审批，并由海关总署出具批准申请企业筹建物流中心的文件。

企业自海关总署出具批准筹建的文件之日起 1 年内向直属海关申请验收，由直属海关会同省级税务、外汇管理等部门按照规定进行审核验收。企业确有正当理由未按时申请验收的，经直属海关同意可以延期验收，但延期不得超过 6 个月。如果有特殊情况需要二次延期的，报海关总署批准。

物流中心验收合格后，由海关总署向企业核发"保税物流中心（A 型）验收合格证书"和"保税物流中心（A 型）注册登记证书"，颁发"保税物流中心（A 型）标牌"。物流中心在验收合格后方可开展有关业务。

获准设立物流中心的企业无正当理由逾期未申请验收或者验收不合格的，视同其撤回设立申请。获准开业的物流中心经营企业无正当理由连续 6 个月未开展业务的，视同撤回设立申请。由直属海关报海关总署办理注销手续，并收回"保税物流中心（A 型）验收合格证书"和"保税物流中心（A 型）注册登记证书"。

物流中心经营企业因故终止业务的，由物流中心提出书面申请，经海关总署审批后，办理注销手续并交回"保税物流中心（A 型）验收合格证书"和"保税物流中心（A 型）注册登记证书"。

（3）"保税物流中心（A 型）注册登记证书"有效期为 2 年。经营企业应当在每次有效期届满 30 日前向直属海关办理延期审查申请手续。海关对审查合格的企业准予延期 2 年。

（4）保税物流中心需变更经营单位名称、地址、仓储面积等事项的，企业申请并由直属海关报海关总署审批。其他变更事项报直属海关备案。

（三）保税物流中心（A 型）进出货物报关程序

1. 保税物流中心（A 型）与境外之间的进出货物报关

（1）物流中心与境外之间的进出货物，应当在物流中心主管海关办理相关手续。物流中心与口岸不在同一主管海关的，经主管海关批准，可以在口岸海关办理相关手续。

国际货物与通关

（2）物流中心与境外之间的进出货物，除实行出口被动配额管理和中华人民共和国参加或者缔结的国际条约及国家另有明确规定的以外，不实行进出口配额、许可证件管理。

（3）从境外进入物流中心内的货物，凡属于规定存放范围内的货物予以保税；属于物流中心企业进口自用的办公用品、交通运输工具、生活消费品等，以及物流中心开展综合物流服务所需进口的机器、装卸设备、管理设备等，按照进口货物的有关规定和税收政策办理相关手续。

2. 保税物流中心（A型）与境内之间的进出货物报关

（1）物流中心内货物运往所在关区外，或者跨越关区提取物流中心内货物，可以在物流中心主管海关办理进出中心的报关手续，也可以按照境内监管货物转关运输的方式办理相关手续。

（2）企业根据需要经主管海关批准，可以分批进出货物，月度集中报关，但集中报关不得跨年度办理。

（3）物流中心与境内之间的进出货物报关按下列规定办理：

①物流中心货物出中心进入关境内的其他地区视同进口，按照货物进入境内的实际流向和实际状态办理进口报关手续；属于出口许可证件管理的商品，企业还应当向海关出具有效的许可证件。

②货物从境内进入物流中心视同出口，办理出口报关手续。如需缴纳出口关税的，应当按照规定纳税；属于出口许可证件管理的商品，还应当向海关出具有效的出口许可证件。

（四）监管和报关要点

1. 物流中心内货物保税存储期限为1年。确有正当理由的，经主管海关同意可以予以延期，除特殊情况外，延期不得超过1年。

2. 从境内运入物流中心的原进口货物，境内发货人应当向海关办理出口报关手续，经主管海关验放；已经缴纳的关税和进口环节海关代征税，不予退还。

3. 从境内运入物流中心已办结报关手续或者从境内运入物流中心供中心内企业自用的国产机器设备、装卸设备、管理设备、检测检验设备等以及转关出口货物（起运地海关在已收到物流中心主管海关确认转关货物进入物流中心的转关回执后），海关签发出口退税报关单证明联。

4. 从境内运入物流中心的下列货物，海关不签发出口退税报关单证明联：

（1）供中心企业自用的生活消费品、交通运输工具；

（2）供中心企业自用的进口的机器设备、装卸设备、管理设备、检测检验设备等；

（3）物流中心之间，物流中心与出口加工区、保税物流园区、物流中心（B型）和已实行国内货物入仓环节出口退税政策的出口监管仓库等海关特殊监管区域或者海关保税监管场所往来的货物。

5. 从物流中心进入境内用于在保修期限内免费维修有关外国产品并符合无代价抵偿货物有关规定的零部件或者用于国际航行船舶和航空器的物料或者属于国家规定可以免税的货物，免征关税和进口环节海关代征税。

6. 实行集中申报的进出口货物，应当适用每次货物进出口时海关接受申报之日实施的税率、汇率。

7. 保税仓储货物在存储期间发生损毁或者灭失的，除不可抗力外，物流中心经营企业应当依法向海关缴纳损毁、灭失货物的税款，并承担相应的法律责任。

五、保税物流中心（B型）及其货物的报关程序

（一）保税物流中心（B型）概述

1. 含义

保税物流中心（B型），是指经海关批准，由中国境内一家企业法人经营，多家企业进入并从事保税仓储物流业务的海关集中监管场所。

2. 存放货物的范围

存放货物的范围与保税物流中心（A型）相同。

3. 开展业务的范围

保税物流中心（B型）经营企业可以开展以下业务：

（1）保税存储进出口货物及其他未办结海关手续货物；

（2）对所存货物开展流通性简单加工和增值服务；

（3）全球采购和国际分拨、配送；

（4）转口贸易和国际中转业务；

（5）经海关批准的其他国际物流业务。

但不得开展以下业务：

（1）商业零售；

（2）生产和加工制造；

（3）维修、翻新和拆解；

（4）存储国家禁止进出口货物，以及危害公共安全、公共卫生或者健康、公共道德或者秩序的国家限制进出口货物；

（5）存储法律、行政法规明确规定不能享受保税政策的货物；

（6）其他与物流中心无关的业务。

4.经营企业的责任和义务

（1）设立管理机构负责物流中心的日常工作；

（2）遵守海关法及有关管理规定；

（3）遵守国家土地管理、规划、消防、安全、质检、环保等方面法律、行政法规及有关规定；

（4）制定完善的物流中心管理制度，协助海关实施对进出物流中心的货物及中心内企业经营行为的监管。

（二）保税物流中心（B型）的设立和管理

1.经营保税物流中心（B型）的必要条件

（1）选址

保税物流中心（B型）应当设在靠近海港、空港、陆路枢纽及内陆国际物流需求量较大，交通便利，设有海关机构且便于海关集中监管的地方。

（2）经营企业的资格条件

①经工商行政管理部门注册登记，具有独立的企业法人资格；

②注册资本不低于5000万元人民币；

③具备对中心内企业进行日常管理的能力；

④具有协助海关对进出物流中心的货物和中心内企业的经营行为实施监管的能力。

（3）申请设立的条件

①符合海关对物流中心的监管规划建设要求；

②物流中心的仓储面积，东部地区不低于10万平方米，中西部地区不

低于 5 万平方米；

③经省级人民政府确认，符合地方发展总体布局，满足加工贸易发展对保税物流的需求；

④建立符合海关监管要求的计算机管理系统，提供海关查阅数据的终端设备，并按照海关规定的认证方式和数据标准，通过电子口岸平台与海关联网，以便海关在统一平台上与国税、外汇管理等部门实现数据交换及信息共享；

⑤设置符合海关监管要求的安全隔离设施、视频监控系统等监管、办公设施。

2. 保税物流中心（B 型）的设立申请、受理审批、延期审查和变更

（1）申请设立保税物流中心（B 型）的经营企业应当向所在地直属海关提交书面申请，提供能够证明上述条件已经具备的有关文件。

（2）保税物流中心（B 型）的申请由直属海关受理，报海关总署审批，并由海关总署出具批准申请企业筹建物流中心的文件。

企业自海关总署出具批准筹建的文件之日起 1 年内向海关总署申请验收，由海关总署会同国家税务总局、国家外汇管理总局等部门或者委托被授权的机构按照规定进行审核验收。企业确有正当理由未按时申请验收的，经海关总署同意可以延期验收。

物流中心验收合格后，由海关总署向物流中心经营企业核发"保税物流中心（B 型）验收合格证书"，颁发"保税物流中心（B 型）标牌"。物流中心在验收合格后方可开展有关业务。

获准设立物流中心的经营企业无正当理由逾期未申请验收或者验收不合格的，视同其撤回设立申请。获准开业的物流中心经营企业无正当理由连续 1 年未开展业务的，视同撤回设立申请，由直属海关报海关总署办理注销手续，并收回标牌和"保税物流中心（B 型）验收合格证书"。

物流中心经营企业因故终止业务的，由物流中心经营企业向直属海关提出书面申请，经海关总署审批后，办理注销手续并交回标牌和"保税物流中心（B 型）验收合格证书"。

（3）"保税物流中心（B 型）注册登记证书"有效期为 3 年。经营企业应当在每次有效期满 30 日前向直属海关办理延期审查申请手续，并提交下

列加盖企业印章的材料：

①经会计师事务所审计的本年度资产负债表和损益表复印件；

②经工商行政管理部门加贴本年度通过年检标识的营业执照及企业法人营业执照副本复印件；

③海关要求的其他说明材料。

对审查合格的企业准予延期 3 年。

（4）物流中心需变更经营单位名称、地址、仓储面积及所有权等事项的，由直属海关受理报海关总署审批。其他变更事项报直属海关备案。

（三）保税物流中心（B 型）内企业的设立和管理

1. 进入条件

（1）具有独立的法人资格或者特殊情况下的中心外企业的分支机构；

（2）具有独立法人资格的企业注册资本最低限额为 500 万元人民币；属企业分支机构的，该企业注册资本不低于 1000 万元人民币；

（3）具备向海关缴纳税款和履行其他法律义务的能力；

（4）建立符合海关监管要求的计算机管理系统并与海关联网；

（5）在物流中心内有专门存储海关监管货物的场所。

2. 进入申请

企业申请进入物流中心应当向所在地主管海关提交书面申请，提供能够证明上述条件已经具备的有关文件。

3. 企业进入审批和管理

主管海关受理后报直属海关审批。直属海关对经批准的企业核发"中华人民共和国海关保税物流中心（B 型）企业注册登记证书"。

中心内企业无正当理由连续 6 个月未开展业务的，视同撤回进入中心的申请，由主管海关报直属海关办理注销并收回"保税物流中心（B 型）企业注册登记证书"。

中心内企业需变更有关事项的，由主管海关受理后报直属海关审批。

（四）保税物流中心（B 型）进出货物报关程序

1. 保税物流中心（B 型）与境外之间的进出货物报关

（1）物流中心与境外之间的进出货物，应当在物流中心主管海关办理相关手续。物流中心与口岸不是同一主管海关的，经主管海关批准，可以在口岸海关办理相关手续。

（2）物流中心与境外之间的进出货物，除实行出口被动配额管理和中华人民共和国参加或者缔结的国际条约及国家另有明确规定的以外，不实行进出口配额、许可证件管理。

（3）从境外进入物流中心内的货物，凡属于规定存放范围内的货物予以保税；属于中心内企业进口自用的办公用品、交通运输工具、生活消费品等，以及物流中心开展综合物流服务所需进口的机器、装卸设备、管理设备等，按照进口货物的有关规定和税收政策办理相关手续。

2. 保税物流中心（B 型）与境内之间的进出货物报关

（1）物流中心内货物运往所在关区外，或者跨越关区提取物流中心内货物，可以在物流中心主管海关办理进出中心的报关手续，也可以按照境内监管货物转关运输的方式办理相关手续。

（2）中心内企业根据需要经主管海关批准，可以分批进出货物，月度集中报关，但集中报关不得跨年度办理。

（3）物流中心与境内之间的进出货物报关按下列规定办理：

①物流中心货物进入境内其他地区视同进口，按照货物进入境内的实际流向和实际状态办理进口报关手续；属于出口许可证件管理的商品，企业还应当向海关出具有效的许可证件。

②货物从境内进入物流中心视同出口，办理出口报关手续。如需缴纳出口关税的，应当按照规定纳税；属于出口许可证件管理的商品，还应当向海关出具有效的出口许可证件。

3. 物流中心内企业之间的货物流转

物流中心内货物可以在中心内企业之间进行转让、转移并办理相关海关手续。未经海关批准，中心内企业不得擅自将所存货物抵押、质押、留置、移作他用或者进行其他处置。

（五）监管和报关要点

1. 物流中心经营企业不得在本中心内直接从事保税仓储物流的经营活动。

2. 物流中心内货物保税存储期限为 2 年。确有正当理由的，经主管海关同意可以予以延期，除特殊情况外，延期不得超过 1 年。

3. 从境内运入物流中心的原进口货物，境内发货人应当向海关办理出口报关手续，经主管海关验放，已经缴纳的关税和进口环节海关代征税，不予退还。

4. 从境内运入物流中心已办结报关手续或者从境内运入物流中心供中心内企业自用的国产机器设备、装卸设备、管理设备、检测检验设备等以及转关出口货物（起运地海关在已收到物流中心主管海关确认转关货物进入物流中心的转关回执后），海关签发出口退税报关单证明联。

5. 从境内运入物流中心的下列货物，海关不签发出口退税报关单证明联：

（1）供中心内企业自用的生活消费品、交通运输工具；

（2）供中心内企业自用的进口的机器设备、装卸设备、管理设备、检测检验设备等；

（3）物流中心之间，物流中心与出口加工区、保税物流园区、物流中心（B型）和已实行国内货物入仓环节出口退税政策的出口监管仓库等海关特殊监管区域或者海关保税监管场所往来的货物。

6. 从物流中心进入境内用于在保修期限内免费维修有关外国产品并符合无代价抵偿货物有关规定的零部件或者用于国际航行船舶和航空器的物料或者属于国家规定可以免税的货物，免征关税和进口环节海关代征税。

7. 实行集中申报的进出口货物，应当适用每次货物进出口时海关接受申报之日实施的税率、汇率。

8. 保税仓储货物在存储期间发生损毁或者灭失的，除不可抗力外，物流中心经营企业应当依法向海关缴纳损毁、灭失货物的税款，并承担相应的法律责任。

六、保税物流园区及其货物的报关程序

（一）保税物流园区概述

1. 含义

保税物流园区是指经国务院批准，在保税区规划面积或者毗邻保税区的特定港区内设立的、专门发展现代国际物流的海关特殊监管区域。

2. 功能

保税物流园区的主要功能是保税物流。可以开展的保税物流业务包括：

(1) 存储进出口货物及其他未办结海关手续的货物；

(2) 对所存货物开展流通性简单加工和增值服务；

(3) 进出口贸易，包括转口贸易；

(4) 国际采购、分配和配送；

(5) 国际中转；

(6) 商品展示；

(7) 经海关批准的其他国际物流业务。

保税物流园区行政机构及其经营主体、在保税物流园区内设立的企业等单位的办公场所应当设置在园区规划面积内、围网外的园区综合办公区内。除安全人员和相关部门、企业值班人员外，其他人员不得在园区内居住。

园区内设立仓库、堆场、查验场和必要的业务指挥调度操作场所，不得建立工业生产加工场所和商业性消费设施。园区内不得开展商业零售、加工制造、翻新、拆解及其他与园区无关的业务。

法律、行政法规禁止进出口的货物、物品不得进出园区。

3. 海关监管

保税物流园区是海关监管的特定区域。园区与境内其他地区之间应当设置符合海关监管要求的卡口、围网隔离设施、视频监控系统及其他海关监管所需的设施。

海关在园区设派驻机构，依照有关法律、行政法规，对进出园区的货物、运输工具、个人携带物品，以及对园区内相关场所实行 24 小时监管。

海关对园区企业实行电子账册监管制度和计算机联网管理制度。园区行政管理机构或者其经营主体应当在海关指导下通过电子口岸建立供海关、园区企业及其他相关部门进行电子数据交换和信息共享的计算机公共信息平台。园区企业建立符合海关监管要求的电子计算机管理系统，提供海关查阅数据的终端设备，按照海关规定的认证方式和数据标准与海关进行联网。

园区企业须依照法律、行政法规的规定，规范财务管理；设置符合海关监管要求的账簿、报表，记录本企业的财务状况和有关进出园区货物、物品的库存、转让、转移、销售、简单加工、使用等情况，如实填写有关单证、账册，凭合法、有效的凭证记账核算。园区企业须编制月度货物进、出、转、存情况表和年度财务会计报告，并定期报送园区主管海关。

园区企业需要开展危险化工品和易燃易爆品存储业务的，应当取得安全生产管理、消防、环保等相关部门的行政许可，并在园区主管海关备案。有关储罐、装置、设备等设施应当符合海关监管要求。

园区内货物可以自由流转。园区企业转让、转移货物时应当将货物的具体品名、数量、金额等有关事项向海关进行电子数据备案，并在转让、转移后向海关办理报核手续。未经园区主管海关许可，园区企业不得将所存货物抵押、质押、留置、移作他用或者进行其他处置。

对园区和其他口岸、海关特殊监管区域或者保税监管场所之间进出的货物，应当由经海关备案或者核准的运输工具承运。承运人应当遵守海关有关运输工具及其所载货物的管理规定。园区与区外非海关特殊监管区域或者保税监管场所之间货物的往来，企业可以使用其他非海关监管车辆承运。承运车辆进出园区通道时应当经海关登记，海关对货物和承运车辆进行查验、检查。通过管道进出园区的货物，应当配备计量检测装置和其他便于海关监管的设施。

下列货物进出园区时，按照海关规定办理相关手续包括查验后，园区企业可以指派专人携带或者自行运输：

（1）价值1万美元及以下的小额货物；

（2）因品质不合格复运出区退换的货物；

（3）已办理进口纳税手续的货物；

（4）企业要求出口退税的货物；

（5）其他经海关核准的货物。

（二）报关程序

1. 保税物流园区与境外之间进出货物报关

海关对园区与境外之间进出货物，实行备案制管理（园区自用的免税进口货物、国际中转货物或者法律、行政法规另有规定的货物除外）。

园区与境外之间进出货物应当向园区主管海关申报。园区货物的进出境口岸不在园区主管海关管辖区域的，经主管海关批准，可以在口岸海关办理申报手续。

园区内开展整箱进出、二次拼箱等国际中转业务的，由开展此项业务的企业向海关发送电子舱单数据，园区企业向园区主管海关申请提箱、集运等，提交舱单等单证，办理进出境申报手续。

（1）货物由境外运入园区

境外货物到港后，园区企业及其代理人可以先提交舱单将货物直接运到园区，再提交"进境货物备案清单"向园区主管海关办理申报手续。除法律、行政法规另有规定的外，境外运入园区的货物不实行许可证件管理。

境外运入园区的下列货物保税：

①园区企业为开展业务所需的货物及其包装物料；

②加工贸易进口货物；

③转口贸易货物；

④外商暂存货物；

⑤供应国际航行船舶和航空器的物料、维修用零部件；

⑥进口寄售货物；

⑦进境检测、维修货物及其零配件；

⑧看样订货的展览品、样品；

⑨未办结海关手续的一般贸易货物；

⑩经海关批准的其他进境货物。

境外运入园区的下列货物免税：

①园区的基础设施建设项目所需的设备、物资等；

②园区企业为开展业务所需机器、装卸设备、仓储设施、管理设备及其维修用的消耗品、零配件及工具；

③园区行政机构及其经营主体、园区企业自用合理数量的办公用品。

境外运入园区的园区行政机构及其经营主体、园区企业自用交通运输工具、生活消费品，按一般进口货物的有关规定和程序办理申报手续。

（2）货物由园区运往境外

从园区运往境外的货物，除法律、行政法规另有规定外，免征出口关税，不实行许可证件管理。进境货物未经流通性简单加工，需原状退运出境的，园区企业可以向园区主管海关申请办理退运手续。

2. 保税物流园区与区外之间进出货物报关

园区与区外之间进出的货物，由区内企业或者区外的收发货人或其代理人在园区主管海关办理申报手续。园区企业在区外从事进出口贸易且货物不实际进出园区的，可以在收发货人所在地的主管海关或者货物实际进出境口岸的海关办理申报手续。除法律、行政法规规定不得集中申报的货物外，园区企业少批量、多批次进出货物的，经主管海关批准可以办理集中申报手续，并使用每次货物进出口时海关接受该货物申报之日实施的税率、汇率。集中申报的期限不得超过1个月，且不得跨年度办理。

（1）园区货物运往区外

园区货物运往区外，视同进口。园区企业或者区外收货人或其代理人按照进口货物的有关规定向园区主管海关申报，海关按照货物出园区时的实际监管方式的有关规定办理。

①进入国内市场的，按一般进口货物报关，提供相关的许可证件，照章缴纳进口关税、进口环节增值税、消费税。

②用于加工贸易的，按加工贸易保税货物报关，提供加工贸易登记手册（包括纸质的或电子的），继续保税。

③用于可以享受特定减免税的特定企业、特定地区或有特定用途的，按特定减免税货物报关，提供"进出口货物征免税证明"和相应的许可证件，免缴进口关税、进口环节增值税。

园区企业跨关区配送货物或者异地企业跨关区到园区提取货物的，可以在园区主管海关办理申报手续，也可以按照海关规定办理进口转关手续。

（2）区外货物运入园区

区外货物运入园区，视同出口，由区内企业或者区外的发货人或其代理人向园区主管海关办理出口申报手续。属于应当缴纳出口关税的商品，应当照章缴纳；属于许可证件管理的商品，应当同时向海关出具有效的许可证件。

用于办理出口退税的"出口货物报关单"证明联的签发手续，按照下列规定办理：

①从区外运入园区，供区内企业开展业务的国产货物及其包装材料，由区内企业或者区外发货人及其代理人填写"出口货物报关单"，海关按照对出口货物的有关规定办理，签发"出口货物报关单"证明联；货物从异地转关进入园区的，起运地海关在收到园区主管海关确认转关货物已进入园区的

电子回执后，签发"出口货物报关单"证明联。

②从区外运入园区，供区内行政管理机构及其经营主体和区内企业使用的国产基建物资、机器、装卸设备、管理设备等，海关按照对出口货物的有关规定办理，并签发"出口货物报关单"证明联。

③从区外运入园区，供区内行政管理机构及其经营主体和区内企业使用的生活消费品、办公用品、交通运输工具等，海关不予签发"出口货物报关单"证明联。

④从区外进入园区的原进口货物、包装物料、设备、基建物资等，区外企业应当向海关提供上述货物或者物品的清单，按照出口货物的有关规定办理申报手续，海关不予签发"出口货物报关单"证明联，原已缴纳的关税、进口环节增值税和消费税不予退还。

（3）保税物流园区与其他特殊监管区域、保税监管场所之间往来货物

海关对于园区与其他特殊监管区域、保税监管场所之间往来的货物，继续实行保税监管，不予签发"出口货物报关单"证明联。但货物从未实行国内货物入区、入仓环节出口退税制度的海关特殊监管区域或者保税监管场所转入园区的，按照货物实际离境的有关规定办理申报手续，由转出地海关签发"出口货物报关单"证明联。

园区与其他特殊监管区域、保税监管场所之间的货物交易、流转，不征收进出口环节和国内流通环节的有关税收。

（三）监管和报关要点

1. 园区货物不设存储期限。但园区企业自开展业务之日起，应当每年向园区主管海关办理报核手续。园区主管海关应当自受理报核申请之日起 30 日内予以"核库"。企业有关账册、原始数据应当自"核库"结束之日起至少保留 3 年。

2. 园区企业可以对所存货物开展流通性简单加工和增值服务，包括分级分类、分拆分拣、分装、计量、组合包装、打膜、印刷运输标识、改换包装、拼装等具有商业增值的辅助性作业。

3. 已办理出口退税的货物或者已经流通性简单加工的货物（包括进境货物）如果退运，按照进出口货物的有关规定办理海关手续。

4. 经主管海关批准，园区企业可以在园区综合办公区专用的展示场所举

办商品展示活动。展示的货物应当在园区主管海关备案，并接受海关监管。园区企业在区外其他地方举办商品展示活动的，应当比照海关对暂时进口货物的管理规定办理有关手续。

5. 供区内行政管理机构及其经营主体和区内企业使用的机器、设备和办公用品等需要运往区外进行检测、维修的，应当向园区主管海关提出申请，经主管海关核准、登记后可以运往区外。运往区外检测、维修的机器、设备和办公用品等不得留在区外使用，并自运出之日起 60 日内运进区内。因特殊情况不能如期运回的，园区行政管理机构及其经营主体和园区内企业应当于期满前 10 日内，以书面形式向园区主管海关申请延期，延长期限不得超过 30 日。检测、维修完毕运进园区的机器、设备等应当为原物。有更换新零配件或者附件的，原零配件或者附件应当一并运进园区。对在区外更换的国产零配件或者附件，如需退税，由区内企业或者区外企业提出申请，园区主管海关按照出口货物的有关规定办理，并签发"出口货物报关单"证明联。

6. 除已经流通性简单加工的货物外，区外进入园区的货物，因质量、规格型号与合同不符等原因，需原状返还出口企业进行更换的，园区企业应当在货物申报进入园区之日起 1 年内向园区主管海关申请办理退换手续。更换的货物进入园区时，可以免领出口许可证件，免征出口关税，但海关不予签发"出口货物报关单"证明联。

7. 除法律、行政法规规定不得声明放弃的货物外，园区企业可以申请放弃货物。放弃的货物由主管海关依法提取变卖，变卖收入由海关按照有关规定处理。依法变卖后，企业凭放弃该批货物的申请和园区主管海关提取变卖该货物的有关单证办理核销手续；确因无使用价值无法变卖并经海关核准的，由企业自行处理，园区主管海关直接办理核销手续。放弃货物在海关提取变卖前所需的仓储等费用，由企业自行承担。

对按照规定应当销毁的放弃货物，由企业负责销毁，园区主管海关可以派员监督。园区主管海关凭有关主管部门的证明材料办理核销手续。

8. 因不可抗力造成园区货物损坏、损毁、灭失的，园区企业应当及时书面报告园区主管海关，说明理由并提供保险、灾害鉴定部门的有关证明。经主管海关核实确认后，按照下列规定处理：

（1）货物灭失，或者完全失去使用价值的，海关予以办理核销和免税手续。

（2）进境货物损坏、损毁，失去原使用价值但可再利用的，园区企业可以向园区主管海关办理退运手续。如不退运出境并要求运往园区外的，由园区内企业提出申请，并经主管海关核准，根据受灾货物的使用价值估价、征税后运出园区。

（3）区外进入园区的货物损坏、损毁，失去原使用价值但可再利用的，且需向出口企业进行退换的，可以退换为与损坏货物同一品名、规格、数量、价格的货物，并向园区主管海关办理退运手续。

退运到区外的，如属于尚未办理出口退税手续的，可以向园区主管海关办理退税手续；如属于已经办理出口退税手续的，按照进境货物运往区外的有关规定办理。

9. 因保管不善等非不可抗力因素造成货物损坏、损毁、灭失的，按下列规定办理：

（1）对于从境外进入园区的货物，园区企业应当按照一般进口货物的规定，以货物进入园区时海关接受申报之日适用的税率、汇率，依法向海关缴纳损毁、灭失货物原价值的关税、进口环节增值税和消费税。

（2）对于从区外进入园区的货物，园区企业应当重新缴纳因出口而退还的国内环节有关税收，海关据此办理核销手续。

七、保税区及其货物的报关程序

（一）保税区概述

1. 含义

保税区，是指经国务院批准在中华人民共和国境内设立的由海关进行监管的特定区。

2. 功能

保税区具有出口加工、转口贸易、商品展示、仓储运输等多种功能，也就是说既有保税加工的功能，又有保税物流的功能。但是，主要的功能是保税物流。

保税区内仅设置保税区行政机构和企业。除安全保卫人员外，其他人员不得在保税区内居住。

3. 海关监管

保税区与境内其他地区之间，应当设置符合海关监管要求的隔离设施。在保税区内设立的企业，应当向海关办理注册手续。保税区内企业应当依照国家有关法律、行政法规的规定设置账簿、编制报表，凭合法、有效凭证记账并进行核算，记录有关进出保税区货物和物品的库存、转让、转移、销售、加工、使用和损耗等情况。保税区内企业应当与海关实行电子计算机联网，进行电子数据交换。

海关对进出保税区的货物、物品、运输工具、人员及区内有关场所，有权依照《海关法》的规定进行检查、查验。保税区内企业在保税区内举办境外商品和非保税区商品的展示活动，展示的商品应当接受海关监管。国家禁止进出口的货物、物品，不得进出保税区。

运输工具和人员进出保税区，应当经由海关指定的专用通道，并接受海关检查。进出保税区的运输工具的负责人，应当持保税区主管机关批准的证件连同运输工具的名称、数量、牌照号码及驾驶员姓名等清单，向海关办理登记备案手续。未经海关批准，从保税区到非保税区的运输工具和人员不得运输、携带保税区内的免税货物、保税货物。

为保税加工、保税仓储、转口贸易、展示而进口进入保税区的货物均可以保税。为了支持保税区的发展，保税区享有以下免税优惠：

（1）区内生产性的基础设施建设项目所需的机器、设备和其他基建物资，予以免税。

（2）区内企业自用的生产、管理设备和自用合理数量的办公用品及其所需的维修零配件、生产用燃料、建设生产厂房和仓储设施所需的物资及设备，除交通车辆和生活用品外，予以免税。

（3）保税区行政管理机构自用合理数量的管理设备和办公用品及其所需的维修零配件，予以免税。

免税进入保税区的进口货物，海关按照特定减免税货物进行监管。参见第九章第一节有关内容。

（二）保税区进出货物报关程序

1. 进出境报关

进出境报关采用报关制和备案制相结合的运行机制，即保税区与境外之间进出境货物，属自用的，采取报关制，填写进出口报关单；属非自用的，包括加工出口、转口、仓储和展示，采取备案制，填写进出境备案清单。即保税区内企业的加工贸易料件、转口贸易货物、仓储货物进出境，由收货人或其代理人填写"进出境货物备案清单"向海关报关；对保税区内企业进口自用合理数量的机器设备、管理设备、办公用品及工作人员所需自用合理数量的应税物品以及货样，由收货人或其代理人填写"进口货物报关单"向海关报关。

2. 进出区报关

进出区报关要根据不同的情况按不同的报关程序报关。

（1）保税加工货物进出区

保税加工货物进区，报出口，要有"加工贸易登记手册"或者"加工贸易电子账册"，填写出口报关单，提供有关的许可证件，海关不签发"出口货物报关单"退税证明联。

保税加工货物出区，报进口，按不同的流向填写不同的进口货物报关单：

①出保税区进入国内市场的，按一般进口货物报关，填写"进口货物报关单"，提供有关的许可证件。关于保税加工货物内销征税的完税价格由海关按以下规定审查确定：

A. 保税区内的加工企业内销的进口料件或者其制成品（包括残次品），以接受内销申报的同时或者大约同时进口的相同或者类似货物的进口成交价格为基础确定完税价格。

B. 保税区内的加工企业内销的进料加工制成品中，如果含有从境内采购的料件，以制成品所含有的从境外购入的料件的原进口成交价格为基础确定完税价格。料件的原进口成交价格不能确定的，以接受内销申报的同时或者大约同时进口的与料件相同或者类似货物的进口成交价格为基础确定完税价格。

C. 保税区内的加工企业内销的来料加工制成品中，如果含有从境内采购的料件，以接受内销申报的同时或者大约同时进口的与料件相同或者类似货物的进口成交价格为基础确定完税价格。

D. 保税区内的加工企业内销加工过程中产生的边角料或者副产品，以内销价格作为完税价格。

②出保税区用于加工贸易的，按加工贸易货物报关，填写加工贸易"进口货物报关单"，提供"加工贸易登记手册"或者"加工贸易电子账册"。

③出保税区用于可以享受特定减免税企业的，按特定减免税货物报关，提供"进出口货物征免税证明"和应当提供的许可证件，免缴进口税。

（2）进出保税区外发加工

保税区企业货物外发到区外加工，或区外企业货物外发到保税区加工，须经主管海关核准。

进保税区外发加工的，须提交外发加工合同向保税区海关备案，加工出区后核销，不填写进出口货物报关单，不缴纳税费。

出保税区外发加工的，须由保税区外加工企业在加工企业所在地海关办理加工贸易备案手续，需要建立"银行保证金台账"的应当设立台账，加工期限最长 6 个月，情况特殊，经海关批准可以延长，延长的最长期限是 6 个月。备案后按加工贸易货物出区进行报关。

（3）设备进出保税区

不管是施工设备还是投资设备，进出保税区均需向保税区海关备案，设备进保税区不填写报关单，不缴纳出口税，海关不签发"出口货物报关单"退税证明联，设备系从国外进口已征进口税的，不退进口税；设备退出保税区外也不必填写报关单申报，但要报保税区海关销案。

（三）监管和报关要点

1. 保税区与境外之间进出的货物，除"易制毒"化学品、监控化学品、消耗臭氧层物质等国家规定的特殊货物外，不实行进出口许可证件管理，免交验许可证件。

2. 国家明令禁止进出口的货物和列入加工贸易禁止类商品目录的商品在保税区内也不准开展加工贸易。保税区企业开展加工贸易，进口"易制毒"化学品、监控化学品、消耗臭氧层物质要提供进口许可证；生产激光光盘要主管部门批准外，其他加工贸易料件进口免交验许可证件。保税区内企业开展加工贸易，不实行"银行保证金台账"制度。

3. 从非保税区进入保税区的货物，按照出口货物办理手续。企业在办结海关手续后，可办理结汇、外汇核销、加工贸易核销等手续。出口退税必须在货物实际报关离境后才能办理。

4. 保税区内的转口货物可以在保税区内仓库或者保税区内其他场所进行分级、挑选、印刷运输标识、改换包装等简单加工。

5. 保税区内加工企业加工的制成品及其在加工过程中产生的边角料运往境外时，应当按照国家有关规定向海关办理手续，除法律、行政法规另有规定外，免征出口关税。

6. 保税区内加工企业将区内加工贸易料件及制成品和在加工过程中产生的副产品、残次品、边角料，运往非保税区时，应当依照国家有关规定向海关办理进口报关手续，并依法纳税，免交付缓税利息。

7. 用含有境外保税进口料件加工的制成品销往非保税区时，海关对其制成品按照所含进口料件数量征税；对所含进口料件的品名、数量、价值申报不实的，海关按照进口制成品征税。

第九章　其他进出口货物的通关

第一节　特定减免税货物

一、特定减免税货物概述

（一）特定减免税的含义

特定减免税货物是指海关根据国家的政策规定准予减免税进口使用于特定地区、特定企业、特定用途的货物。

特定地区是指我国关境内由行政法规规定的某一特别限定区域，享受减免税优惠的进口货物只能在这一特别限定的区域内使用。特定企业是指由国务院制定的行政法规专门规定的企业，享受减免税优惠的进口货物只能由这些专门规定的企业使用。特定用途是指国家规定可以享受减免税优惠的进口货物只能用于行政法规专门规定的用途。

（二）特定减免税的特征

1. 进口关税特定条件下减免

特定减免税是我国关税优惠政策的重要组成部分，是国家无偿向符合条件的进口货物使用企业提供的关税优惠，其目的是优先发展特定地区的经济，鼓励外商在我国的直接投资，促进国有大中型企业和科学、教育、文化、卫生事业的发展。因而，这种关税优惠具有鲜明的特定性，只能在国家行政法规规定的特定条件下使用。

2. 进口许可证件"应证即证"

特定减免税货物是实际进口货物。按照国家有关进出境管理的法律法规，凡属于进口需要交验许可证件的货物，收货人或其代理人都应当在进口申报时向海关提交进口许可证件（另有规定的除外）。

3. 放行不等于结关，纳入海关后续管理

进口货物享受特定减免税的条件之一就是在规定的期限，使用于规定的地区、企业和用途，并接受海关的监管，因此现场放行不意味着结关。特定减免税进口货物的海关监管期限按照货物的种类各有不同，以下是特定减免税货物的海关监管期限：

(1) 船舶、飞机：8年；

(2) 机动车辆：6年；

(3) 其他货物：5年。

(三) 监管和报关要点

1. 特定减免税货物一般不豁免交验进口许可证件，但是对外资企业和我国香港、澳门、台湾及华侨的投资企业进口本企业自用的机器设备可以免交验进口许可证件；外商投资企业在投资总额内进口涉及机电产品自动进口许可管理的，也可以免交验有关许可证件。

2. 特定减免税进口设备可以在两个享受特定减免税优惠的企业之间结转。结转手续应当分别向企业主管海关办理。

3. 出口加工区企业进口免税的机器设备等应当填制"出口加工区进境备案清单"，保税区企业进口免税的机器设备等应当填制"进口货物报关单"。

二、特定减免税货物程序

(一) 减免税申请

1. 特定地区

(1) 特定企业的备案登记

①保税区。保税区企业向保税区海关办理减免税备案登记时，应当提交企业批准证书、营业执照、企业合同、章程等，并将有关企业情况输入海关计算机系统。海关审核后准予备案的，即签发企业征免税登记手册，企业凭此办理货物减免税申请手续。

②出口加工区。出口加工区企业向出口加工区海关办理减免税备案登记时，应当提交出口加工区管理委员会的批准文件、营业执照等，并将有关企业情况输入海关计算机系统。海关审核后批准建立企业设备电子账册，企业凭此办理货物减免税申请手续。

(2) "进出口货物征免税证明"的申领

①保税区。企业在进口特定减免税机器设备等货物以前，向保税区海关提交企业征免税登记手册、发票、装箱单等，并将申请进口货物的有关数据输入海关计算机系统。海关核准后签发"进出口货物征免税证明"交申请企业。

②出口加工区。企业在进口特定减免税机器设备等货物以前，向出口加工区海关提交发票、装箱单等，海关核准后在企业设备电子账册中进行登记，不核发"进出口货物征免税证明"。

2. 特定企业

（1）特定企业的备案登记

特定企业主要是外商投资企业，包括外资企业、中外合资企业和中外合作企业。外商投资企业向企业主管海关办理减免税备案登记，提交商务主管部门的批准文件、营业执照、企业合同、章程等，海关审核后准予备案的，即签发外商投资企业征免税登记手册，企业凭此办理货物减免税申请手续。

（2）"进出口货物征免税证明"的申领

外商投资企业在进口特定减免税机器设备等货物以前，向主管海关提交外商投资企业征免税登记手册、发票、装箱单等，并将申请进口货物的有关数据输入海关计算机系统。海关核准后签发"进出口货物征免税证明"交申请企业。

3. 特定用途

（1）国内投资项目减免税申请

国内投资项目经批准以后，减免税货物进口企业应当持国务院有关部门或省、市人民政府签发的"国家鼓励发展的内、外资项目确认书"、发票、装箱单等单证向项目主管直属海关提出减免税申请。海关审核后签发"进出口货物征免税证明"交申请企业。

（2）利用外资项目减免税申请

利用外资项目经批准以后，减免税货物进口企业应当持国务院有关部门或省、市人民政府签发的"国家鼓励发展的内、外资项目确认书"、发票、装箱单等单证向项目主管直属海关提出减免税申请。海关审核后签发"进出口货物征免税证明"交申请企业。

（3）科教用品减免税进口申请

科教单位办理科学研究和教学用品免税进口申请时，应当持有关主管部门的批准文件，向单位所在地主管海关申请办理资格认定手续。经海关审核批准的，签发科教用品免税登记手册。

科教单位在进口特定减免税科教用品以前，向主管海关提交科教用品免税登记手册、合同等单证，并将申请进口货物的有关数据输入海关计算机系统。海关核准后签发"进出口货物征免税证明"。

（4）残疾人专用品减免税申请

残疾人在进口特定减免税专用品以前，向主管海关提交民政部门的批准文件。海关审核批准后签发"进出口货物征免税证明"。

民政部门或中国残疾人联合会所属单位批量进口残疾人专用品，应当向所在地直属海关申请，提交民政部（包括省、自治区、直辖市的民政部门）或中国残疾人联合会（包括省、自治区、直辖市的残疾人联合会）出具的证明函，海关凭此审核签发"进出口货物征免税证明"。

4. "进出口货物征免税证明"的使用

"进出口货物征免税证明"的有效期为 6 个月，持证人应当在海关签发征免税证明的 6 个月内进口经批准的特定减免税货物。

"进出口货物征免税证明"实行一份证明只能验放一批货物的原则，即一份征免税证明上的货物只能在一个进口口岸一次性进口。如果一批特定减免税货物需要分两个口岸进口，或者分两次进口的，持证人应当事先分别申领征免税证明。

（二）进出口报关

特定减免税货物进口报关程序，与一般进出口货物的报关程序中的有关内容类似。但是特定减免税货物进口报关的有些具体手续与一般进出口货物的报关手续有所不同：

1. 特定减免税货物进口报关时，进口货物收货人或其代理人除了向海关提交报关单及随附单证以外，还应当向海关提交"进出口货物征免税证明"。海关在审单时从计算机查阅征免税证明的电子数据，核对纸质的"进出口货物征免税证明"。

2. 特定减免税货物一般应提交进口许可证件，但对某些企业进口的某些特定减免税货物，可以免交验进口许可证件。

3. 特定减免税货物进口，填制报关单时，报关员应当特别注意报关单上"备案号"栏的填写。"备案号"栏内填写"进出口货物征免税证明"上的十二位编号，十二位编号写错将不能通过海关计算机逻辑审核，或者在提交纸质报关单证时无法顺利通过海关审单。

（三）申请解除监管

1. 监管期满申请解除监管

特定减免税货物监管期满，原减免税申请人应当向主管海关申请解除海关对减免税进口货物的监管。主管海关经审核批准，签发"减免税进口货物解除监管证明"。至此，特定减免税进口货物办结了全部海关手续。

2. 监管期内申请解除监管

特定减免税货物在海关监管期内要求解除监管的，主要是为了在国内销售、转让、放弃，或者退运境外。

特定减免税货物，因特殊原因需要在海关监管期内销售、转让的，企业应当向海关办理缴纳进口税费的手续。海关按照使用时间审查确定完税价格征税后，签发解除监管证明，企业即可将原减免税货物在国内销售、转让。

企业如将货物转让给同样享受进口减免税优惠的企业，接受货物的企业应当先向主管海关申领"进出口货物征免税证明"，凭此办理货物的结转手续。

企业要求将特定减免税货物退运出境的，应当向出境地海关办理货物出口退运申报手续。出境地海关监管货物出境后，签发出口货物报关单，企业持该报关单及其他有关单证向主管海关申领解除监管证明。

企业要求放弃特定减免税货物的，应当向主管海关提交放弃货物的书面申请，经海关核准后，按照海关处理放弃货物的有关规定办理手续。海关将货物拍卖，所得款项上缴国库后签发收据，企业凭此向主管海关申领解除监管证明。

3. 企业破产清算中特定减免税货物的处理

破产清算、变卖、拍卖处理尚在海关监管期限内的特定减免税货物，企业应当事先向主管海关申请，主管海关审批同意并按规定征收税款后，签发解除监管证明；如该货物已经改变其进口时状态，经海关实际查验并做查验记录后，也可照此办理解除监管手续。只有在解除监管后，有关货物才可以进入破产清算、变卖、拍卖程序。

对进入法律程序清算、变卖、拍卖的特定减免税货物，如属于许可证件管理的原进口时未申领许可证件的，海关凭人民法院的判决或国家法定仲裁机关的仲裁证明，免交验进口许可证件。

4. 监管期未满申请提前解除监管

保税区内企业免税进口货物未满海关监管年限，申请提前解除监管的，应按规定照章征税。其中涉及国家实行许可证件管理的商品还需向海关提交有效的许可证件。

第二节　暂准进出境货物的

一、暂准进出境货物概述

（一）暂准进出境货物的含义

暂准进出境货物是指经海关批准暂时进境，在进境时纳税义务人向海关缴纳相当于应纳税款的保证金或者提供其他担保可以暂不缴纳税款，并按规定的期限复运出境的货物和经海关批准暂时出境，在出境时纳税义务人向海关缴纳相当于应纳税款的保证金或者提供其他担保可以暂不缴纳税款，并按规定的期限复运进境的货物。

暂准进出境货物的范围是：

1. 在展览会、交易会、会议及类似活动中展示或者使用的货物；

2. 文化、体育交流活动中使用的表演、比赛用品；

3. 进行新闻报道或者摄制电影、电视节目使用的仪器、设备及用品；

4. 开展科研、教学、医疗活动使用的仪器、设备及用品；

5. 上述四项所列活动中使用的交通工具及特种车辆；

6. 暂时进出境的货样；

7. 供安装、调试、检测设备时使用的仪器、工具；

8. 盛装货物的容器；

9. 其他暂时进出境用于非商业目的的货物。

上述九项暂准进出境货物按照我国海关的监管方式可以归纳为：

●使用暂准进口单证册报关的暂准进出境货物；

●不使用暂准进口单证册报关的展览品；

●集装箱箱体；

●暂时进出口货物。

（二）暂准进出境货物的特征

1. 有条件暂时免予缴纳税费

暂准进出境货物在向海关申报进出境时，不必缴纳进出口税费，但收发货人须向海关提供担保。

2. 原则上进出口货物免验许可证

暂准进出境货物不是实际进出口货物，只要按照暂准进出境货物的有关法律、行政法规办理进出境手续，可以免交验进出口许可证件。但是，涉及公共道德、公共安全、公共卫生所实施的进出境管制制度的暂准进出境货物应当凭许可证件进出境。

3. 规定期限内按原状复运进出境

暂准进出境货物应当自进境或者出境之日起 6 个月内复运出境或者复运进境；经收发货人申请，海关可以根据规定延长复运出境或者复运进境的期限。

4. 按货物实际使用情况办结海关手续

暂准进出境货物必须在规定期限内，由货物的收发货人根据货物不同的情况向海关办理核销结关手续。

二、暂准进出境货物报关程序

（一）使用 ATA 单证册的暂准进出境货物

1. ATA 单证册制度

（1）ATA 单证册的含义

暂准进口单证册，简称 ATA 单证册，是指世界海关组织通过的《货物暂准进口公约》及其附约 A 和《ATA 公约》中规定使用的，用于替代各缔约方海关暂准进出口货物报关单和税费担保的国际性通关文件。

（2）ATA 单证册的格式

一份 ATA 单证册一般由 8 页 ATA 单证组成：一页绿色封面单证、一页黄色出口单证、一页白色进口单证、一页白色复出口单证、两页蓝色过境单证、一页黄色复进口单证和一页绿色封底。

（3）ATA 单证册在我国的适用范围

在我国，使用 ATA 单证册的范围仅限于展览会、交易会、会议及类似活动项下的货物。除此以外的货物，我国海关不接受持 ATA 单证册办理进出口申报手续。

（4）ATA 单证册的使用

ATA 单证册的担保协会和出证协会一般是由国际商会国际局和各国海关批准的各国国际商会。我国 ATA 单证册的担保协会和出证协会是中国国际商会。

①正常使用

使用 ATA 单证册，首先要向出证协会提出申请，缴纳一定的手续费，并按出证协会的规定提供担保。出证协会审核后签发 ATA 单证册。持证人凭 ATA 单证册将货物在出境国（地区）暂时出境，又暂时进境到进境国（地区），进境国（地区）海关经查验签章放行。货物完成暂时进境的特定使用目的后，从进境国（地区）复运出境，又复运进境到原出境国（地区）。持证人将使用过的、经各海关签注的 ATA 单证册交还给原出证协会。ATA 单证册的整个使用过程到此结束。

②未正常使用

未正常使用一般可能有两种情况：一是货物未按规定期限复运出境，产生了暂时进境国（地区）海关对货物征税的问题；二是 ATA 单证册持证人未遵守暂时进境国（地区）海关的有关规定，产生了暂时进境国（地区）海关对持证人罚款的问题。在这两种情况下，暂时进境国（地区）海关可以向本国担保协会提出索赔；暂时进境国（地区）担保协会垫付税款、罚款等款项后，可以向暂时出境国（地区）担保协会进行追偿；暂时出境国（地区）担保协会垫付款项后，可以向持证人追偿，持证人偿付款项后，ATA 单证册的整个使用过程到此结束。如果一个国家的出证协会和担保协会是两个不同的单位，则暂时进境国（地区）担保协会先向暂时出境国（地区）担保协会追偿，担保协会再向该国出证协会追偿。如果持证人拒绝偿付款项，则担保协会或出证协会可要求持证人的担保银行或保险公司偿付款项。如果后者也拒付，则采取法律行动。

2. 适用我国暂准进出境货物的 ATA 单证册的有效期

根据国际公约的规定，ATA 单证册的有效期最长是 1 年。但我国海关只接受展览品及相关货物使用 ATA 单证册申报进出口，因此，使用 ATA 单证册报关的货物暂时进出境期限为自货物进出境之日起 6 个月。超过 6 个月的，须经直属海关批准。如有特殊情况超过 1 年的，须经海关总署批准。

3. 适用 ATA 单证册的暂准进出境货物的申报

（1）进境申报

进境货物收货人或其代理人持 ATA 单证册向海关申报进境展览品时，先在海关核准的出证协会即中国国际商会以及其他商会，将 ATA 单证册上的内容预录入海关与商会联网的 ATA 单证册电子核销系统，然后向展览会主管海关提交纸质 ATA 单证册、提货单等单证。海关在白色进口单证上签注，并留存白色进口单证（正联），退还其存根联和 ATA 单证册其他各联给货物收货人或其代理人。

（2）出境申报

出境货物发货人或其代理人持 ATA 单证册向海关申报出境展览品时，向出境地海关提交国家主管部门的批准文件、纸质 ATA 单证册、装货单等单证。海关在绿色封面单证和黄色出口单证上签注，并留存黄色出口单证（正联），退还其存根联和 ATA 单证册其他各联给出境货物发货人或其代理人。

（3）过境申报

过境货物承运人或其代理人持 ATA 单证册向海关申报将货物通过我国转运至第三国参加展览会的，不必填制过境货物报关单。海关在两份蓝色过境单证上分别签注后，留存蓝色过境单证（正联），退还其存根联和 ATA 单证册其他各联给运输工具承运人或其代理人。

（4）担保和许可证件

持 ATA 单证册向海关申报进出境展览品，不需向海关提交进出口许可证件，也不需另外再提供担保。但如果进出境展览品及相关货物受公共道德、公共安全、公共卫生、动植物检疫、濒危野生动植物保护、知识产权保护等限制的，展览品收发货人或其代理人应当向海关提交进出口许可证件。

271

（5）ATA单证册印刷文字与申报文字

我国海关接受中文或英文填写的 ATA 单证册的申报。用英文填写的 ATA 单证册，海关可要求提供中文译本。用其他文字填写的 ATA 单证册，则必须提供忠实于原文的中文或英文译本。

4. 使用 ATA 单证册报关的暂准进出境货物的结关

持证人在规定期限内将进境展览品、出境展览品复运出境、复运进境，海关在白色复出口单证和黄色复进口单证上分别签注，留存单证（正联），退还其存根联和 ATA 单证册其他各联给持证人，正式核销结关。

持证人不能按规定期限将展览品复运进出境的，我国海关向担保协会即中国国际商会提出追索。

（二）不使用 ATA 单证册报关的展览品

进出境展览品的海关监管有使用 ATA 单证册的，也有不使用 ATA 单证册直接按展览品监管的。以下介绍不使用 ATA 单证册报关的展览品。

1. 进出境展览品的范围

（1）进境展览品

进境展览品包含在展览会中展示或示范用的货物、物品、为示范展出的机器或器具所需用的物品、展览者设置临时展台的建筑材料及装饰材料、供展览品做示范宣传用的电影片、幻灯片、录像带、录音带、说明书、广告等。

以下与展出活动有关的物品也可以按展览品申报进境：

①为展出的机器或器具进行操作示范，并在示范过程中被消耗或损坏的物料；

②展出者为修建、布置或装饰展台而进口的一次性廉价物品，如油漆、涂料、壁纸；

③参展商免费提供并在展出中免费散发的与展出活动有关的宣传印刷品、商业目录、说明书、价目表、广告招贴、广告日历、未装框照片等；

④供各种国际会议使用或与其有关的档案、记录、表格及其他文件。

以下货物虽然在展览活动中使用，但不是展览品：

①展览会期间出售的小卖品，属于一般进口货物范围；

②展览会期间使用的含酒精饮料、烟叶制品、燃料，虽然不是按一般进

口货物管理，但海关对这些商品一律征收关税。其中属于参展商随身携带进境的含酒精饮料、烟叶制品，则按进境旅客携带物品的有关规定管理。

（2）出境展览品

出境展览品包含国内单位赴国外举办展览会或参加外国博览会、展览会而运出的展览品，以及与展览活动有关的宣传品、布置品、招待品及其他公用物品。

与展览活动有关的小卖品、展卖品，可以按展览品报关出境，不按规定期限复运进境的办理一般出口手续，交验出口许可证件，缴纳出口关税。

2. 展览品的暂准进出境期限

进口展览品的暂准进境期限是 6 个月，即自展览品进境之日起 6 个月内复运出境。如果需要延长复运出境的期限，应当向主管海关提出申请。经批准可以延长，延长期限最长不超过 6 个月。

出口展览品的暂准出境期限为自展览品出境之日起 6 个月内复运进境。如果需要延长复运进境的期限，应当向主管海关提出申请。

3. 展览品的进出境申报

（1）进境申报

展览品进境之前，展览会主办单位应当将举办展览会的批准文件连同展览品清单一起送展出地海关，办理登记备案手续。

展览品进境申报手续可以在展出地海关办理。从非展出地海关进口的，可以申请在进境地海关办理转关运输手续，将展览品在海关监管下从进境口岸转运至展览会举办地主管海关办理申报手续。

展览会主办单位或其代理人应当向海关提交报关单、展览品清单、提货单、发票、装箱单等。展览品中涉及检验检疫等管制的，还应当向海关提交有关许可证件。

展览会主办单位或其代理人应当向海关提供担保。

海关一般在展览会举办地对展览品开箱查验。展览品开箱前，展览会主办单位或其代理人应当通知海关。海关查验时，展览品所有人或其代理人应当到场，并负责搬移、开拆、封装货物。

展览会展出或使用的印刷品、音像制品及其他需要审查的物品，还要经过海关的审查，才能展出或使用。对我国政治、经济、文化、道德有害的以及侵犯知识产权的印刷品、音像制品，不得展出，由海关没收、退运出境或责令更改后使用。

（2）出境申报

展览品出境申报手续应当在出境地海关办理。在境外举办展览会或参加国外展览会的企业应当向海关提交国家主管部门的批准文件、报关单、展览品清单一式两份等单证。

展览品属于应当缴纳出口关税的，向海关缴纳相当于税款的保证金；属于核用品、核两用品及相关技术的出口管制商品的，应当提交出口许可证。

海关对展览品开箱查验，核对展览品清单。查验完毕，海关留存一份清单，另一份封入"关封"交还给出口货物发货人或其代理人，凭此办理展览品复运进境申报手续。

4. 进出境展览品的核销结关

（1）复运进出境

进境展览品按规定期限复运出境，出境展览品按规定期限复运进境后，海关分别签发报关单证明联，展览品所有人或其代理人凭此向主管海关办理核销结关手续。

展览品未能按规定期限复运进出境的，展览会主办单位或出国举办展览会的单位应当向主管海关申请延期，在延长期内办理复运进出境手续。

（2）转为正式进出口

进境展览品在展览期间被人购买的，由展览会主办单位或其代理人向海关办理进口申报、纳税手续，其中属于许可证件管理的，还应当提交进口许可证件。

出口展览品在境外参加展览会后被销售的，由海关核对展览品清单后要求企业补办有关正式出口手续。

（3）展览品放弃或赠送

展览会结束后，进口展览品的所有人决定将展览品放弃交由海关处理的，由海关变卖后将款项上缴国库。有单位接受放弃展览品的，应当向海关办理进口申报、纳税手续。

展览品的所有人决定将展览品赠送的，受赠人应当向海关办理进口手续，海关根据进口礼品或经贸往来赠送品的规定办理。

国际货物与通关

（4）展览品毁坏、丢失、被窃

展览品因毁坏、丢失、被窃等原因，而不能复运出境的，展览会主办单位或其代理人应当向海关报告。对于毁坏的展览品，海关根据毁坏程度估价征税；对于丢失或被窃的展览品，海关按照进口同类货物征收进口税。

展览品因不可抗力遭受损毁或灭失的，海关根据受损情况，减征或免征进口税。

（三）集装箱箱体

1. 集装箱箱体含义

集装箱箱体既是一种运输设备，又是一种货物。当货物用集装箱装载进出口时，集装箱箱体就作为一种运输设备；当一家企业购买进口或销售出口集装箱时，集装箱箱体又与普通的进出口货物一样了。集装箱箱体作为货物进出口是一次性的，而在通常情况下，是作为运输设备暂时进出境的。这里介绍的是后一种情况。

2. 暂准进出境集装箱箱体的报关

（1）境内生产的集装箱及我国营运人购买进口的集装箱在投入国际运输前，营运人应当向其所在地海关办理登记手续。

海关准予登记并符合规定的集装箱箱体，无论是否装载货物，海关准予暂时进境和异地出境，营运人或其代理人无须对箱体单独向海关办理报关手续，进出境时也不受规定的期限限制。

（2）境外集装箱箱体暂准进境，无论是否装载货物，承运人或其代理人应当对箱体单独向海关申报，并应当于入境之日起 6 个月内复运出境。如因特殊情况不能按期复运出境的，营运人应当向暂准进境地海关提出延期申请，经海关核准后可以延期，但延长期最长不得超过 3 个月，逾期应按规定向海关办理进口报关纳税手续。

（四）暂时进出口货物

1. 暂时进出口货物的范围

《关税条例》规定可以暂不缴纳税款的九项暂准进出境货物中除使用ATA 单证册报关的货物、不使用 ATA 单证册报关的展览品、集装箱箱体按各自的监管方式由海关进行监管外，其余的均按《中华人民共和国海关对暂时进出口货物监管办法》进行监管，因此均属于暂时进出口货物的范围。

2. 暂时进出口货物的期限

暂时进口货物应当自进境之日起 6 个月内复运出境，暂时出口货物应当自出境之日起 6 个月内复运进境。如果因特殊情况不能按规定期限复运出境或者复运进境的，应当向海关申请延期，经批准可以适当延期，延期最长不超过 6 个月。

3. 进出境申报

暂时进出口货物进出境要经过海关的核准。暂时进出口货物进出境核准属于海关行政许可范围，应当按照海关行政许可的程序办理。

（1）暂时进口货物进境申报

暂时进口货物进境时，收货人或其代理人应当向海关提交主管部门允许货物为特定目的而暂时进境的批准文件、进口货物报关单、商业及货运单据等，向海关办理暂时进境申报手续。

暂时进口货物不必提交进口货物许可证件，但对国家规定需要实施检验检疫的，或者为公共安全、公共卫生等实施管制措施的，仍应当提交有关的许可证件。暂时进口货物在进境时，进口货物的收货人或其代理人免予缴纳进口税，但必须向海关提供担保。

（2）暂时出口货物出境申报

暂时出口货物出境时，发货人或其代理人应当向海关提交主管部门允许货物为特定目的而暂时出境的批准文件、出口货物报关单、货运和商业单据等，向海关办理暂时出境申报手续。

暂时出口货物除易制毒化学品、监控化学品、消耗臭氧层物质、有关核出口、核两用品及相关技术的出口管制条例管制的商品以及其他国际公约管制的商品按正常出口提交有关出口许可证件外，不须交验出口许可证件。

4. 核销结关

（1）复运进出境

暂时进口货物复运出境，暂时出口货物复运进境，进出口货物收、发货人或其代理人必须留存由海关签章的复运进出境的报关单，准备报核。

（2）转为正式进口

暂时进口货物因特殊情况，改变特定的暂时进口目的转为正式进口，进口货物收货人或其代理人应当向海关提出申请，提交有关许可证件，办理货物正式进口的报关纳税手续。

（3）放弃货物

暂时进口货物在境内完成暂时进口的特定目的后，如货物所有人不准备将货物复运出境的，可以向海关声明将货物放弃，海关按放弃货物的有关规定处理。

（4）核销结关

暂时进口货物复运出境，或者转为正式进口，或者放弃后，暂时出口货物复运进境，或者转为正式出口后，收发货人向海关提交经海关签注的进出口货物报关单，或者处理放弃货物有关单据以及其他有关单证，申请报核。海关经审核，情况正常的，退还保证金或办理其他担保销案手续，予以结关。

第三节　转关运输

一、转关运输概述

（一）转关运输的含义

转关运输是指进出口货物在海关监管下，从一个海关运至另一个海关办理某项海关手续的行为，包括货物由进境地入境，向海关申请转关，运往另一个设关地点进口报关；货物在起运地出口报关运往出境地，由出境地海关监管出境；海关监管货物从境内一个设关地点运往境内另一个设关地点报关。

（二）申请转关运输的条件

1. 申请转关运输应符合的条件

（1）转关的指运地和起运地必须设有海关；

（2）转关的指运地和起运地应当设有经海关批准的监管场所；

（3）转关承运人应当在海关注册登记，承运车辆符合海关监管要求，并承诺按海关对转关路线范围和途中运输时间所作的限定将货物运往指定的场所。

2. 不得申请转关运输的货物

（1）动物废料、冶炼渣、木制品废料、纺织品废物、贱金属及其制成品的废料、各种废旧五金、电机电器产品等，废运输设备、特殊需进口的废物、废塑料和碎料及下脚料；

（2）"易制毒"化学品、监控化学品、消耗臭氧层物质、氯化钠；

（3）汽车类，包括成套散件和二类底盘。

（三）转关运输的方式

1. 提前报关转关

提前报关转关是指进口货物在指运地先申报，再到进境地办理进口转关手续，出口货物在货物未运抵起运地监管场所前先申报，货物运抵监管场所后再办理出口转关手续的方式。

2. 直转转关

进口直转转关是指在进境地海关办理转关手续，货物运抵指运地再在指运地海关办理报关手续的进境货物的进口转关。

出口直转转关是指在货物运抵起运地海关监管场所报关后，在起运地海关办理出口转关手续的出境货物的出口转关。

3. 中转转关

中转转关是指在收、发货人或其代理人向指运地或起运地海关办理进出口报关手续后，由境内承运人或其代理人统一向进境地或出境地海关办理进口或出口转关手续。

具有全程提运单，必须换装境内运输工具的进出口中转货物适用中转转关方式。

（四）监管和报关要点

1. 转关运输的期限

（1）直转方式转关的期限

直转方式转关的进口货物应当自运输工具申报进境之日起 14 天内向进境地海关办理转关手续，在海关限定期限内运抵指运地之日起 14 天内，向指运地海关办理报关手续。逾期按规定征收滞报金。在进境地办理转关手续逾期的，以自载运进口货物的运输工具申报进境之日起第 15 日为征收滞报金的起始日；在指运地申报逾期的，以自货物运抵指运地之日起第 15 日为征收滞报金的起始日。

（2）提前报关方式转关的期限

①进口转关货物应在电子数据申报之日起的 5 日内，向进境地海关办理转关手续，超过期限仍未到进境地海关办理转关手续的，指运地海关撤销提前报关的电子数据。

②出口转关货物应于电子数据申报之日起的 5 日内，运抵起运地海关监管场所，办理转关和验放等手续，超过期限的，起运地海关撤销提前报关的电子数据。

2. 转关运输申报单证的法律效力

转关货物申报的电子数据与书面单证具有同等的法律效力，对确实因为填报或传输错误的数据，有正当的理由并经海关同意，可作适当的修改或者撤销。对海关已决定查验的转关货物，则不再允许修改或撤销申报内容。

二、报关程序

（一）进口货物的转关

1. 提前报关方式的转关

进口货物的收货人或其代理人在进境地海关办理进口货物转关手续前，向指运地海关录入"进口货物报关单"电子数据。指运地海关提前受理电子申报，接受申报后，计算机自动生成"进口转关货物申报单"，向进境地海关传输有关数据。

提前报关的转关货物收货人或其代理人应向进境地海关提供"进口转关货物申报单"编号，并提交下列单证办理转关运输手续：

（1）"进口转关货物核放单"（广东省内公路运输的，提交"进境汽车载货清单"）；

（2）"汽车载货登记簿"或"船舶监管簿"；

（3）提货单。

提前报关的进口转关货物应在电子数据申报之日起 5 日内，向进境地海关办理转关手续。超过期限仍未到进境地海关办理转关手续的，将被指运地海关撤销提前报关的电子数据。

提前报关的进口转关货物，进境地海关因故无法调阅进口转关数据时，可以按直转方式办理转关手续。

2. 直转方式的转关

货物的收货人或其代理人在进境地录入转关申报数据，持下列单证直接办理转关手续：

（1）"进口转关货物申报单"（广东省内公路运输的，提交"进境汽车载货清单"）；

（2）"汽车载货登记簿"或"船舶监管簿"。

直转的转关货物收货人或其代理人，应当在运输工具申报进境之日起14天内向进境地海关申报，办理转关运输手续。逾期办理的缴纳滞报金。

直转的转关货物应当在海关限定的时间内运抵指运地。货物运抵指运地之日起14天内，进口货物的收货人或其代理人向指运地海关申报。逾期申报的缴纳滞报金。

3. 中转方式的转关

中转方式的进口转关一般采用提前报关转关。具有全程提运单、需要换装境内运输工具的中转转关货物的收货人或其代理人向指运地海关办理进口报关手续后，由境内承运人或其代理人向进境地海关提交"进口转关货物申报单"、"进口货物中转通知书"、按"指运地目的港"分列的"纸质舱单"（空运方式提交"联程运单"）等单证办理货物转关手续。

（二）出口货物的转关

1. 提前报关方式的转关

由货物的发货人或其代理人在货物未运抵起运地海关监管场所前，先向起运地海关录入"出口货物报关单"电子数据，由起运地海关提前受理电子申报，生成"出口转关货物申报单"数据，传输至出境地海关。货物应于电子数据申报之日起5日内，运抵起运地海关监管场所，并持下列单证向起运海关办理出口转关手续：

（1）"出口货物报关单"；

（2）"汽车载货登记簿"或"船舶监管簿"；

（3）广东省内公路运输的提交"出境汽车载货清单"。

超过期限的，将被起运地海关撤销提前报关的电子数据。

货物到达出境地后，发货人或其代理人应持下列单证向出境地海关办理转关货物出境手续：

（1）起运地海关签发的"出口货物报关单"；

（2）"出口转关货物申报单"或"出境汽车载货清单"；

（3）"汽车载货登记簿"或"船舶监管簿"。

2. 直转方式的转关

由发货人或其代理人在货物运抵起运地海关监管场所后，向起运地海关录入"出口货物报关单"电子数据，起运地海关受理电子申报，生成"出口转关货物申报单"数据，传输至出境地海关。

发货人或其代理人应持下列单证在起运地海关办理出口转关手续：

（1）"出口货物报关单"；

（2）"汽车载货登记簿"或"船舶监管簿"；

（3）广东省内运输的提交"出境汽车载货清单"。

直转的出口转关货物到达出境地后，发货人或其代理人应持下列单证向出境地海关办理转关货物的出境手续：

（1）起运地海关签发的"出口货物报关单"；

（2）"出口转关货物申报单"或"出境汽车载货清单"；

（3）"汽车载货登记簿"或"船舶监管簿"。

3. 中转方式的转关

具有全程提运单、需要换装境内运输工具的出口中转转关货物，货物的发货人或其代理人向起运地海关办理出口报关手续后，由承运人或其代理人向起运地海关录入并提交"出口转关货物申报单"、凭出境运输工具分列的电子或"纸质舱单"、"汽车载货登记簿"或"船舶监管簿"等单证向起运地海关办理货物出口转关手续。

经起运地海关核准后，签发"出口货物中转通知书"，承运人或其代理人凭此办理中转货物的出境手续。

（三）海关监管货物的转关

海关监管货物的转关运输，除加工贸易深加工结转按有关规定办理外，均应按进口转关方式办理，即：

1. 提前报关的转关，由转入地（相当于指运地）货物收货人及其代理人，在转出地（相当于进境地）海关办理监管货物转关手续前，向转入地海关录入进口货物报关单电子数据报关。由转入地海关提前受理电子申报，并生成"进口转关货物申报单"，向转出地海关传输。

转入地货物收货人或其代理人应持"进口转关货物核放单"和"汽车载货登记簿"或"船舶监管簿"，并提供"进口转关货物申报单"编号，向转出地海关办理转关手续。

2. 直转的转关，由转入地货物收货人或其代理人在转出地录入转关申报数据，持"进口转关货物申报单"和"汽车载货登记簿"或"船舶监管簿"，直接向转出地海关办理转关手续。

货物运抵转入地后，海关监管货物的转入地收货人或其代理人向转入地海关办理货物的报关手续。

第四节　过境、转运和通运货物

一、过境货物

（一）过境货物的含义

过境货物是指从境外起运，在我国境内不论是否换装运输工具，通过陆路运输继续运往境外的货物。

（二）过境货物的范围

1. 下列货物准予过境

（1）与我国签有过境货物协定国家的过境货物或在同我国签有铁路联运协定的国家收、发货的过境货物；

（2）未与我国签有过境货物协定但经国家经贸、运输主管部门批准，并向入境地海关备案后准予过境的货物。

2. 下列货物禁止过境

（1）来自或运往我国停止或禁止贸易的国家和地区的货物；

（2）各种武器、弹药、爆炸品及军需品（通过军事途径运输的除外）；

（3）各种烈性毒药、麻醉品和鸦片、吗啡、海洛因、可卡因等毒品；

（4）我国法律、法规禁止过境的其他货物物品。

（三）海关对过境货物的监管要求

1. 海关对过境货物监管的目的

海关对过境货物监管的目的是为了防止过境货物在我国境内运输过程中滞留在国内，或将我国货物混入过境货物随运出境；防止禁止过境货物从我国过境。

2. 对过境货物经营人的要求

(1) 过境货物经营人应当持主管部门的批准文件和工商行政管理部门颁发的营业执照，向海关主管部门申请办理注册登记手续；

(2) 装载过境货物的运输工具，应当具有海关认可的加封条件或装置。海关认为必要时，可以对过境货物及其装载装置进行加封；

(3) 运输部门和过境货物经营人应当负责保护海关封志的完整，任何人不得擅自开启或损毁。

3. 对过境货物监管的其他规定

(1) 民用爆炸品、医用麻醉品等的过境运输，应经海关总署有关部门批准后，方可过境；

(2) 有伪报货名和国别，借以运输我国禁止过境货物的，以及其他违反我国法律、行政法规的，海关可依法将货物扣留处理；

(3) 海关可以对过境货物实施查验。海关在查验过境货物时，经营人或承运人应当到场，负责搬移、开拆、封装货物；

(4) 过境货物在境内发生损毁或者灭失的（因不可抗力的原因造成的除外），经营人应当负责向出境地海关补办进口纳税手续。

(四) 过境货物报关程序

1. 过境货物的进出境报关

(1) 过境货物的进境报关

过境货物进境时，过境货物经营人或报关企业应当向海关递交"过境货物报关单"以及海关规定的其他相关单证，办理过境手续。过境货物经进境地海关审核无误后，进境地海关在提运单上加盖"海关监管货物"戳记，并将"过境货物报关单"和过境货物清单制作"关封"后加盖"海关监管货物"专用章，连同上述提运单一并交经营人或报关企业。过境货物经营人或承运人应当负责将上述单证及时地交出境地海关审核。

(2) 过境货物的出境报关

过境货物出境时，过境货物经营人或报关企业应当及时向出境地海关申报，并递交进境地海关签发的"关封"和其他单证。经出境地海关审核有关单证、"关封"和货物后，由海关加盖放行章，在海关的监管下出境。

2. 过境货物的过境期限

过境货物的过境期限为 6 个月，因特殊原因，可以向海关申请延期，经海关同意后，可延期 3 个月。过境货物超过规定的期限 3 个月仍未过境的，海关按规定依法提取变卖，变卖后的货款按有关规定处理。

3. 过境货物在境内暂存和运输

（1）过境货物进境后因换装运输工具等原因需卸地储存时，应当经海关批准并在海关监管下存入海关指定或同意的仓库或场所。

（2）过境货物在进境以后、出境以前，应当按照运输主管部门规定的路线运输，运输部门没有规定的，由海关指定。

（3）海关可根据情况需要派员押运过境货物运输。

二、转运货物

（一）转运货物的含义

转运货物是指由境外起运，通过我国境内设立海关的地点换装运输工具，不通过境内陆路运输，继续运往境外的货物。

（二）货物转运的条件

进境运输工具载运的货物有具备下列条件之一的，方可办理转运手续：

1. 持有转运或联运提货单的；

2. 进口载货清单上注明是转运货物的；

3. 持有普通提货单，但在卸货前向海关声明转运的；

4. 误卸下的进口货物，经运输工具经理人提供确实证件的；

5. 因特殊原因申请转运，获海关批准的。

（三）转运货物的报关程序

1. 载有转运货物的运输工具进境后，承运人应当在"进口载货清单"上列明转运货物的名称、数量、起运地和到达地，并向主管海关申报进境；

2. 申报经海关同意后，在海关指定的地点换装运输工具；

3. 在规定时间内运送出境。

（四）海关对转运货物的监管要点

1. 海关对转运货物实施监管的主要目的在于防止货物在口岸换装过程中

误进口或误出口；

2. 外国转运货物在中国口岸存放期间，不得开拆、改换包装或进行加工；

3. 转运货物必须在 3 个月之内办理海关有关手续并转运出境，超出规定期限 3 个月仍未转运出境或办理其他海关手续的，海关将提取依法变卖处理；

4. 海关对转运的外国货物有权进行查验。

三、通运货物

（一）通运货物的含义

通运货物是指从境外起运不通过我国境内陆路运输，运进境后由原运输工具载运出境的货物。

（二）通运货物的报关程序

1. 运输工具进境时，运输工具的负责人应凭注明通运货物名称和数量的"船舶进口报告书"或国际民航机使用的"进口载货舱单"向进境地海关申报；

2. 进境地海关在接受申报后，在运输工具抵、离境时对申报的货物予以核查，并监管货物实际离境。

运输工具因装卸货物需搬运或倒装货物时，应向海关申请并在海关的监管下进行。

第五节　无代价抵偿货物

一、无代价抵偿货物概述

无代价抵偿货物是指进出口货物在海关放行后，因残损、短少、品质不良或者规格不符，由进出口货物的发货人、承运人或者保险公司免费补偿或者更换的与原货物相同或者与合同规定相符的货物。

收发货人申报进出口的无代价抵偿货物，与退运出境或者退运进境的原货物不完全相同或者与合同规定不完全相符的，经收发货人说明理由，海关审核认为理由正当且"税则号列"未发生改变的，仍属于无代价抵偿货物范围。

收发货人申报进出口的免费补偿或者更换的货物，其"税则号列"与原进出口货物的"税则号列"不一致的，不属于无代价抵偿货物范围，属于一般进出口货物范围。

二、无代价抵偿货物特征

无代价抵偿货物海关监管的基本特征是：

●进出口无代价抵偿货物免交验进出口许可证件。

●进口无代价抵偿货物，不征收进口关税和进口代征税；出口无代价抵偿货物，不征收出口关税。但是进出口与原货物或合同规定不完全相符的无代价抵偿货物，应当按规定计算与原进出口货物的税款差额，高出原征收税款数额的应当征收超出部分的税款，低于原征收税款，原进出口货物的发货人、承运人或者保险公司同时补偿货款的，应当退还补偿货款部分的税款，未补偿货款的，不予退还。

●现场放行后，海关不再进行监管。

三、无代价抵偿货物报关程序

无代价抵偿大体上可以分为两种，一种是短少抵偿，一种是残损、品质不良或规格不符抵偿。对两种抵偿引起的两类进出口无代价抵偿货物在报关程序上有所区别。下面主要介绍残损、品质不良或规格不符抵偿的报关程序。

1. 残损、品质不良或规格不符引起的无代价抵偿货物，进出口前应当先办理被更换的原进出口货物中残损、品质不良或规格不符货物的有关海关手续。

（1）退运进出境

原进口货物的收货人或其代理人应当办理被更换的原进口货物中残损、品质不良或规格不符货物的退运出境的报关手续。被更换的原进口货物退运出境时不征收出口关税。

原出口货物的发货人或其代理人应当办理被更换的原出口货物中残损、

品质不良或规格不符货物的退运进境的报关手续。被更换的原出口货物退运进境时不征收进口关税和进口代征税。

（2）放弃交由海关处理

被更换的原进口货物中残损、品质不良或规格不符货物不退运出境，但原进口货物的收货人愿意放弃交由海关处理的，海关应当依法处理并向收货人提供依据，凭此申报进口无代价抵偿货物。

（3）不退运出境也不放弃或不退运进境

被更换的原进口货物中残损、品质不良或规格不符货物不退运出境且不放弃交由海关处理的，或者被更换的原出口货物中残损、品质不良或规格不符的货物不退运进境，原进出口货物的收发货人应当按照海关接受无代价抵偿货物申报进出口之日适用的有关规定申报出口或进口，并缴纳出口关税或进口关税和进口代征税，属于许可证件管理的商品还应当交验相应的许可证件。

2．向海关申报办理无代价抵偿货物进出口手续的期限

向海关申报进出口无代价抵偿货物应当在原进出口合同规定的索赔期内，不超过原货物进出口之日起 3 年。

3．无代价抵偿货物报关应当提供的单证

收发货人向海关申报无代价抵偿货物进出口时除应当填制报关单和提供基本单证外，还应当提供以下特殊单证：

（1）进口无代价抵偿货物

①原"进口货物报关单"；

②原进口货物退运出境的"出口货物报关单"或者原进口货物交由海关处理的货物放弃处理证明或者已经办理纳税手续的单证（短少抵偿的除外）；

③原进口货物税款缴纳书或者"进出口货物征免税证明"；

④买卖双方签订的索赔协议。

海关认为需要时，纳税义务人还应当提交具有资质的商品检验机构出具的原进口货物残损、短少、品质不良或者规格不符的检验证明书或者其他有关证明文件。

（2）出口无代价抵偿货物

①原"出口货物报关单"；

②原出口货物退运进境的"进口货物报关单"或者已经办理纳税手续的单证（短少抵偿的除外）；

③原出口货物税款缴纳书或者"进出口货物征免税证明"；

④买卖双方签订的索赔协议。

海关认为需要时，纳税义务人还应当提交具有资质的商品检验机构出具的原出口货物残损、短少、品质不良或者规格不符的检验证明书或者其他有关证明文件。

第十章　进出口税费

第一节　进出口税费概述

进出口税费是指在进出口环节中由海关依法征收的关税、消费税、增值税、船舶吨税等税费。依法征收税费是海关的任务之一。依法缴纳税费是有关纳税义务人的基本义务，也是报关员必备的报关技能。

进出口税费征纳的法律依据主要是《海关法》、《关税条例》以及其他有关法律、行政法规。海关征收的关税、进口环节增值税、进口环节消费税、船舶吨税、滞纳金等税费一律以人民币计征，完税价格、税额采用四舍五入法计算至分，分以下四舍五入。关税以及进口环节增值税、进口环节消费税、船舶吨税、滞纳金等税费的起征点为 50 元人民币。

进出口货物的成交价格及有关费用以外币计价的，计算税款前海关按照该货物适用税率之日所适用的计征汇率折合为人民币计算完税价格。海关每月使用的计征汇率为上一个月的第三个星期三（第三个星期三为法定节假日的，顺延采用第四个星期三）中国银行的外汇折算价（简称"中行折算价"），人民币元后采用四舍五入法保留四位小数。如上述汇率发生重大波动，海关总署认为必要时，可发布公告，另行规定计征汇率。

一、关　税

关税是国家税收的重要组成部分，是由海关代表国家，按照国家制定的关税政策和公布实施的税法及进出口税则，对准许进出关境的货物和物品向纳税义务人征收的一种流转税。关税属于国家税收。关税的征税主体是国家，由海关代表国家向纳税义务人征收。其课税对象是进出关境的货物和物品。关税纳税义务人是指依法负有直接向国家缴纳关税义务的单位或个人，亦称为关税纳税人或关税纳税主体。我国关税的纳税义务人是进口货物的收货人、出口货物的发货人、进（出）境物品的所有人。

（一）进口关税

1. 进口关税的含义

进口关税是指一国海关以进境货物和物品为课税对象所征收的关税。在国际贸易中，它一直被各国公认为是一种重要的经济保护手段。

2. 进口关税的种类

从2006年起，我国进口关税按计征标准可分为从价税、从量税、复合税、滑准税。

（1）从价税

以货物、物品的价格作为计税标准，以应征税额占货物价格的百分比为税率，价格和税额成正比例关系。这是包括我国在内的大多数国家使用的主要计税标准。计算公式为：

从价计征的进口关税应征税额＝进口货物的完税价格×进口从价关税税率

（2）从量税

以货物和物品的计量单位如重量、数量、容量等作为计税标准，以每一计量单位的应征税额征收关税。计算公式为：

从量计征的进口关税应征税额＝进口货物数量×单位税额

我国目前对冻鸡、石油原油、啤酒、胶卷等类进口商品征收从量关税。

（3）复合税

在海关税则中，一个税目中的商品同时使用从价、从量两种标准计税，计税时按两者之和作为应征税额征收的关税。从价、从量两种计税标准各有优缺点，两者混合使用可以取长补短，有利于关税作用的发挥。2006年我国对录像机、放像机、摄像机、非家用型摄录一体机、部分数字照相机等类进口商品征收复合关税。计算公式为：

$$\begin{matrix}\text{进口复合关税} \\ \text{应征税额}\end{matrix} = \begin{matrix}\text{进口货物的完税价格×进口从价关税税率} \\ \text{＋进口货物数量×单位税额}\end{matrix}$$

（4）滑准税

滑准税是指在海关税则中，预先按产品的价格高低分档制定若干不同的税率，然后根据进口商品价格的变动而增减进口税率的一种关税。为使某种商品的国内市场价格保持稳定，当商品价格上涨时采用较低税率，当商品价格下跌时则采用较高税率。

例如，2006 年我国对关税配额外进口一定数量的棉花（税号 52010000），实行 5%～40% 的滑准税，其中，加工贸易正在执行的手册在 2006 年办理内销手续的，适用滑准税税率。当进口棉花的完税价格高于或者等于 10746 元/吨时，进口暂定税率为 5%；当进口棉花的完税价格低于 10746 元/吨时，进口暂定税率按下式计算：

$$R_i = \frac{INT\left[\left(\dfrac{P_t}{P_i \times E} - 1\right) \times 1000 + 0.5\right]}{1000} \qquad (R_i \leqslant 40\%)$$

$$关税 = R_i \times P_i \times E$$

其中：R_i——暂定关税税率，当 R_i 按上式计算值高于 40% 时，取值 40%

E——美元汇率

P_i——关税完税价格（美元）

P_t——常数，为 11283

INT——取整函数（小数点后面的数一律舍去）

3. 进口正税与进口附加税

进口关税有进口正税与进口附加税之分。进口正税即按海关税则中的法定进口税率征收的关税。进口附加税是由于一些特定需要对进口货物除征收关税正税之外另行征收的一种进口税。进口附加税一般具有临时性，包括反倾销税、反补贴税、保障性关税、特别关税（报复性关税）等。世界贸易组织不准其成员方在一般情况下随意征收进口附加税，只有符合世界贸易组织反倾销、反补贴条例规定的反倾销税、反补贴税才可以征收。

反倾销税是为抵制外国商品倾销进口，保护国内相关产业而征收的一种进口附加税，即在倾销商品进口时除征收进口关税外，另外加征反倾销税。我国于 1997 年 3 月 25 日颁布实施了《反倾销和反补贴条例》，这是我国制定的第一个反倾销、反补贴法规。其规定进口产品以低于正常价值出口到我国且对我国相关企业造成实质性损害的为倾销。反倾销税由海关负责征收，其税额不超出倾销差额。我国目前征收的进口附加税主要是反倾销税。反倾销税的计算公式为：

反倾销税税额＝完税价格×适用的反倾销税税率

此外，为应对他国对我国出口产品实施的歧视性关税或待遇，我国还相应对其产品征收特别关税。特别关税是为抵制外国对本国出口产品的歧视而对原产于该国的进口货物特别征收的一种报复性关税。《关税条例》规定：任何国家或者地区违反与中华人民共和国签订或者共同参加的贸易协定及相关协定，对中华人民共和国在贸易方面采取禁止、限制、加征关税或者其他影响正常贸易的措施的，对原产于该国家或者地区的进口货物可以征收报复性关税，适用报复性关税税率。征收报复性关税的货物、适用国别、税率、期限和征收办法，由国务院关税税则委员会决定并公布。

（二）出口关税

为了限制、调控某些商品的过度出口、无序出口，特别是防止本国一些重要自然资源和原材料的无序出口，海关以出境货物、物品为课税对象征收出口关税。为鼓励出口，世界各国一般不征收出口关税或仅对少数商品征收出口关税。计算公式为：

$$应征出口关税税额 = 出口货物完税价格 \times 出口关税税率$$

其中：出口货物完税价格＝FOB／（1＋出口关税税率），即出口货物是以 FOB 价成交的，应以该价格扣除出口关税后作为完税价格；如果以其他价格成交的，应换算成 FOB 价后再按上述公式计算。

自 2005 年 6 月 1 日起，国家对纺织品出口关税作了适当调整，即对开征出口关税的 148 项纺织品中的 5 项八位税目下的 6 种纺织品提高出口关税税率；对原来开征出口关税的 148 项纺织品中的 80 项产品停止征收出口关税。从 2005 年 6 月 10 日起，在内地与香港、澳门更紧密的经贸安排框架内，对从香港、澳门运往内地实施外发加工，且获得特区政府相关证明的纺织品（简称 OPA 纺织品），出口返回港澳时免征出口关税。自 2005 年 8 月 1 日起，对 17 种八位税目项下的纺织品停止征收出口关税。

2006 年我国海关对鳗鱼苗、铅矿砂、锌矿砂等 90 个税号的出口商品按法定出口税率征收出口关税。

二、进口环节税

进口货物、物品在办理海关手续放行后，进入国内流通领域，与国内货物同等对待，所以应缴纳应征的国内税。进口货物、物品的一些国内税依法由海关在进口环节征收。目前，由海关征收的国内税主要有增值税和消费税两种。

（一）增值税

1. 增值税的含义

增值税是以商品的生产、流通和劳务服务各个环节所创造的新增价值为课税对象的一种流转税。我国自 1994 年全面推行并采用国际通行的增值税制。这有利于促进专业分工与协作，体现税负的公平合理，稳定国家财政收入，同时也有利于出口退税的规范操作。

2. 增值税的征纳

进口环节增值税是由海关依法向进口货物的单位或个人征收的增值税。进口环节的增值税由海关征收，其他环节的增值税由税务机关征收。进口环节增值税的免税、减税项目由国务院规定；任何地区、部门都无权擅自决定增值税的减免。进口环节增值税的起征额为 50 元人民币，低于 50 元人民币的免征。

在中华人民共和国境内销售货物或者提供加工、修理、修配劳务以及进口货物的单位和个人为增值税的纳税义务人，应当依照增值税条例缴纳增值税。进口货物由纳税义务人（进口人或者其代理人）向报关地海关申报纳税。

进口环节增值税的征收管理适用关税征收管理的规定。

3. 增值税的征收范围

在我国境内销售货物（销售不动产或免征的除外）、进口货物和提供加工、修理、修配劳务的单位或个人都要依法缴纳增值税。在我国境内销售货物是指所销售货物的起运地或所在地都在我国境内。

我国增值税的征收原则是中性、简便、规范，采取了基本税率再加一档低税率的征收模式。适用基本税率（17%）的范围包括：纳税人销售或者进口除适用低税率的货物以外的货物，以及提供加工、修理修配劳务。适用低税率（13%）的范围是指纳税人销售或者进口下列货物：

（1）粮食、食用植物油；

（2）自来水、暖气、冷气、热水、煤气、石油液化气、天然气、沼气、居民用煤炭制品；

（3）图书、报纸、杂志；

（4）饲料、化肥、农药、农机、农膜；

293

（5）国务院规定的其他货物。

4. 增值税的计算公式

进口环节的增值税以组成价格作为计税价格，征税时不得抵扣任何税额。其组成价格由关税完税价格加上关税组成；对于应征消费税的品种，其组成价格还要加上消费税。现行增值税的组成价格和应纳税额计算公式为：

增值税组成价格＝进口关税完税价格＋进口关税税额＋消费税税额

应纳增值税税额＝增值税组成价格×增值税税率

（二）消费税

1. 消费税的含义

消费税是以消费品或消费行为的流转额作为课税对象而征收的一种流转税。我国自 1994 年税制改革以后开始实施《消费税暂行条例》。我国消费税的立法宗旨和原则是调节我国的消费结构，引导消费方向，确保国家财政收入。我国的消费税是在对货物普遍征收增值税的基础上，选择少数消费品再予征收的税。我国消费税采用价内税的计税方法，即计税价格的组成中包括了消费税税额。

2. 消费税的征纳

消费税由税务机关征收，进口环节的消费税由海关征收。进口环节消费税除国务院另有规定者外，一律不得给予减税或者免税。进口环节消费税的起征额为 50 元人民币，低于 50 元人民币的免征。

在中华人民共和国境内生产、委托加工和进口《消费税暂行条例》规定的消费品（以下简称"应税消费品"）的单位和个人为消费税的纳税义务人。进口的应税消费品，由纳税义务人（进口人或者其代理人）向报关地海关申报纳税。

进口环节消费税的征收管理适用关税征收管理的规定。

3. 消费税的征收范围

消费税的征税范围，主要是根据我国经济社会发展现状和现行消费政策、人民群众的消费结构以及财政需要，并借鉴国外的通行做法确定的。

消费税的征收范围，仅限于少数消费品。自 2006 年 4 月 1 日起，我国对进口环节消费税税目、税率及相关政策进行调整：一是新增对高尔夫球及球具、高档手表、游艇、木制一次性筷子、实木地板、石脑油、溶剂油、润滑油、燃料油、航空煤油等产品征收消费税；二是停止对护肤护发品征收消费税；三是调整汽车、摩托车、汽车轮胎、白酒的消费税税率，石脑油、溶剂油、润滑油、燃料油暂按应纳消费税税额的 30% 征收；航空煤油暂缓征收消费税；子午线轮胎免征消费税。其中，对进口白酒类征收复合消费税时，应按 20% 的税率计征从价消费税，同时按 1 元/千克的单位税额计征从量消费税。对进口卷烟仍按规定的计税方法计征复合消费税。调整后征收进口环节消费税的商品共 14 类。

应税消费品大体可分为以下四种类型：

（1）一些过度消费会对人的身体健康、社会秩序、生态环境等方面造成危害的特殊消费品，例如烟、酒、酒精、鞭炮、焰火等；

（2）奢侈品、非生活必需品，例如贵重首饰及珠宝玉石、化妆品及护肤护发品等；

（3）高能耗的高档消费品，例如小轿车、摩托车、汽车轮胎等；

（4）不可再生和替代的资源类消费品，例如汽油、柴油等。

从 2002 年 1 月 1 日起，进口钻石及钻石饰品的消费税改由税务部门在零售环节征收，进口环节不再征收。

从 2002 年 6 月 1 日起，除加工贸易外，进出口钻石统一集中到上海钻石交易所办理报关手续，其他口岸均不得进出口钻石。

4. 消费税的计算公式

我国消费税采用从价、从量的方法计征。

（1）从价征收的消费税按照组成的计税价格计算，其计算公式为：

$$消费税组成计税价格 = \frac{进口关税完税价格 + 进口关税税额}{1 - 消费税税率}$$

$$应纳消费税税额 = 消费税组成计税价格 \times 消费税税率$$

（2）从量征收的消费税的计算公式为：

$$应纳消费税税额 = 应征消费税消费品数量 \times 单位税额$$

（3）同时实行从量、从价征收的消费税是上述两种征税方法之和。其计算公式为：

$$应纳消费税税额 = 应征消费税消费品数量 \times 消费税单位税额$$
$$+ 消费税组成计税价格 \times 消费税税率$$

三、船舶吨税

（一）船舶吨税的含义

船舶吨税（简称"吨税"）是由海关在设关口岸对进出、停靠我国港口的国际航行船舶征收的一种使用税。征收船舶吨税的目的是用于航道设施的建设。

（二）船舶吨税的征收依据

根据《船舶吨税暂行办法》的规定，国际航行船舶在我国港口行驶，使用了我国的港口和助航设备，应缴纳一定的税费。凡征收了船舶吨税的船舶不再征收车船税；对已经征收车船使用税的船舶，不再征收船舶吨税。

船舶吨税分为优惠税率和普通税率两种。凡与中华人民共和国签订互惠协议的国家或地区适用船舶吨税优惠税率，未签订互惠协议的国家或地区适用船舶吨税普通税率。香港、澳门籍船舶适用船舶吨税优惠税率。

（三）船舶吨税的征收范围

根据现行办法规定，应征吨税的船舶有以下几种：

1. 在我国港口行驶的外国籍船舶；

2. 外商租用（程租除外）的中国籍船舶；

3. 中外合营海运企业自有或租用的中、外国籍船舶；

4. 我国租用的外国籍国际航行船舶。

根据规定，香港、澳门回归后，香港、澳门特别行政区为单独关税区。对于香港、澳门特别行政区海关已征收船舶吨税的外国籍船舶，进入内地港口时，仍应照章征收船舶吨税。

（四）船舶吨税的计算公式

1. 船舶吨位的计算

目前，国际上丈量吨位按照船舱的结构是封闭式或开放式来分别计算，有大、小吨位之分，封闭式为大吨位，开放式为小吨位。装货多时用大吨位，装货少时用小吨位。我国现行规定，凡同时持有大小吨位两种吨位证书的船舶，不论实际装货情况，一律按大吨位计征吨税。船舶吨税按净吨位计征。净吨位计算公式如下：

$$净吨位＝船舶的有效容积×吨/立方米$$

船舶净吨位的尾数，按四舍五入原则，0.5吨以下的免征尾数，0.5吨以上的按1吨计算。不及1吨的小型船舶，除经海关总署特准免征者外，应一律按1吨计征。

2. 吨税征收和退补

船舶吨税起征日为船舶直接抵口之日，即进口船舶应自申报进口之日起征。如进境后驶达锚地的，以船舶抵达锚地之日起计算；进境后直接靠泊的，以靠泊之日起计算。

船舶抵港之日，船舶负责人或其代理人应向海关出具船舶停留时仍然有效的"船舶吨税执照"。如所领执照满期后尚未离开中国，则应自期满之次日起续征；如未能出具执照者，应按规定向海关申报，缴纳船舶吨税，并领取执照。

船舶吨税的征收方法分为90天期缴纳和30天期缴纳两种，并分别确定税额，缴纳期限由纳税义务人在申请完税时自行选择。

吨税税额的计算公式如下：

应纳船舶吨税税额＝注册净吨位×船舶吨税税率（元/净吨）

具有下列情况之一的，海关验凭船舶负责人或其代理人提供的有效证明文件，在1年内办理船舶吨税的退补手续：

其一，船舶负责人因不明规定而造成重复缴纳船舶吨税的；

其二，其他原因造成错征、漏征的。

四、税款滞纳金

（一）征收范围

在海关监督管理中，滞纳金指应纳税的单位或个人因逾期向海关缴纳税款而依法应缴纳的款项。按照规定，关税、进口环节增值税、进口环节消费税、船舶吨税等的纳税义务人或其代理人，应当自海关填发税款缴款书之日起15日内向指定银行缴纳税款，逾期缴纳的，海关依法在原应纳税款的基础上，按日加收滞纳税款0.5‰的滞纳金。征收滞纳金，其目的在于使纳税义务人承担增加的经济制裁责任，促使其尽早履行纳税义务。

根据规定，对逾期缴纳税款应征收滞纳金的，还有以下几种情况：

1. 进出口货物放行后，海关发现因纳税义务人违反规定造成少征或者漏征税款的，可以自缴纳税款或货物放行之日起 3 年内追征税款，并从缴纳税款或货物放行之日起至海关发现之日止，按日加收少征或者漏征税款 0.5‰ 的滞纳金。

2. 因纳税义务人违反规定造成海关监管货物少征或者漏征税款的，海关应当自纳税义务人应缴纳税款之日起 3 年内追征税款，并自应缴纳税款之日起至海关发现违规行为之日止，按日加收少征或者漏征税款 0.5‰ 的滞纳金。

这里所述应缴纳税款之日是指纳税义务人违反规定的行为发生之日；该行为发生之日不能确定的，应当以海关发现该行为之日作为应缴纳税款之日。

3. 租赁进口货物，分期支付租金的，纳税义务人应当在每次支付租金后的 15 日内向海关申报办理纳税手续，逾期办理申报手续的，海关除了征收税款外，还应当自申报办理纳税手续期限届满之日起至纳税义务人申报纳税之日止，按日加收应缴纳税款 0.5‰ 的滞纳金。

租赁进口货物自租期届满之日起 30 日内，应向海关申请办结海关手续，逾期办理手续的，海关除按照审定进口货物完税价格的有关规定和租期届满后第 30 日该货物适用的计征汇率、税率，审核确定其完税价格、计征应缴纳的税款外，还应当自租赁期限届满后 30 日起至纳税义务人申报纳税之日止，按日加收应缴纳税款 0.5‰ 的滞纳金。

4. 暂时进出境货物未在规定期限内复运出境或者复运进境，且纳税义务人未在规定期限届满前向海关申报办理进出口及纳税手续的，海关除按照规定征收应缴纳的税款外，还应当自规定期限届满之日起至纳税义务人申报纳税之日止，按日加收应缴纳税款 0.5‰ 的滞纳金。

海关对滞纳天数的计算是自滞纳税款之日起至进出口货物的纳税义务人缴纳税费之日止，其中的法定节假日不予扣除。缴纳期限届满日遇星期六、星期日等休息日或者法定节假日的，应当顺延至休息日或法定节假日之后的第一个工作日。国务院临时调整休息日与工作日的，则按照调整后的情况计算缴款期限。

对于未在规定的 15 天期限内缴纳滞纳金的，不必对滞纳的滞纳金再征收滞纳金。

（二）征收标准

滞纳金的起征额为 50 元人民币，不足 50 元人民币的免予征收。其计算公式为：

$$关税滞纳金金额＝滞纳关税税额×0.5‰×滞纳天数$$

$$进口环节税滞纳金金额＝滞纳进口环节税税额×0.5‰×滞纳天数$$

第二节　进出口货物完税价格的确定

一、进口货物完税价格的审定

（一）一般进口货物完税价格的审定

海关确定进口货物完税价格共有进口货物成交价格方法、相同货物成交价格方法、类似货物成交价格方法、倒扣价格方法、计算价格方法、合理方法六种估价方法。上述估价方法应当依次采用，但如果进口货物纳税义务人提出要求，并提供相关资料，经海关同意，可以选择倒扣价格方法和计算价格方法的适用次序。

1. 进口货物成交价格方法

进口货物成交价格方法是《关税条例》及《审价办法》规定的第一种估价方法，进口货物的完税价格应尽可能采用该货物的成交价格。这里应注意进口货物成交价格方法中完税价格与成交价格两个概念的差异。

（1）完税价格

《审价办法》规定，进口货物的完税价格，由海关以该货物的成交价格为基础审查确定，并应包括货物运抵中华人民共和国境内输入地点起卸前的运输及相关费用、保险费。相关费用主要是指与运输有关的费用，如装卸费、搬运费等属于广义的运费范围内的费用。成交价格需满足一定的条件才能被海关所接受。

（2）成交价格

进口货物的成交价格，是指卖方向中华人民共和国境内销售该货物时买方为进口该货物向卖方实付、应付的，并按有关规定调整后的价款总额，包括直接支付的价款和间接支付的价款。

此处的"实付或应付"是指必须由买方支付，支付的目的是为了获得进口货物，支付的对象既包括卖方也包括与卖方有联系的第三方，还包括已经支付和将要支付两者的总额。此外，成交价格不完全等同于贸易中实际发生的发票价格，需要按有关规定进行调整。

（3）关于调整因素

调整因素包括计入项目和扣减项目。

①计入项目。下列项目若由买方支付，必须计入完税价格，这些项目包括：

A. 除购货佣金以外的佣金和经纪费。佣金通常可分为购货佣金和销售佣金。购货佣金指买方向其采购代理人支付的佣金，按照规定购货佣金不应该计入到进口货物的完税价格中。销售佣金指卖方向其销售代理人支付的佣金，但上述佣金如果由买方直接付给卖方的代理人，按照规定应该计入到完税价格中。经纪费指委托人向自己的经纪人支付的劳务费用，根据规定应计入到完税价格中。

B. 与进口货物作为一个整体的容器费。与有关货物归入同一个税号的容器可以理解为与有关货物作为一个整体，比如说酒瓶与酒构成一个不可分割的整体，两者归入同一税号，如果没有包括在酒的完税价格中间，则应该计入。

C. 包装费，这里应注意包装费既包括材料费，也包括劳务费。

D. 协助的价值。在国际贸易中，买方以免费或以低于成本价的方式向卖方提供了一些货物或服务，这些货物或服务的价值被称为协助的价值。

协助价值计入到进口货物完税价格中应满足的条件：

——由买方以免费或低于成本价的方式直接或间接提供；

——未包括在进口货物的实付或应付价格之中；

——与进口货物的生产和向中华人民共和国境内销售有关；

——可按适当比例分摊。

下列四项协助费用应计入进口货物完税价格：

——进口货物所包含的材料、部件、零件和类似货物的价值；

——在生产进口货物过程中使用的工具、模具和类似货物的价值；

——在生产进口货物过程中消耗的材料的价值；

——在境外完成的为生产该货物所需的工程设计、技术研发、工艺及制图等工作的价值。

E. 特许权使用费。特许权使用费是指进口货物的买方为取得知识产权权利人及权利人有效授权人关于专利权、商标权、专有技术、著作权、分销权或者销售权的许可或者转让而支付的费用。

以成交价格为基础审查确定进口货物的完税价格时，未包括在该货物实付、应付价格中的特许权使用费需计入完税价格，但是符合下列情形之一的除外：

——特许权使用费与该货物无关；

——特许权使用费的支付不构成该货物向中华人民共和国境内销售的条件。

F. 返回给卖方的转售收益。如果买方在货物进口之后，把进口货物的转售、处置或使用的收益一部分返还给卖方，这部分收益的价格应该计入到完税价格中。

上述所有项目的费用或价值计入到完税价格中，必须同时满足三个条件：由买方负担；未包括在进口货物的实付或应付价格中；有客观量化的数据资料。如果纳税义务人不能提供客观量化的数据资料，海关与纳税义务人进行价格磋商后，完税价格由海关依次采用其他估价方法估定。

②扣减项目。进口货物的价款中单独列明的下列税收、费用，不计入该货物的完税价格：

A. 厂房、机械或者设备等货物进口后发生的建设、安装、装配、维修或者技术援助费用，但是保修费用除外；

B. 货物运抵境内输入地点起卸后发生的运输及其相关费用、保险费；

C. 进口关税、进口环节税及其他国内税；

D. 为在境内复制进口货物而支付的费用；

E. 境内外技术培训及境外考察费用。

此外，同时符合下列条件的利息费用不计入完税价格：

A. 利息费用是买方为购买进口货物而融资所产生的；

B. 有书面的融资协议的；

C. 利息费用单独列明的；

D. 纳税义务人可以证明有关利率不高于在融资当时当地此类交易通常具有的利率水平，且没有融资安排的相同或者类似进口货物的价格与进口货物的实付、应付价格非常接近的。

（4）成交价格本身须满足的条件

成交价格必须满足一定的条件才能被海关所接受，否则不能适用成交价格方法，根据规定，成交价格必须具备以下四个条件：

①买方对进口货物的处置和使用不受限制。如果买方对进口货物的处置权或者使用权受到限制，则进口货物就不适用成交价格方法。有下列情形之一的，视为对买方处置或者使用进口货物进行了限制：

A. 进口货物只能用于展示或者免费赠送的；

B. 进口货物只能销售给指定第三方的；

C. 进口货物加工为成品后只能销售给卖方或者指定第三方的；

D. 其他经海关审查，认定买方对进口货物的处置或者使用受到限制的。

但是以下三种限制并不影响成交价格的成立：国内法律、行政法规或规章规定的限制；对货物转售地域的限制；对货物价格无实质影响的限制。

②货物的出口销售或价格不应受到某些条件或因素的影响，这些条件或因素会导致该货物的价格无法确定。有下列情形之一的，视为进口货物的价格受到了使该货物成交价格无法确定的条件或者因素的影响：

A. 进口货物的价格是以买方向卖方购买一定数量的其他货物为条件而确定的；

B. 进口货物的价格是以买方向卖方销售其他货物为条件而确定的；

C. 其他经海关审查，认定货物的价格受到使该货物成交价格无法确定的条件或者因素影响的。

③卖方不得直接或间接从买方获得因转售、处置或使用进口货物而产生的任何收益，除非上述收益能够被合理确定。

④买卖双方之间的特殊关系不影响价格。根据规定，有下列情形之一的，应当认定为买卖双方有特殊关系：

A. 买卖双方为同一家族成员；

B. 买卖双方互为商业上的高级职员或董事；

C. 一方直接或间接地受另一方控制；

D. 买卖双方都直接或间接地受第三方控制；

E. 买卖双方共同直接或间接地控制第三方；

F. 一方直接或间接地拥有、控制或持有对方 5% 以上（含 5%）公开发行的有表决权的股票或股份；

G. 一方是另一方的雇员、高级职员或董事；

H. 买卖双方是同一合伙的成员。

此外，买卖双方在经营上相互有联系，一方是另一方的独家代理人、经销或受让人，若与以上规定相符，也应当视为有特殊关系。

买卖双方有特殊关系这个事实本身并不能构成海关拒绝成交价格的理由，买卖双方之间存在特殊关系，但是纳税义务人能证明其成交价格与同时或者大约同时发生的下列任何一款价格相近的，视为特殊关系未对进口货物的成交价格产生影响：

A. 向境内无特殊关系的买方出售的相同或者类似进口货物的成交价格；

B. 按照倒扣价格估价方法所确定的相同或者类似进口货物的完税价格；

C. 按照计算价格估价方法所确定的相同或者类似进口货物的完税价格。

海关在使用上述价格进行比较时，需考虑商业水平和进口数量的不同，以及买卖双方有无特殊关系造成的费用差异。

2. 相同及类似货物成交价格方法

进口货物成交价格方法是海关估价中使用最多的一种估价方法，但是如果货物的进口非因销售引起或销售不能符合成交价格须满足的条件，就不能采用成交价格法，而应该依次采用相同及类似进口货物成交价格法，即依次采用与被估货物同时或大约同时向中华人民共和国境内销售的相同货物及类似货物的成交价格作为被估货物完税价格的依据。

（1）相同货物和类似货物的含义

相同货物，指与进口货物在同一国家或者地区生产的，在物理性质、质量和信誉等所有方面都相同的货物，但是表面的微小差异允许存在。类似货物，指与进口货物在同一国家或者地区生产的，虽然不是在所有方面都相同，但是却具有相似的特征，相似的组成材料，相同的功能，并且在商业中可以互换的货物。

（2）相同或类似货物的时间要素

时间要素是指相同或类似货物必须与进口货物同时或大约同时进口，其中的"同时或大约同时"指在进口货物接受申报之日的前后各 45 天以内。

（3）关于相同及类似货物成交价格方法的运用

上述两种估价方法在运用时，首先应使用和进口货物处于相同商业水平、大致相同数量的相同或类似货物的成交价格，只有在上述条件不满足时，才可采用以不同商业水平和不同数量销售的相同或类似进口货物的价格，但不能将上述价格直接作为进口货物的价格，还须对由此而产生的价格方面的差异作出调整。

此外，对进口货物与相同或类似货物之间由于运输距离和运输方式不同而在成本和其他费用方面产生的差异应进行调整。

上述调整都必须建立在客观量化的数据资料的基础上。

同时还应注意，在采用相同或类似货物成交价格法确定进口货物完税价格时，首先应使用同一生产商生产的相同或类似货物的成交价格，只有在没有同一生产商生产的相同或类似货物的成交价格的情况下，才可以使用同一生产国或地区不同生产商生产的相同或类似货物的成交价格。如果有多个相同或类似货物的成交价格，应当以最低的成交价格为基础估定进口货物的完税价格。

3. 倒扣价格方法

倒扣价格方法即以进口货物、相同或类似进口货物在境内第一环节的销售价格为基础，扣除境内发生的有关费用来估定完税价格。上述"第一环节"是指有关货物进口后进行的第一次转售，且转售者与境内买方之间不能有特殊关系。

（1）用以倒扣的上述销售价格应同时符合以下条件：

①在被估货物进口时或大约同时，将该货物、相同或类似进口货物在境内销售的价格；

②按照该货物进口时的状态销售的价格；

③在境内第一环节销售的价格；

④向境内无特殊关系方销售的价格；

⑤按照该价格销售的货物合计销售总量最大。

（2）倒扣价格方法的核心要素

①按进口时的状态销售。必须首先以进口货物、相同或类似进口货物按进口时的状态销售的价格为基础。如果没有按进口时的状态销售的价格，应

纳税义务人要求，可以使用经过加工后在境内销售的价格作为倒扣的基础。

②时间要素。必须是在被估价货物进口时或大约同时转售给国内无特殊关系方的价格，其中"进口时或大约同时"为在进口货物接受申报之日的前后各45天以内。如果进口货物、相同或者类似货物没有在海关接受进口货物申报之日前后45天内在境内销售，可以将在境内销售的时间延长至接受货物申报之日前后90天内。

③合计的货物销售总量最大。必须使用被估价的进口货物、相同或类似进口货物以最大总量单位售予境内无特殊关系方的价格为基础估定完税价格。

(3) 倒扣价格方法的倒扣项目

确定销售价格以后，在使用倒扣价格法时，还必须扣除一些费用，这些倒扣项目根据规定有以下四项：

①该货物的同级或同种类货物在境内第一环节销售时通常支付的佣金或利润和一般费用；

②货物运抵境内输入地点之后的运输及其相关费用、保险费；

③进口关税、进口环节税及其他国内税；

④加工增值额。如果以货物经过加工后在境内转售的价格作为倒扣价格的基础，则必须扣除上述加工增值部分。

4. 计算价格方法

计算价格方法既不是以成交价格，也不是以在境内的转售价格作为基础，它是以发生在生产国或地区的生产成本作为基础的价格。

(1) 计算价格的构成项目

按有关规定采用计算价格法时进口货物的完税价格由下列各项目的总和构成：

①生产该货物所使用的原材料价值和进行装配或其他加工的费用。应注意上述"价值"或"费用"是指生产过程中进口货物所实际发生的价值或费用；

②向境内销售同等级或者同种类货物通常的利润和一般费用（包括直接费用和间接费用）；

③货物运抵中华人民共和国境内输入地点起卸前的运输及其相关费用、

保险费。

（2）运用计算价格方法的注意事项

计算价格方法按顺序为第五种估价方法，但如果进口货物纳税义务人提出要求，并经海关同意，可以与倒扣价格法颠倒顺序使用。此外，海关在征得境外生产商同意并提前通知有关国家或者地区政府后，可以在境外核实该企业提供的有关资料。

5. 合理方法

合理方法是指当海关不能根据成交价格估价方法、相同货物成交价格估价方法、类似货物成交价格估价方法、倒扣价格估价方法和计算价格估价方法确定完税价格时，根据公平、统一、客观的估价原则，以客观量化的数据资料为基础审查确定进口货物完税价格的估价方法。

在运用合理方法估价时，禁止使用以下六种价格：

（1）境内生产的货物在境内销售价格；

（2）在两种价格中选择高的价格；

（3）依据货物在出口地市场的销售价格，也就是出口国国内市场价格，其目的是为了反倾销，但根据国际惯例，估价手段不能用于反倾销；

（4）以计算价格法规定之外的价值或者费用计算的相同或者类似货物的价格；

（5）依据出口到第三国或地区货物的销售价格；

（6）依据最低限价或武断、虚构的价格。

（二）特殊进口货物完税价格的审定

1. 加工贸易进口料件或者其制成品一般估价方法

由于种种原因，部分加工贸易进口料件或者其制成品不能按有关合同、协议约定复出口，经海关批准转为内销，需依法对其实施估价后征收进口税款。对加工贸易进口货物估价的核心问题有两个：一是按制成品征税还是按料件征税；二是征税的环节是在进口环节还是在内销环节。具体有以下四种情况：

（1）进口时需征税的进料加工进口料件，以该料件申报进口时的成交价格为基础审查确定完税价格。进口时需征税的进料加工进口料件，主要是指不予保税部分的进料加工进口料件。一般来讲，进料加工进口料件在进口环节都有成交价格，因此以该料件申报进口时的价格确定。

（2）进料加工进口料件或者其制成品（包括残次品）内销时，以料件原进口成交价格为基础审查确定完税价格。制成品因故障转为内销时，以制成品所含料件原进口成交价格为基础审查确定完税价格。料件原进口成交价格不能确定的，海关以接受内销申报的同时或者大约同时进口的与料件相同或者类似货物的进口成交价格为基础审查确定完税价格。

（3）来料加工进口料件或者其制成品（包括残次品）内销时，以接受内销申报的同时或者大约同时进口的与料件相同或者类似货物的进口成交价格为基础审查确定完税价格。来料加工在料件原进口时没有成交价格，所以以其进口料件申报内销时的进口成交价格为基础审查确定完税价格。

（4）加工企业内销加工过程中产生的边角料或者副产品，以海关审查确定的内销价格作为完税价格。

加工贸易内销货物的完税价格按照上述规定仍然不能确定的，由海关按照合理的方法审查确定。

2. 出口加工区内加工企业内销制成品估价办法

出口加工区内的加工企业内销的制成品（包括残次品），海关以接受内销申报的同时或者大约同时进口的相同或者类似货物的进口成交价格为基础审查确定完税价格。出口加工区内的加工企业内销加工过程中产生的边角料或者副产品，以海关审查确定的内销价格作为完税价格。

出口加工区内的加工企业内销制成品（包括残次品）、边角料或者副产品的完税价格按照上述规定不能确定的，由海关按照合理的方法审查确定。

3. 保税区内加工企业内销进口料件或者其制成品估价办法

保税区内的加工企业内销的进口料件或者其制成品（包括残次品），海关以接受内销申报的同时或者大约同时进口的相同或者类似货物的进口成交价格为基础审查确定完税价格。

保税区内的加工企业内销的进料加工制成品中，如果含有从境内采购的料件，海关以制成品所含从境外购入的料件原进口成交价格为基础审查确定完税价格。料件原进口成交价格不能确定的，海关以接受内销申报的同时或者大约同时进口的与料件相同或者类似货物的进口成交价格为基础审查确定完税价格。

保税区内的加工企业内销的来料加工制成品中，如果含有从境内采购的料件，海关以接受内销申报的同时或者大约同时进口的与制成品所含从境外购入的料件相同或者类似货物的进口成交价格为基础审查确定完税价格。

保税区内的加工企业内销加工过程中产生的边角料或者副产品，以海关审查确定的内销价格作为完税价格。

保税区内的加工企业内销制成品（包括残次品）、边角料或者副产品的完税价格按照上述规定仍然不能确定的，由海关按照合理的方法审查确定。

4. 从保税区、出口加工区、保税物流园区、保税物流中心等区域、场所进入境内需要征税的货物的估价方法

从保税区、出口加工区、保税物流园区、保税物流中心等区域、场所进入境内需要征税的货物，海关参照本节一般进口货物完税价格审定的有关规定，以上述区域、场所进入境内的销售价格为基础审查确定完税价格，加工贸易进口料件及其制成品除外。

如果前面所述的销售价格中未包括上述区域、场所发生的仓储、运输及其他相关费用的，按照客观量化的数据资料予以计入。

5. 出境修理复运进境货物的估价方法

运往境外修理的机械器具、运输工具或者其他货物，出境时已向海关报明，并在海关规定的期限内复运进境的，海关以境外修理费和料件费审查确定完税价格。

出境修理货物复运进境超过海关规定期限的，由海关按照本节一般进口货物完税价格审定的规定审查确定完税价格。

6. 出境加工复运进境货物的估价方法

运往境外加工的货物，出境时已向海关报明，并在海关规定期限内复运进境的，海关以境外加工费和料件费以及该货物复运进境的运输及其相关费用、保险费审查确定完税价格。

出境加工货物复运进境超过海关规定期限的，由海关按照本节一般进口货物完税价格审定的规定审查确定完税价格。

7. 暂时进境货物的估价方法

经海关批准的暂时进境货物，应当缴纳税款的，由海关按照本节一般进口货物完税价格审定的规定审查确定完税价格。经海关批准留购的暂时进境

货物，以海关审查确定的留购价格作为完税价格。

8. 租赁进口货物的估价方法

（1）以租金方式对外支付的租赁货物，在租赁期间以海关审定的该货物的租金作为完税价格，利息予以计入；

（2）留购的租赁货物以海关审定的留购价格作为完税价格；

（3）纳税义务人申请一次性缴纳税款的，可以选择申请按照规定估价方法确定完税价格，或者按照海关审查确定的租金总额作为完税价格。

9. 减免税货物的估价方法

特定减免税货物在监管年限内不能擅自出售、转让、移作他用，如果有特殊情况，经过海关批准可以出售、转让、移作他用，须向海关办理补税手续。减税或免税进口的货物须予补税时，海关以审定的该货物原进口时的价格，扣除折旧部分价值作为完税价格，其计算公式如下：

$$完税价格 = \frac{海关审定的该货物}{原进口时的价格} \times \left(1 - \frac{征税、补税时实际已进口的时间}{监管年限 \times 12}\right)$$

上述计算公式中"征、补税时实际已进口的时间"按月计算，不足 1 个月但超过 15 日的，按照 1 个月计算；不超过 15 日的，不予计算。

10. 无成交价格货物的估价方法

以易货贸易、寄售、捐赠、赠送等形式入境的不存在成交价格的进口货物，总体而言都不适用成交价格法，海关与纳税义务人进行价格磋商后，依照《审价办法》第 6 条列明的相同货物成交价格估价方法、类似货物成交价格估价方法、倒扣价格估价方法、计算价格估价方法及合理方法审查确定完税价格。

11. 软件介质的估价方法

进口载有专供数据处理设备用软件的介质，具有下列情形之一的，以介质本身的价值或者成本为基础审查确定完税价格：

（1）介质本身的价值或者成本与所载软件的价值分列；

（2）介质本身的价值或者成本与所载软件的价值虽未分列，但是纳税义务人能够提供介质本身的价值或者成本的证明文件，或者能提供所载软件价值的证明文件。

含有美术、摄影、声音、录像、影视、游戏、电子出版物的介质不适用上述规定。

（三）进口货物完税价格中的运输及其相关费用、保险费的计算

1. 运费的计算标准

进口货物的运费，按照实际支付的费用计算。如果进口货物的运费无法确定的，海关按照该货物的实际运输成本或者该货物进口同期运输行业公布的运费率（额）计算运费。运输工具作为进口货物，利用自身动力进境的，海关在审查确定完税价格时，不再另行计入运费。

2. 保险费的计算标准

进口货物的保险费，按照实际支付的费用计算。如果进口货物的保险费无法确定或者未实际发生，海关按照"货价＋运费"两者总额的3‰计算保险费，其计算公式如下：

$$保险费 ＝ （货价＋运费） \times 3‰$$

3. 邮运货物运费的计算标准

邮运进口的货物，以邮费作为运输及其相关费用、保险费。邮运进口货物主要是指快件，而超过一定价值的快件应按货物管理，所以同样存在运保费的问题，而邮运进口货物，其邮费即为运保费。

4. 边境口岸运费的计算标准

以境外边境口岸价格条件成交的铁路或者公路运输进口货物，海关应当按照境外边境口岸价格的1‰计算运输及其相关费用、保险费。这里所称的"边境口岸"是指境外边境，即出口国（地区）边境及第三国（地区）边境。

二、出口货物完税价格的审定

（一）出口货物的完税价格

出口货物的完税价格由海关以该货物的成交价格为基础审查确定，包括货物运至中华人民共和国境内输出地点装载前的运输及其相关费用、保险费。

（二）出口货物的成交价格

出口货物的成交价格，是指该货物出口销售时，卖方为出口该货物向买方直接收取和间接收取的价款总额。

（三）不计入出口货物完税价格的税收、费用

1. 出口关税；

2. 在货物价款中单独列明的货物运至中华人民共和国境内输出地点装载后的运输及其相关费用、保险费;

3. 在货物价款中单独列明由卖方承担的佣金。

（四）出口货物其他估价方法

出口货物的成交价格不能确定的，海关经了解有关情况，并与纳税义务人进行价格磋商后，依次以下列价格审查确定该货物的完税价格:

1. 同时或者大约同时向同一国家或者地区出口的相同货物的成交价格;

2. 同时或者大约同时向同一国家或者地区出口的类似货物的成交价格;

3. 根据境内生产相同或者类似货物的成本、利润和一般费用（包括直接费用和间接费用）、境内发生的运输及其相关费用、保险费计算所得的价格;

4. 按照合理方法估定的价格。

出口货物完税价格的计算公式如下:

$$\text{出口货物完税价格} = \text{FOB（中国境内口岸）} - \text{出口关税} = \frac{\text{FOB（中国境内口岸）}}{1 + \text{出口关税税率}}$$

第三节 进口货物原产地的确定与税率适用

一、进口货物原产地的确定

（一）原产地规则的含义

WTO《原产地规则协议》将原产地规则定义为:一国（地区）为确定货物的原产地而实施的普遍适用的法律、法规和行政的决定。各国以本国立法形式制定出其鉴别货物"国籍"的标准，这就是原产地规则。

（二）原产地规则的类别

从适用目的的角度划分，原产地规则分为优惠原产地规则和非优惠原产地规则。

1. 优惠原产地规则

优惠原产地规则是指一国为了实施国别优惠政策而制定的原产地规则，优惠范围以原产地为受惠国的进口产品为限。它是出于某些优惠措施规定的需要，根据受惠国的情况和限定的优惠范围，制定的一些特殊原产地认定标准，而这些标准是给惠国和受惠国之间通过多边或双边协定形式制定的，所以又称为"协定原产地规则"。

我国正式加入 WTO 后，为了进一步改善所处的贸易环境，推进市场多元化进程，开创新的格局，截至 2006 年 3 月，先后签订了《亚洲及太平洋经济和社会理事会发展中国家成员国关于贸易谈判的第一协定》（又称《亚太贸易协定》）、《中华人民共和国与东南亚国家联盟全面经济合作框架协议》（又称《框架协议》）、《内地与香港更紧密经贸关系优惠关税安排》（又称CEPA 香港）、《内地与澳门更紧密经贸关系优惠关税安排》（又称 CEPA 澳门）、《中华人民共和国政府与巴基斯坦伊斯兰共和国政府关于自由贸易协定早期收获计划的协议》（以下简称《早期收获协议》）、《中国向柬埔寨提供特殊优惠关税待遇的换文》、《中国向缅甸提供特殊优惠关税待遇的换文》和《中国向老挝提供特殊优惠关税待遇的换文》（以下简称"三个《换文》"）等区域贸易协定。上述协定框架下所达成的优惠贸易协定，均适用相应的优惠原产地规则。

2. 非优惠原产地规则

非优惠原产地规则是指一国根据实施其海关税则和其他贸易措施的需要，由本国立法自主制定的原产地规则，故也称为"自主原产地规则"。也就是说，非优惠原产地规则是为实施最惠国待遇、反倾销和反补贴、保障措施、原产地标记管理、国别数量限制、关税配额等非优惠性贸易措施，以及进行政府采购、贸易统计等活动而认定进出口货物原产地的标准。其实施必须遵守最惠国待遇原则，即必须普遍地、无差别地适用于所有原产地为最惠国的进口货物。

（三）原产地认定标准

在认定货物原产地时，会出现以下两种情况：一种是货物完全是在一个国家（地区）获得或生产制造，即只有一个国家（地区）介入；另一种是货物的生产或制造有两个及两个以上国家（地区）介入。对此我国规定了原产地认定标准。

1. 优惠原产地认定标准

优惠原产地认定标准主要有"完全在一个国家（地区）生产的标准（完全获得标准）"、"增值标准"、"直接运输标准"。

（1）完全获得标准

①在该国（地区）领土或领海开采的矿产品；

②在该国（地区）领土或领海收获或采集的植物产品；

③在该国（地区）领土出生和饲养的活的动物及从其所得产品；

④在该国（地区）领土或领海狩猎或捕捞所得的产品；

⑤由该国（地区）船只在公海捕捞的水产品和其他海洋产品；

⑥该国（地区）加工船加工的前述第⑤项所列物品所得的产品；

⑦在该国（地区）收集的仅适用于原材料回收的废旧物品；

⑧该国（地区）加工制造过程中产生的废碎料；

⑨该国（地区）利用上述①～⑧项所列产品加工所得的产品。

（2）增值标准

对于非完全在某一受惠国获得或生产的货物，满足以下条件时，应以进行最后加工制造的受惠国视为有关货物的原产国（地区）：

①货物的最后加工制造工序在受惠国完成；

②用于加工制造的非原产于受惠国及产地不明的原材料、零部件等成分的价值占进口货物 FOB 的比例，在上述不同的协定框架下，增值标准各有不同。

《亚太贸易协定》项下的原产地规则要求增值部分不超过 50%，原产于最不发达受惠国（孟加拉国）的产品的以上比例不超过 60%。

《框架协议》项下的《中国—东盟自由贸易区原产地规则》的增值标准为原产于任一东盟国家的中国—东盟自由贸易区（以下简称"自由贸易区"）的产物的成分不少于 40% 的，原产于非自由贸易区的材料、零件或者产物的总价值不超过所生产或者获得产品 FOB 的 60%，并且最后生产工序在东盟国家境内完成。

CEPA 项下的原产地规则要求港澳产品的增值标准为 30%。

中国—巴基斯坦自由贸易区原产地规则要求，如果货物中巴基斯坦原产成分的比例不小于 40%，该货物应当视为原产于巴基斯坦，除另有规定外，符合未完全获得的货物在巴基斯坦境内用作生产享受《早期收获协议》协定税率的制成品的材料时，如果该制成品中原产中国、巴基斯坦的成分累计不低于 40%，则该货物应当视为原产于巴基斯坦。

中国给予非洲最不发达国家特别优惠关税待遇的货物原产地规则的"从

价百分比"标准是指非一个受惠国原产的材料、零件或产物的总价值小于所生产或者获得产品 FOB 的 60%，且最后生产工序在该受惠国境内完成的，视为进行了实质性加工。

（3）直接运输标准

不同协定框架下的优惠原产地规则中的直接运输标准各有不同。

①《亚太贸易协定》项下的原产地规则的"直接运输"是指：

A. 货物运输未经非受惠国关境；

B. 货物虽经一个或多个非受惠国关境，但其有充分理由证明过境运输完全出于地理原因或商业运输的要求，并能证明货物在运输过程中未在非受惠国关境内使用、交易或消费，以及除装卸和为保持货物良好状态而接受的简单处理外，未经任何其他处理。经非受惠国运输进口的货物适用《亚太贸易协定》税率时，应进口地海关要求，进口货物收货人应提交过境海关签发的对上述事项的证明或其他证明材料。对于非直接运输进境的货物，不能适用《亚太贸易协定》税率，海关依法确定进口货物的原产地，并据以确定适用税率。

②《框架协议》项下的原产地规则的"直接运输"是指《框架协议》项下的进口货物从某一东盟国家直接运输至我国境内，或者从某一东盟国家经过其他自由贸易区成员国（地区）境内运输至我国，但途中没有经过任何非自由贸易区成员国（地区）境内。进口货物运输途中经过非自由贸易区成员国（地区）境内（包括转换运输工具或者作临时储存）运输至我国，并且同时符合下列条件的，视为从东盟国家直接运输：

A. 仅是由于地理原因或者运输需要；

B. 产品经过上述国家时未进行贸易或者消费；

C. 除装卸或者为保持产品良好状态而进行的加工外，产品在上述国家未经过任何其他加工。

③CEPA 香港项下的进口货物应当从香港直接运输至内地口岸；CEPA 澳门项下的进口货物不能从香港以外的地区或者国家转运。

④中国—巴基斯坦自由贸易区原产地规则的"直接运输标准"：一是货物未经过任何中国和巴基斯坦之外的国家或者地区境内运输；二是货物运输途中经过一个或者多个中国和巴基斯坦之外的国家或者地区，不论是否在这

些国家或者地区转换运输工具或者作临时储存，应同时符合以下条件：仅是由于地理原因或者运输需要；货物未在这些国家或者地区进入贸易或者消费领域；除装卸或者其他为使货物保持良好状态的处理外，货物在这些国家或者地区未经任何其他加工。

⑤中国给予非洲最不发达国家特别优惠关税待遇的货物原产地规则要求享受特别优惠关税待遇的货物，应当符合的"直接运输标准"：一是货物直接从一个受惠国运输至中国关境口岸；二是货物经过第三国（地区）运输，但仅是由于地理原因或者运输需要，未进入该第三国（地区）进行贸易或者消费，以及除装卸和为保持货物处于良好状态所需的工作外，在该第三国（地区）未进行任何其他加工。

2. 非优惠原产地认定标准

非优惠原产地认定标准主要有"完全在一个国家（地区）生产的标准（完全获得标准）"和"实质性改变标准"。

（1）完全获得标准

完全在一个国家（地区）获得或生产制造的货物，以该国（地区）为原产地。以下产品视为在一国（地区）"完全获得"：

①在该国（地区）出生并饲养的活的动物；

②在该国（地区）野外捕捉、捕捞、搜集的动物；

③从该国（地区）的活的动物获得的未经加工的物品；

④在该国（地区）收获的植物和植物产品；

⑤在该国（地区）采掘的矿物；

⑥在该国（地区）获得的除上述①～⑤项范围之外的其他天然生成的物品；

⑦在该国（地区）生产过程中产生的只能弃置或者回收用作材料的废碎料；

⑧在该国（地区）收集的不能修复或者修理的物品，或者从该物品中回收的零件或者材料；

⑨由合法悬挂该国旗帜的船舶从其领海以外海域获得的海洋捕捞物和其他物品；

⑩在合法悬挂该国旗帜的加工船上加工上述第⑨项所列物品获得的

产品；

⑪从该国领海以外享有专有开采权的海床或者海床底土获得的物品；

⑫在该国（地区）完全从上述①～⑪项所列物品中生产的产品。

在确定货物是否在一个国家（地区）完全获得时，为运输、储存期间保存货物而作的加工或者处理，为货物便于装卸而作的加工或者处理，为货物销售而作的包装等加工或者处理等，不予考虑。

（2）实质性改变的确定标准

两个及两个以上国家（地区）参与生产或制造的货物，以最后完成实质性改变的国家（地区）为原产地。以税则归类改变为基本标准，税则归类改变不能反映实质性改变的，以制造或者加工工序、从价百分比等为补充标准。

这里所称的税则归类改变，是指在某一国家（地区）对非该国（地区）原产材料进行制造、加工后，所得货物在《中华人民共和国进出口税则》中的四位数税号一级的税则归类发生改变。

这里所称的制造或者加工工序，是指在某一国家（地区）进行的赋予制造、加工后所得货物基本特征的主要工序。

这里所称的从价百分比，是指在某一国家（地区）对非该国（地区）原产材料进行制造、加工后的增值部分，超过所得货物价值的 30%。用公式表示如下：

$$\frac{工厂交货价 - 非该国（地区）原产材料价值}{工厂交货价} \times 100\% \geqslant 30\%$$

这里应注意：公式中"工厂交货价"是指支付给制造厂所生产的成品的价格；"非该国（地区）原产材料价值"是指直接用于制造或装配最终产品而进口原料、零部件的价值（含原产地不明的原料、零配件），以其进口"成本、保险费加运费"价格（CIF）计算。

以上述"制造或者加工工序"和"从价百分比"作为标准来判定实质性改变的货物在有关的《适用制造或者加工工序及从价百分比标准的货物清单》中具体列明，并按列明的标准判定是否发生实质性改变。未列入上述清单货物的实质性改变的判定，应当适用税则归类改变标准。上述《适用制造或者加工工序及从价百分比标准的货物清单》由海关总署会同商务部、国家质量监督检验检疫总局根据实施情况修订并公告。

上述实质性改变标准适用于非优惠性贸易措施项下两个及两个以上国家（地区）所参与生产的货物原产地的确定。

（四）申报要求

1.《亚太贸易协定》规则

除了按照其进口货物所需提交的单证之外，纳税义务人还应当向海关提交受惠国政府指定机构签发的原产地证书正本作为报关单随附单证。

如果货物经过其他非受惠国关境的，除了上述单证之外，纳税义务人还应当向海关交验货物所经过的该过境国家（地区）有关部门出具的未再加工证明文件以及自受惠国起运后换装运输工具至我国的全程提（运）单等。如果货物是经过香港、澳门的，应分别由中国检验（香港）有限公司、澳门中国检验有限公司签发未再加工证明文件，如果货物是经过其他国家（地区）的，由过境地海关签发未再加工证明文件。

2.《框架协议》规则

纳税义务人应当主动向申报地海关申明该货物适用中国—东盟协定税率。除了按照其进口货物所需提交的单证之外，纳税义务人还应当向海关提交由东盟出口国指定政府机构签发的原产地证书（包括正本和第三联）作为报关单随附单证。

如果是货物经过非东盟自由贸易区成员国（地区）关境的，除了上述单证之外，纳税义务人还应当向海关交验在东盟出口国签发的联运提单、货物所经过的该过境国家（地区）海关出具的未再加工证明文件〔香港、澳门分别由中国检验（香港）有限公司、澳门中国检验有限公司签发，其他国家（地区）由过境地海关签发〕。

3.CEPA 香港规则和 CEPA 澳门规则

纳税义务人应当主动向申报地海关申明该货物适用零关税税率。除了按照其进口货物所需提交的单证之外，纳税义务人还应当向海关提交符合 CEPA 项下规定的有效原产地证书作为报关单随附单证。

如果是 CEPA 香港项下原产于香港的受惠商品，应当从香港直接运输至内地口岸，除了上述单证之外，纳税义务人还可以提交承运人提供的香港海关查验报告以适用绿色关锁制度。

如果是 CEPA 澳门项下原产于澳门的受惠商品，且是经过香港转运至内地口岸的，除了上述单证之外，纳税义务人还应当向海关交验在澳门签发的联运提单、中国检验（香港）有限公司出具的未再加工证明文件等。

4. 中国—巴基斯坦自由贸易区原产地规则

进口货物收货人应当在向海关申报货物进口时，主动向海关申明适用《早期收获协议》协定税率，并在有关货物进境报关时向海关提交巴基斯坦指定的政府机构签发的原产地证书。进口货物经过一个或者多个中国和巴基斯坦之外的国家或者地区运输的，进口货物收货人应当向海关提供下列单证：在巴基斯坦签发的联运提单；巴基斯坦有关政府机构签发的原产地证书；货物的原始商业发票副本等。

5. 中国给予非洲最不发达国家特别优惠关税待遇的货物原产地规则

有关货物在进口报关时，进口货物收货人应当主动向进境地海关申明有关货物享受特别优惠关税，并提交由出口国指定的政府机构签发的原产地证书。各受惠国原产地证书签发机构签发的原产地证书有效期为自签发日起180 天。对经过第三国（地区）运输的进口货物，应当向申报地海关提供的单证除出口国发证机构签发的原产地证书之外，还应包括：在出口国签发的联运提单；货物的原厂商发票；符合直接运输规则有关条件的证明文件。

（五）原产地证明书

原产地证明书是证明产品原产于某地的书面文件。它是受惠国的原产品出口到给惠国时享受关税优惠的凭证，同时也是进口货物是否适用反倾销、反补贴税率、保障措施等贸易政策的参考凭证。

1. 适用优惠原产地规则的原产地证明书

（1）《亚太贸易协定》规则的原产地证明书

原产地证书的发证机构名称、发证机构的签章应与备案一致；原产地证书所列进出口商名称、地址、运输方式、货物名称、规格型号、重量、发票号及日期应与进口报关人提供的进口货物的合同、发票、装箱单及货物的实际情况等一致。一个原产地证书只适用于一批进口货物，不可多次使用。

此外，未再加工证明的机构，如经香港、澳门的，分别由中国检验（香港）有限公司、澳门中国检验有限公司签发，经其他国家（地区）由过境地海关签发。头程提单、二程提单和实际到货的集装箱号码与封条号应完全一致。

　　纳税义务人不能提交原产地证书的，由海关依法确定进口货物的原产地，并据以确定适用税率。货物征税放行后，纳税义务人自货物进境之日起90日内补交原产地书的，经海关核实应实施《亚太贸易协定》税率的，对按原税率多征的部分应予以退还。

　　(2)《框架协议》规则的原产地证明书

　　原产地证书应与海关总署发布的有关原产地证书及其签章的备案材料相一致；原产地证书所列进出口商名称、地址、国家、运输工具及路线、包装唛头及编号、包装件数及种类、货品名称（包括数量及进口国 HS 编码）、重量及价格、发票号及日期等内容应与进口报关人提供的进口货物的合同、发票、装箱单及货物的实际情况等一致。原产地证书应当自东盟国家有关机构签发之日起 4 个月内向我国境内申报地海关提交。如果是经过第三方转运的情况，该货物的原产地证书提交期限延长为 6 个月。因不可抗力或者其他正当理由超过期限提交原产地证书的，海关审核情况后可以接受。如果原产于东盟国家的进口货物，每批产品的 FOB 不超过 200 美元的，则无须要求纳税义务人提交原产地证书，但是要求纳税义务人应提交出口人对有关产品原产于该出口成员方的声明。一个原产地证书只适用于一批进口货物，不可多次使用。海关可要求纳税义务人提供与原产地证书正确性有关的资料。

　　此外，未再加工证明的机构，如经香港、澳门的，分别由中国检验（香港）有限公司、澳门中国检验有限公司签发，经其他国家（地区）由过境地海关签发。头程提单、二程提单和实际到货的集装箱号码与封条号应完全一致。

　　海关怀疑原产地证书内容的真实性时，请求东盟国家有关政府机构对原产地证书进行核查。期间，可以先按照适用的最惠国税率或者暂定税率征收相当于应缴税款的等值保证金后先予放行货物，并按规定办理进口手续。待核查完毕后，海关应根据核查结果办理退还保证金手续或者保证金转税手续。

　　纳税义务人不能提交原产地证书的，由海关依法确定进口货物的原产地，并据以确定适用税率。原产地证书应由东盟国家有关政府机构在产品出口时签发，但在特殊情况下，没有在货物出口时或出口后立即签发原产地证书的，原产地证书可以在货物装运之日起 1 年内补发，且应在原产地证书上注明"补发"字样。经海关核实，应实施中国—东盟协定税率的，对按原税率多征的部分应予以退还。

（3）CEPA 的原产地证明书

原产地证书应与海关总署发布的有关原产地证书及其签章的备案材料一致（其中，香港原产地证书签发机构包括香港工贸署、香港总商会、香港印度商会、香港工业总会、香港中华厂商联合会、香港中华总商会 6 家机构；澳门原产地证书签发机构为澳门特别行政区政府经济局）。原产地证书必须在有效期内，且证书编号和商品编码两项内容必须与报关单所报内容相符（应当注意的是，报关时商品编码可能有十位，而海关只要求前八位编码必须一致），申报数量不得超出原产地证书上的数量，原产地证书的签证机构、签发地区、到货口岸等内容应与实际相符。原产地证书应与海关联网核对无误。一个原产地证书只适用于一批进口货物，不可多次使用。一份报关单不可涉及多个原产地证书或含非原产地证书商品。

未再加工证明的签发机构应分别由中国检验（香港）有限公司、澳门中国检验有限公司签发。头程提单、二程提单和实际到货的集装箱号码与封条号应完全一致。

对于适用 CEPA 项下进口的货物，实行绿色关锁制度。香港海关查验后施加了绿色关锁的 CEPA 项下享受关税优惠的商品，内地海关凭承运人提供的香港海关查验报告，一般可不再进行查验。

海关因故无法进行联网核对，应纳税义务人书面申请并经海关审批同意后，可以按照适用的最惠国税率或者暂定税率征收相当于应缴税款的等值保证金后先予放行货物，并按规定办理进口手续。海关应当自该货物放行之日起 90 天内核查其原产地证书的真实情况，根据核查结果办理退还保证金手续或者保证金转税手续。

海关怀疑原产地证书内容的真实性时，可以经海关总署或其授权的海关机构（深圳、拱北原产地管理办公室）向有关的香港海关、澳门海关或者澳门经济局提出协助核查的请求。期间，可以先按照适用的最惠国税率或者暂定税率征收相当于应缴税款的等值保证金后先予放行货物并按规定办理进口手续。待核查完毕后，海关应根据核查结果办理退还保证金手续或者保证金转税手续。

（4）中国—巴基斯坦自由贸易区原产地规则的原产地证明书

进口货物收货人向申报地海关提交原产地证书正本必须用国际标准 A4 纸印制，所用文字为英语。原产地证书不得涂改及叠印。进口货物收货人提交的原产地证书应当由巴基斯坦有关政府机构根据《中国—巴基斯坦自由贸易区原产地规则》在货物出口前或者出口时，或者在货物实际出口后 15 日内签发。未能在规定的日期签发原产地证书的货物，进口货物收货人可以向申报地海关提交在货物装运之日起 1 年内签发的注明"补发"字样的原产地证书。如果原产地证书被盗、遗失或者毁坏，在该证书签发之日起 1 年之内，进口货物收货人可以要求出口货物发货人向原签证机构申请签发经证实的原产地证书真实复制本，原产地证书第 12 栏中需注明"经证实的真实复制本"。该复制本应当注明原证正本的签发日期。除因不可抗力外，原产地证书应当自签发之日起 6 个月内向我国海关提交，如果货物运输经过一个或者多个中国和巴基斯坦之外的国家或者地区，上述所规定的原产地证书提交期限延长至 8 个月。

从巴基斯坦进口享受《早期收获协议》协定税率的货物在向海关申报之后、海关放行之前，目的地发生变化需要运往其他国家的，进口货物的收货人应当向海关提出书面申请。

由巴基斯坦运至我国展览并在展览期间或者展览后销售到我国的货物，如果符合《中国—巴基斯坦自由贸易区原产地规则》的要求，可以享受《早期收获协议》协定税率，但应当同时满足下列要求：出口货物发货人已将货物从巴基斯坦境内实际运送到我国并已在我国展出；出口货物发货人已将货物实际卖给或者转让给我国的进口货物收货人；货物已经以送展状态在展览期间或者展览后立即运到我国。为实施前款规定，进口货物收货人必须向海关提交原产地证书，并提供我国有关政府机构签发的注明展览会名称及地址的证明书以及相关证明文件。

此外，经国务院批准，自 2005 年 8 月 1 日起，对原产于我国台湾地区的 15 种进口鲜（包括冷藏）水果实施零关税。进口地海关凭经海关总署认可的台湾地区签发水果产地证明文件的有关机构和民间组织于 2005 年 8 月 1 日后签发的、能够证明水果原产于台湾地区的产地证明文件，办理享受零关税水果的征税验放手续。原产于台湾地区水果的原产地标准为在台湾地区完全获得，即在台湾地区收获、采摘或采集。享受零关税的台湾地区水果，应符合如下运输要求：一是直接从台湾本岛、澎湖、金门或马祖运输到大陆关境口岸；二是经过香港、澳门或日本石垣岛转运到大陆关境口岸。

2. 适用非优惠原产地规则的原产地证明书

（1）对适用反倾销反补贴措施的进口商品的要求

①进口经营单位申报进口与实施反倾销措施的被诉倾销产品（以下简称"被诉倾销产品"）相同的货物时，应向海关提交原产地证明。

②对于进口经营单位确实无法提交原产地证明，经海关实际查验不能确定货物的原产地的，海关按与该货物相同的被诉倾销产品的最高反倾销税率或保证金征收比率征收反倾销税或现金保证金。

③对于加工贸易保税进口与被诉倾销产品相同的货物，进口经营单位在有关货物实际进口申报时，也应向海关提交原产地证明。

④对于在反倾销措施实施之前已经申报进口的加工贸易和其他保税进口货物，因故申报内销是在反倾销措施实施期间的，进口经营单位应在申报内销时向海关提交原产地证明。对于进口经营单位确实无法提交原产地证明，经海关实际查验不能确定货物的原产地的，海关按与该货物相同的被诉倾销产品的最高反倾销税率或保证金征收比率征收反倾销税或现金保证金。

（2）对适用最终保障措施的进口商品的要求

自海关总署公告规定的加征关税之日起，进口企业申报进口涉案产品时，不能提供不适用最终保障措施的国家（地区）的原产地证明或尚不应加征关税的适用最终保障措施的国家（地区）的原产地证明，或者海关对其所提供的原产地证明的真实性有怀疑的，如经海关审核有关单证（包括合同、发票、提运单等）及对货物实际验估能够确定原产地的，应按照相关规定处理；如仍不能确定原产地，且进口企业也不能进一步提供能够证明原产地的其他材料的，应在现行适用的关税税率基础上，按照相应的涉案产品适用的加征关税税率加征关税。

在海关审核认定原产地期间，进口企业可在提供相当于全部税款的保证金担保后，要求先行验放货物。

原产地证明书并不是确定货物原产地的唯一标准。若海关通过查验货物

国际货物与通关

或审核单证认为所提供的原产地证明书可能不真实的，海关将根据原产地规则标准予以确认。

（六）原产地预确定制度

进口货物的收货人或经营单位在有正当理由的情况下，可以向直属海关申请对其将要进口的货物的原产地进行预确定。申请人申请原产地预确定时，应当填写"进口货物原产地预确定申请书"并提交下列文件材料：

1. 申请人的身份证明文件；

2. 能说明将要进口货物情况的有关文件资料，包括进口货物的商品名称、规格、型号、税则号列、产品说明书等；出口国（地区）或者货物原产地的有关机构签发的原产地证书或其他认定证明；进口货物所使用的原材料的品种、规格、型号、价格和产地等情况的资料；能说明进口货物的生产加工工序、流程、工艺、加工地点以及加工增值等情况的资料；

3. 说明该项交易情况的文件材料，如进口合同、意向书、询价和报价单以及发票等；

4. 海关要求提供的其他文件资料。

直属海关将在接到申请人的书面申请和全部必要文件资料后 150 天内，做出原产地的预确定决定，并告知申请人，条件是预确定所依据的原产地规则、事实和条件不发生变化。

二、税率适用

（一）税率适用原则

进口税则分设最惠国税率、协定税率、特惠税率、普通税率、关税配额税率等税率。对进口货物在一定期限内可以实行暂定税率。根据我国加入世界贸易组织承诺的关税减让义务，2006 年经调整后我国的进口关税总水平为9.9％。2006 年，我国海关进出口税则部分税目进行调整后，税则税目总数为 7605 个，比 2005 年净增 55 个。

出口税则按进口税则列目方式调整出口税则税目，税率维持不变。对鳗鱼苗等部分出口商品实行暂定出口税率。

1. 进口税率适用原则

对于同时适用多种税率的进口货物，在选择适用的税率时，基本的原则是"从低计征"，特殊情况除外。

（1）原产于共同适用最惠国待遇条款的世界贸易组织成员的进口货物，原产于与中华人民共和国签订含有相互给予最惠国待遇条款的双边贸易协定的国家或者地区的进口货物，以及原产于中华人民共和国境内的进口货物，适用最惠国税率。原产于与中华人民共和国签订含有关税优惠条款的区域性贸易协定的国家或者地区的进口货物，适用协定税率。原产于与中华人民共和国签订含有特殊关税优惠条款的贸易协定的国家或者地区的进口货物，适用特惠税率。上述之外的国家或者地区的进口货物，以及原产地不明的进口货物，适用普通税率。

（2）适用最惠国税率的进口货物有暂定税率的，应当适用暂定税率；适用协定税率、特惠税率的进口货物有暂定税率的，应当从低适用税率；适用普通税率的进口货物，不适用暂定税率。对于无法确定原产国（地区）的进口货物，按普通税率征税。

（3）按照国家规定实行关税配额管理的进口货物，关税配额内的，适用关税配额税率；关税配额外的，其税率的适用按其所适用的其他相关规定执行。

（4）按照有关法律、行政法规的规定对进口货物采取反倾销、反补贴和保障措施的，其税率的适用按照《反倾销条例》、《反补贴条例》和《中华人民共和国保障措施条例》的有关规定执行。

（5）任何国家或者地区违反与中华人民共和国签订或者共同参加的贸易协定及相关协定，对中华人民共和国在贸易方面采取禁止、限制、加征关税或者其他影响正常贸易的措施的，对原产于该国家或者地区的进口货物可以征收报复性关税，适用报复性关税税率。征收报复性关税的货物、适用国别、税率、期限和征收办法，由国务院关税税则委员会决定并公布。

（6）实施贸易救济措施（包括反倾销、反补贴和保障措施等）的进口商品，会涉及部分原产于优惠贸易协定国家或地区的进口商品，因此，凡进口原产于与我国达成优惠贸易协定的国家或地区并享受协定税率的商品，同时该商品又属于我国实施反倾销或反补贴措施范围内的，应按照优惠贸易协定税率计征进口关税；凡进口原产于与我国达成优惠贸易协定的国家或地区并享受协定税率的商品，同时该商品又属于我国采取保障措施范围内的，应在该商品全部或部分中止、撤销、修改关税减让义务后所确定的适用税率基础上计征进口关税。

（7）执行国家有关进出口关税减征政策时，首先应当在最惠国税率基础上计算有关税目的减征税率，然后根据进口货物的原产地及各种税率形式的适用范围，将这一税率与同一税目的特惠税率、协定税率、进口暂定最惠国税率进行比较，税率从低执行，但不得在暂定最惠国税率基础上再进行减免。

（8）从2002年起我国还对部分非全税目信息技术产品的进口按ITA税率征税。

2. 出口税率适用原则

对于出口货物，在计算出口关税时，出口暂定税率优先于出口税率执行。

（二）税率适用时间

《关税条例》规定，进出口货物应当适用海关接受该货物申报进口或者出口之日实施的税率。

在实际运用时应区分以下不同情况：

1. 进口货物到达前，经海关核准先行申报的，应当适用装载该货物的运输工具申报进境之日实施的税率。

2. 进口转关运输货物，应当适用指运地海关接受该货物申报进口之日实施的税率；货物运抵指运地前，经海关核准先行申报的，应当适用装载该货物的运输工具抵达指运地之日实施的税率。

3. 出口转关运输货物，应当适用起运地海关接受该货物申报出口之日实施的税率。

4. 经海关批准，实行集中申报的进出口货物，应当适用每次货物进出口时海关接受该货物申报之日实施的税率。

5. 因超过规定期限未申报而由海关依法变卖的进口货物，其税款计征应当适用装载该货物的运输工具申报进境之日实施的税率。

6. 因纳税义务人违反规定需要追征税款的进出口货物，应当适用违反规定的行为发生之日实施的税率；行为发生之日不能确定的，适用海关发现该行为之日实施的税率。

7. 已申报进境并放行的保税货物、减免税货物、租赁货物或者已申报进出境并放行的暂时进出境货物，有下列情形之一需缴纳税款的，应当适用海关接受纳税义务人再次填写报关单申报办理纳税及有关手续之日实施的税率：

（1）保税货物经批准不复运出境的；

（2）保税仓储货物转入国内市场销售的；

（3）减免税货物经批准转让或者移作他用的；

（4）可暂不缴纳税款的暂时进出境货物，经批准不复运出境或者进境的；

（5）租赁进口货物，分期缴纳税款的。

进出口货物关税的补征和退还，按照上述规定确定适用的税率。

第四节　税费减免、退补

进出口税费减免是指海关按照《海关法》、《关税条例》和其他有关法律、行政法规的规定，对进出口货物的税费给予减征和免征。根据《海关法》的规定，关税的减免分为三大类，即法定减免税、特定减免税和临时减免税。

一、法定减免税

法定减免税是指进出口货物按照《海关法》、《关税条例》和其他法律、行政法规的规定可以享受的减免关税优惠。海关对法定减免税货物一般不进行后续管理。

下列进出口货物、进出境物品，减征或者免征关税：

● 关税税额在 50 元人民币以下的一票货物；

● 无商业价值的广告品和货样；

● 外国政府、国际组织无偿赠送的物资；

● 在海关放行前遭受损坏或者损失的货物；

● 进出境运输工具装载的途中必需的燃料、物料和饮食用品；

● 中华人民共和国缔结或者参加的国际条约规定减征、免征关税的货物、物品；

●法律规定减征、免征关税的其他货物、物品。

二、特定减免税

特定减免税是指海关根据国家规定，对特定地区、特定用途和特定企业给予的减免关税的优惠，也称政策性减免税。特定减税或者免税的范围和办法由国务院规定，海关根据国务院的规定单独或会同国务院其他主管部门制定具体实施办法并加以贯彻执行。

申请特定减免税的单位或企业，应在货物进口前向主管海关提出申请，主管海关按照规定的程序进行审批。符合规定的由主管海关发给一定形式的减免税证明，受惠单位或企业凭减免税证明及有关报关单证向进口地海关办理减免税货物进口报关手续。受惠单位或企业已经向海关申请办理减免税审批手续，在主管海关按规定受理期间（包括经批准延长的期限）货物到达进口口岸的，受惠单位或企业可以向主管海关申请凭担保办理货物验放手续。进口单位需要办理担保手续的，应当在货物申报进口前向主管海关提出申请，主管海关审核后出具同意按减免税货物办理担保手续的证明，进口地海关审核符合担保条件的，凭担保证明按规定办理货物的担保和验放手续。货物征税放行后，进口单位申请补办减免税审批手续的，海关不再受理，已征税款不予退还。

由于特定减免税货物有地区、企业和用途的限制，海关需要对其进行后续管理。

目前实施特定减免税的主要有：

（一）外商投资企业进口物资

1. 属于国家鼓励发展产业的外商投资项目，在投资额内进口的自用设备，除《外商投资项目不予免税的进口商品目录》所列商品外，可以免征进口关税和进口环节增值税；按照合同随设备进口的技术及配套件、备件，免征进口关税和进口环节增值税。

2. 属于国家鼓励发展产业的外商投资企业、外商研究开发中心、先进技术型、产品出口型的外商投资企业，在企业投资额以外的自有资金（指企业储备基金、发展基金、折旧、税后利润）内，对原有设备更新（不包括成套设备和生产线）和维修进口国内不能生产或性能不能满足需要的设备，以及与上述设备配套的技术、配件、备件（除《国内投资项目不予免税的进口商品目录》所列商品外），可以免征进口关税和进口环节增值税。

（二）国内投资项目进口设备

属国家重点鼓励发展产业的国内投资项目，在投资总额内进口的自用设备，除《国内投资项目不予免税的进口商品目录》所列商品外，可以免征进口关税和进口环节增值税；按照合同随设备进口的技术及配套件、备件，免征进口关税和进口环节增值税。

（三）贷款项目进口物资

外国政府贷款和国际金融组织贷款项目进口的自用设备，除《外商投资项目不予免税的进口商品目录》所列商品外，可以免征进口关税和进口环节增值税；按照合同随设备进口的技术及配套件、备件，免征进口关税和进口环节增值税。

（四）特定区域物资

保税区、出口加工区等特定区域进口的区内生产性基础设施项目所需的机器、设备和基建物资可以免税；区内企业进口企业自用的生产、管理设备和自用合理数量的办公用品及其所需的维修零配件，生产用燃料，建设生产厂房、仓储设施所需的物资、设备可以免税；行政管理机构自用合理数量的管理设备和办公用品及其所需的维修零配件，可以免税。

（五）科教用品

为了有利于我国科研、教育事业发展，国务院制定了《科学研究和教学用品免征进口税收暂行规定》，规定对专门从事科学研究开发的机构和国家教委承认学历的全日制大专院校，不以赢利为目的，在合理数量范围内进口国内不能生产的科学研究和教学用品，且直接用于科学研究或者教学的，免征进口关税和进口环节增值税、消费税。

（六）残疾人专用品

为支持残疾人的康复工作，国务院制定了《残疾人专用品免征进口税收暂行规定》，对民政部直属企事业单位和省、自治区、直辖市民政部门所属福利机构等特定单位，中国残联和省、自治区、直辖市残联所属福利机构和康复机构进口的残疾人专用物品，免征进口关税和进口环节增值税、消费税。

（七）救灾捐赠物资

对外国民间团体、企业、友好人士和华侨、港澳居民和台湾同胞无偿向我境内受灾地区（限于新华社对外发布和民政部《中国灾情信息》公布的受灾地区）捐赠的直接用于救灾的物资，在合理数量范围内，免征关税和进口环节增值税、消费税。

（八）扶贫慈善捐赠物资

为促进公益事业的健康发展，经国务院批准下发了《扶贫、慈善性捐赠物资免征进口税收的暂行办法》，对境外捐赠人（指中华人民共和国关境外的自然人、法人或者其他组织）无偿向受赠人捐赠的直接用于扶贫、慈善事业（指非营利的扶贫济困、慈善救助等社会慈善和福利事业）的物资，免征进口关税和进口环节增值税。

三、临时减免税

临时减免税是指法定减免税和特定减免税以外的其他减免税，是由国务院根据某个单位、某类商品、某段时期或某批货物的特殊情况，按规定给予特别的临时性的减免税优惠。临时减免税一般是"一案一批"。

四、税款退还

（一）退税的范围

1. 已缴纳进口关税和进口环节税税款的进口货物，因品质或者规格原因原状退货复运出境的；

2. 已缴纳出口关税的出口货物，因品质或者规格原因原状退货复运进境，并已重新缴纳因出口而退还的国内环节有关税收的；

3. 已缴纳出口关税的货物，因故未装运出口申报退关的；

4. 散装进出口货物发生短卸、短装并已征税放行的，如果该货物的发货人、承运人或者保险公司已对短卸、短装部分退还或者赔偿相应货款的，纳税义务人可以向海关申请退还进口或者出口短卸、短装部分的相应税款；

5. 进出口货物因残损、品质不良、规格不符的原因，由进出口货物的发货人、承运人或者保险公司赔偿相应货款的，纳税义务人可以向海关申请退还赔偿贷款部分的相应税款；

6. 因海关误征，致使纳税义务人多缴税款的。

（二）退税的期限及要求

海关发现多征税款的，应当立即通知纳税义务人办理退还手续。纳税义务人发现多缴税款的，自缴纳税款之日起 1 年内，可以以书面形式要求海关退还多缴的税款并加算银行同期活期存款利息。所退利息按照海关填发收入退还书之日中国人民银行规定的活期储蓄存款利息计算，计算所退利息的期限自纳税义务人缴纳税款之日起至海关填发收入退还书之日止。

海关应当自受理退税申请之日起 30 日内查实并通知纳税义务人办理退还手续，纳税义务人应当自收到通知之日起 3 个月内办理有关退税手续。

退税必须在原征税海关办理。办理退税时，纳税义务人应填写"退税申请表"并持凭原进口或出口报关单、原盖有银行收款章的税款缴纳收据正本及其他必要单证（合同、发票、协议、商检机构证明等）送海关审核，海关同意后，应按原征税或者补税之日所实施的税率计算退税额。进口环节增值税已予抵缴的除国家另有规定外不予退还。已征收的滞纳金不予退还。

（三）退税凭证

海关退还已征收的关税和进口环节税时，应填发"收入退还书"（海关专用），同时通知原纳税义务人或其代理人。海关将"收入退还书"（海关专用）送交指定银行划拨款。

"收入退还书"（海关专用）第一联为"收账通知"，交收款单位；第二联为"付款凭证"，由退款国库作付出凭证；第三联为"收款凭证"，由收款单位开户银行作收入凭证；第四联为"付款通知"，同国库随收入统计表送退库海关；第五联为"报查凭证"，由国库将进口环节税联送当地税务机关，关税联送退库海关；第六联为"存根"，由填发海关存查。

五、税款追征和补征

（一）追征和补征税款的范围

1. 进出口货物放行后，海关发现少征或者漏征税款的；

2. 因纳税义务人违反规定造成少征或者漏征税款的；

3. 海关监管货物在海关监管期内因故改变用途按照规定需要补征税

款的。

（二）追征、补征税款的期限和要求

1. 进出口货物放行后，海关发现少征或者漏征税款的，应当自缴纳税款或者货物放行之日起 1 年内，向纳税义务人补征税款。

2. 因纳税义务人违反规定造成少征或者漏征税款的，海关可以自缴纳税款或者货物放行之日起 3 年内追征税款，并从应缴纳税款或者货物放行之日起至海关发现违规行为之日止，按日加收少征或者漏征税款 0.5‰的滞纳金。

3. 海关发现海关监管货物因纳税义务人违反规定造成少征或者漏征税款的，应当自纳税义务人应缴纳税款之日起 3 年内追征，并从应缴纳税款之日起至海关发现违规行为之日止，按日加收少征或者漏征税款 0.5‰的滞纳金。

因纳税义务人违反规定需在征收税款的同时加收滞纳金的，如果纳税义务人未在规定的 15 天缴款期限内缴纳税款，另行加收自缴款期限届满之日起至缴清税款之日止滞纳税款的 0.5‰的滞纳金。

（三）追征、补征税款凭证

海关追征或补征进出口货物关税和进口环节税时，应当向纳税义务人填发"海关专用缴款书"（含关税、进口环节税）。纳税义务人持凭"海关专用缴款书"向指定银行或开户银行缴纳税款。进口货物收货人或其代理人缴纳税款后，应将盖有"收讫"章的"海关专用缴款书"第一联送签发海关验核，海关凭此办理有关手续。

六、延期纳税

纳税义务人因不可抗力或者国家税收政策调整不能按期缴纳税款的，应当在货物进出口前向办理进出口申报纳税手续所在地直属海关提出延期缴纳税款的书面申请并随附相关材料，同时还应当提供缴税计划。

货物实际进出口时，纳税义务人要求海关先放行货物的，应当向海关提供税款担保。

延期缴纳税款的期限，自货物放行之日起最长不超过 6 个月。纳税义务人在批准的延期缴纳税款期限内缴纳税款的，不征收滞纳金；逾期缴纳税款的，自延期缴纳税款期限届满之日起至缴清税款之日止按日加收滞纳税款 0.5‰的滞纳金。

七、加工贸易缓税利息

企业开展加工贸易业务因故无法向海关缴纳税款保证金的，可凭中国银行出具的以海关为受益人的税款保付保函办理海关备案手续。全额征收税款保证金的进口料件，加工企业在规定的期限内加工产品出口并办理核销手续后，中国银行凭海关开具的台账核销联系单办理保证金退还手续，并按活期存款利率计付利息。

（一）规 定

加工贸易保税货物在规定的有效期限内（包括经海关批准延长的期限，下同）全部出口的，由海关通知中国银行将保证金及其利息全部退还。

加工贸易保税货物在规定的有效期限内未能出口或经批准内销，除依法补征税款外，还征收缓税利息。加工贸易保税料件或制成品等违规内销的，除依法补征税款和征收缓税利息外，还加征滞纳金。

缓税利息缴纳方式、缴纳凭证、缴纳规定等与税款缴纳相同。

（二）计息期限

1. 加工贸易保税料件或制成品经批准内销的，缓税利息计息期限为内销料件或制成品所对应的加工贸易合同项下首批料件进口之日至海关填发税款缴款书之日。

2. 加工贸易类电子账册项下的料件或制成品内销的，起始日期为内销料件制成品所对应电子账册的最近一次核销日期的次日（若核销日期为空，则为电子账册的首批料件进口日）。

3. 加工贸易保税料件或制成品未经批准擅自内销，违反海关监管规定的，缓税利息计息期限为内销料件或制成品所对应的加工贸易合同项下首批料件进口之日至保税料件或制成品内销之日，内销之日无法确定的至海关发现之日。

（三）计算公式

$$缓税利息＝补征税款×计息期限×活期存款储蓄年利息率/360$$

八、强制执行

根据《海关法》的规定，纳税义务人或其代理人应当在海关规定的缴款期限内缴纳税款，逾期缴纳的由海关依法征收滞纳金。纳税义务人、担保人超过 3 个月仍未缴纳税款的，海关可以依法采取强制措施扣缴。强制措施主要有强制扣缴和变价抵扣两种。

（一）强制扣缴

强制扣缴是指海关依法自行或向人民法院申请采取从纳税（费）人的开户银行或者其他金融机构的存款中将相当于纳税义务人应纳税款的款项强制划拨入中央国库的措施，即书面通知其开户银行或者其他金融机构从其存款中扣缴税款。

（二）变价抵扣

变价抵扣是指如果纳税义务人的银行账户中没有存款或存款不足以强制扣缴时，海关可以将未放行的应纳税款的货物依法变卖，以销售货物所得价款抵缴应缴税款。如果该货物已经放行，海关可以将该纳税义务人的其他价值相当于应纳税款的货物或其他财产，以变卖所得价款抵缴应缴税款。

强制扣缴和变价抵扣的税款含纳税义务人未缴纳的税款滞纳金。

参 考 文 献

[1] 中国国际商会. 2000 年国际贸易术语解释通则. 北京：中信出版社，2000

[2] 卓骏. 国际贸易理论与实务—21 世纪高等院校专业课系列教材. 北京：机械工业出版社，2006

[3] 幸理. 国际贸易实务案例与分析—21 世纪经管类应用型人才系列规划教材. 武汉：华中科技大学出版社，2006

[4] 程怀儒. 国际贸易实务—大学本科应用型十一五规划教材. 北京：人民教育出版社，2006

[5] 蒋德恩. 非关税措施—国际贸易系列丛书. 北京：对外经济贸易大学，2006

[6] 张雪莹. 国际贸易实务单证大全. 天津：天津大学出版社，2007

[7] 刘北林. 国际物流实务. 北京：中国物资出版社，2006

[8] 刘丽. 国际物流报关实务. 上海：立信会计出版社，2006

[9] 林正章. 国际物流与供应链. 北京：清华大学出版社，2006

[10] 许晓东. 国际物流与货代通关. 北京：经济管理出版社，2006

[11] 海关总署政策法规司. 中国海关报关实用手册. 北京：中国海关出版社，2007

[12] 温耀庆. 商检与报关实务. 北京：清华大学出版社，2007

[13] 王洪. 货运与报关代理. 北京：中国铁道出版社，2006

[14] 张去. 模拟报关实训. 北京：高等教育出版社，2006

[15] 余根深. 报关原理与实务. 上海：同济大学出版社，2006

[16] 王飞. 报关员完全手册. 北京：中国物价出版社，2005

[17] 姜维. 报关业务实战教程. 上海：立信会计出版社，2005

[18] 黄中鼎. 报关与报检实务. 北京：中国物资出版社，2007

[19] 王意家. 执业报关实务（第二版）. 广州：暨南大学出版社，2006

［20］海关总署报关员资格考试教材编写委员会．2006 年报关员考试辅导教材．北京：中国海关出版社，2006

［21］海关总署报关员资格考试教材编写委员会．进出口商品名称与编码．北京：中国海关出版社，2006

［22］余世明．国际货运代理资格考试辅导．广州：暨南大学出版社，2005

［23］邓光武．中国入世后外贸与海关政策法规大盘点．北京：中国海关出版社，2007

［24］于立欣．出入境检验检疫标准化工作手册．北京：中国标准出版社，2004

［25］季任天．质量监督检验检疫概论．北京：中国计量出版社，2005

［26］秦定，朱艳．国际贸易合同实践教程．北京：清华大学出版社，2006

［27］苏园关．加工贸易与保税监管．北京：中国海关出版社，2007

参考文献